一带一路

The Belt
and Road

「一带一路」案例实践与风险防范

The Belt and Road: Case Studies & Risk Management

法律篇

主　　编◎龙永图
副主编◎王　磊　胡　波
本册主编◎敬云川　解辰阳

The Belt and Road:
Case Studies &
Risk Management

一带一路
The Belt
and Road

"一带一路"
案例实践与风险防范

| 法律篇 |

海洋出版社

2017年 · 北京

图书在版编目（CIP）数据

"一带一路"案例实践与风险防范. 法律篇/龙永图主编；敬云川，解辰阳分册主编.
一北京：海洋出版社，2017.5
ISBN 978-7-5027-9773-7

Ⅰ.①一⋯⋯ Ⅱ.①龙⋯ ②敬⋯ ③解⋯ Ⅲ.①"一带一路"－投资风险－研究－中国
②投资－金融法－研究－世界 Ⅳ.① F125 ② D912.280.4

中国版本图书馆 CIP 数据核字（2017）第 092570 号

策　　划：高朝君　唱学静
责任编辑：高朝君
装帧设计：一瓢文化・邱特聪
责任印制：赵麟苏

海洋出版社 出版发行

http://www.oceanpress.com.cn

北京市海淀区大慧寺路 8 号　　　　　邮编：100081
北京朝阳印刷厂有限责任公司印刷　　新华书店经销
2017 年 5 月第 1 版　　　　　　　　2017 年 5 月北京第 1 次印刷
开本：787mm×1092mm　1/16　　　印张：16.5
字数：220 千字　　　　　　　　　　定价：58.00 元
发行部：010-62132549　邮购部：010-68038093
编辑室：010-62100038　总编室：010-62114335

丛书编委会

主　　编：龙永图

副 主 编：王　磊　胡　波

编　　委（按姓氏笔画排序）：

于运全　王　磊　石亚平　刘　勃　杨绥华

吴冰冰　冷旭东　张东晓　张占海　周　强

胡　波　胡　然　查道炯　龚　婷　敬云川

解辰阳　翟　崑

本册主编：敬云川　解辰阳

一带一路
The Belt
and Road

序

2013 年 9 月和 10 月，中国国家主席习近平在出访中亚和东南亚国家期间，先后提出共建"丝绸之路经济带"和"21 世纪海上丝绸之路"的倡议，简称"一带一路"倡议。旨在借用古代丝绸之路的历史符号，依靠中国与有关国家既有的双多边机制，借助既有的、行之有效的区域合作平台，高举和平发展的旗帜，积极发展与沿线国家的经济合作伙伴关系，促进经济要素有序自由流动、资源高效配置和市场深度融合，推动沿线各国实现经济政策协调，开展更大范围、更高水平、更深层次的区域合作，共同打造开放、包容、均衡、普惠的区域经济合作架构。

2015 年 3 月 28 日，中国政府正式发布了《推动共建丝绸之路经济带和 21 世纪海上丝绸之路的愿景与行动》，提出了"贸易畅通"合作重点，主动与沿线国家和地区建立自由贸易区，推动投资贸易便利化，消除投资和贸易壁垒，营造良好的投资环境。"一带一路"这一划时代意义的词语进入公众视角。

"一带一路"倡议是习近平主席及党中央和国务院站在历史高度、着眼世界大局、面向长远发展提出的重大规划，是形成全方位开放新格局的重要抓手。投资贸易合作是"一带一路"建设的重点内容。自"一带一路"战略构想提出来，中国企业在"一带一路"沿线国家的投资已经明显增多，但整体而言，中国企业和资本缺乏"走出去"的经验，与沿线大多数国家的互联互通任重道远。理论界对"一带一路"理论、战略构想等层面的解读较多，但对实际操作过程中应当怎样知己知彼，如何把控风险、保证安全等实务的探讨却比较匮乏。深入研究"一带一路"实施过程中可能遇到的各类实际问题，这是让"一带一路"能走得更远、影响更深的重要保障。

为此，《"一带一路"案例实践与风险防范·法律篇》一书聚合海内外具有实践经验或实地调研经历的专家学者，以现场视角和经验，为"一带一路"的实践提供客观直接的参考和指南，为"一带一路"的整体规划提供微观的决策依据，为相关学科的理论创新提供实证方面的支撑或启示。

"一带一路"建设为中国企业"走出去"带来发展机遇的同时也伴随着大量制度和法律风险。投资者在"一带一路"投资项目中可能面临的法律风险主要包括市场准入、采购法、竞争法、反腐败法、产品质量法、合同法、环境法、劳工保护法、知识产权法等方面的法律风险。此外，在项目的投资或并购、立项、融资、项目规划及设计、运营、税收以及诉讼等过程中也很可能面临法律风险。

"一带一路"沿线涉及65个国家和地区，包括东亚的蒙古、东盟10国、西亚18国、南亚8国、中亚5国、独联体7国和中东欧16国。"一带一路"跨越诸多经济带和文化圈，各个国家的经济发展水平以及制度传统差别较大，不同的法律体系、社会背景和经济环境给中国投资者带来了显著的未知性和不确定性。

东道国的整体法律环境作为投资项目中重要的游戏规则，决定了中国企业在相关领域中应当如何投资、如何建设、如何运营以及如何退出的大背景。与此同时，中国企业的海外投资项目中大多涉及基础设施和能源领域，而这类业务往往要求与东道国政府或者政府代表谈判并签署长期合同。其中东道国政府既是交易的参与者，又是交易规则的制定者，作为市场一方的企业明显处于不利的地位。各个东道国的法律规定差别大，与中国的相关规定有很大的不同，中国一些"走出去"的企业因对所投资东道国的法律环境研究不够，在投资项目中交了很多"学费"，甚至让大笔投资有去无回。因此，了解东道国相关的法律规则对投资者处理、控制和管理"一带一路"投资项目中的法律风险而言尤为重要。投资者应对所投资东道国的法律环境、相关国际条约进行深入研究，在此基础上对项目可行性和盈利性进行充分的分析调查，以控制甚至规避项目中的法律风险，减少投资项目失败的概率。

"一带一路"倡导的不仅是国家与国家之间的合作，更是区域与区域之间的合作。除东道国的相关法律法规外，相关双边和多边国际条约也是"一带一路"投资项目中投资者应该仔细研究的法律文件，尤其是沿线国家的区域性投资规则，主要涉及亚太经合组织、欧盟以及东盟等国际组织的相关协议和规定。相关国际条约中往往规定了国际投资项目中合同的适用法律、争议解决等条款，投资者应在了解这些法律的基础上选择适用的法律，在项目初始就设计好争议解决机制，争取在出现争议时最大化保全己方的利益。倡导国际法制合作，是投资者能够充分、有效利用法律工具保护投资利益的前提，也是我国实现"一带一路"战略影响力的有效途径。

《"一带一路"案例实践与风险防范·法律篇》由多个行业中亲历的实践者以具有"现场感"、有血有肉的多篇实例文章整合而成。本书主要分为大陆法系国家、英美法系国家、苏联加盟共和国法系国家和伊斯兰法系国家四个部分。每部分又由综述和相关国家投资实例分析组成。《"一带一路"案例实践与风险防范·法律篇》立足于实践，从实证研究角度出发，针对"一带一路"投资风险中的法律风险为"一带一路"的实践提供客观可靠的参考和指南，详细解读了"一带一路"沿线主要投资东道国的法律规则及在上述东道国的投资过程中遇到的问题和困难，并据此提出可行的解决方案。书中的具体内容、研究思路、操作方案和经验教训，可以为我国投资者提供直观、务实的借鉴指引，也以此助力我国"一带一路"倡议的实施发展，为以法律的语言和法制的精神在区域乃至全球范围内实现伟大复兴的"中国梦"贡献一份力量。

北京外国语大学法学院院长　万猛
北京国际法学会常务副会长

目 录

第一章

大陆法系国家

综　述

大陆法系国家投资风险

　　"一带一路"指"丝绸之路经济带"和"21世纪海上丝绸之路",于2013年由习近平总书记首先提出,是目前中国最高的国家级顶层战略。其战略目标是要建立一个政治互信、经济融合、文化包容的利益共同体、命运共同体和责任共同体,是包括欧亚大陆在内的世界各国构建一个互惠互利的利益、命运和责任共同体。在这一过程中,了解相关国家的法律体系和法律制度,对于把控投资风险、把握投资机遇变得尤为重要。本文将抛砖引玉,对大陆法系及大陆法系国家进行一个简单的介绍。

大陆法系和大陆法系国家

　　了解大陆法系国家这个概念,首先要明白什么叫做法系。法系指根据若干国家和地区基于历史传统原因在法律实践和法律意识等方面所具有的共性而进行的法律的一种分类,它是这些具有共性或共同传统的法律的总称[1]。大陆法系(Civil Law System)和英美法系(Common Law System)是当今世界的两大主要法系,其他法系还包括伊斯兰法系、后苏联法系等[2]。

　　大陆法系,又称为民法法系、法典法系、罗马法系,是以罗马法为基础

---

[1]　沈宗灵:《比较法研究》,北京:北京大学出版社,1998年,第60页。
[2]　法学家们一般划分为五大法系:大陆法系、英美法系、伊斯兰法系、印度法系和中华法系,其中印度法系和中华法系早已解体。本书将简要介绍大陆法系、英美法系、伊斯兰法系和后苏联法系这四个法系。

而发展起来的法律的总称。大陆法系首先产生于欧洲大陆，后来又扩展到了拉丁族和日耳曼族各国。历史上的罗马法以民法为主要内容，以法典化的成文法为主要形式。

欧洲资产阶级革命取得胜利，许多国家的资本主义制度确立并巩固以后，为适应资本主义经济、政治、文化的发展以及国家之间的交往，这些国家法律制度相互之间的联系和共同特征获得进一步发展，出现了法国法系和德国法系这两个大陆法系的支系。首先是在法国，以资产阶级革命为动力，在罗马法的直接影响下，开创了制定有完整体系成文法的模式。1804年《法国民法典》是法国法系的标志，它以强调个人权利为主导思想，确立了民事权利地位平等、私有财产所有权无限制、契约自治和过失责任的基本原则，充分反映了自由资本主义时期社会经济的特点。随后在德国，在继承罗马法、研究和吸收法国立法经验的基础上，制定了一系列法典，其中以1896年《德国民法典》为标志。德国法系强调了国家干预和社会利益，反映了资本主义从自由经济时代到垄断经济时代的发展特点。

大陆法系国家的分布范围极为广泛。欧洲大陆的大多数国家（英国除外）都属于大陆法系，如法国、德国、比利时、意大利、西班牙、葡萄牙等；曾为这些欧洲国家殖民地的非洲和拉丁美洲的一些国家，如阿尔及利亚、埃塞俄比亚等以及亚洲的许多国家，如比较典型的日本、韩国等，也都属于大陆法系。

同时，随着大陆法系和英美法系两大主要法系之间相互借鉴融合的发展趋势，以及近代"混合法系"和"混合法域"[1]观点的提出，研究大陆法系特点，

---

1 T.B.Smith, Studies Critical and Comparative(1962); Joseph Dainow (ed.), The Role of Judicial Decisions and Doctrine in Civil and in Mixed Jurisdictions(1974). Cited from Reinhard Zimmermann and Daniel Visser ed., South Cross: Civil Law and Common Law in South Africa, Clarendon Press London, 1996, p. 2. "混合法系"和 "混合法域"观点是对传统的法系理论的颠覆，这一观点认为在法律全球化的背景下，世界各国或地区的法系都面临着法律文化的融合现象。这一现象在一些转型国家中尤为典型，例如乌兹别克斯坦是大陆法系和伊斯兰法系的混合法系国家，巴基斯坦是英美法系和伊斯兰法系的混合法系国家。

具有重要的参考意义。

大陆法系具有以下基本特点：

（1）全面继承罗马法。罗马帝国在欧洲统治长达十几个世纪，造就了其法律文明在欧陆大地的生根发芽。自查士丁尼的《国法大全》，到意大利波伦亚城《国法大全》的重新发现，再到法国、德国两国民法典的编纂，在此过程中，虽然几经枯荣盛衰，但在欧洲人心目中，罗马法一直被视为最高文明的象征，顶礼膜拜。因此罗马法的很多原则、制度和概念都被保留下来，被大陆法系所继承并得到继续发展。如赋予某些人的集合体以特定的权利能力和行为能力，所有权的绝对性，取得财产的各种方法，某人享有他人所有物的某些权利，侵权行为与契约制度，遗嘱继承与法定继承相结合制度等。大陆法系还接受了罗马法学家的整套技术方法，如公法与私法的划分，人法、物法、诉讼法的私法体系，物权与债权的分类，所有与占有、使用收益权地役权以及思维、推理的方式。

（2）实行法典化，法律规范的抽象化和概括化。大陆法系的最基本特点就是拥有条例清晰、概念明确的成文法典。自查士丁尼编纂《国法大全》开始，"完整、清晰、逻辑严密"就成了大陆法系法学家们孜孜不倦的追求。也许在他们看来，只有明确、确定的法典才是法制的保障，除此以外别无他法，而不会像英美法系那样将此诉诸法官的"正义"之手。19世纪诞生的《法国民法典》和《德国民法典》就是大陆法系成文法典的卓越代表，一直沿用至今。

法典必须完整、清晰、逻辑严密。法典一经颁行实施，必须严格执行，同类问题的旧法即丧失效力。法典化的成文法体系一般包括宪法、行政法、民法、刑法、民事诉讼法、刑事诉讼法和行政诉讼法。

法律条文的内容具有一定的抽象性、概括性、精确性和整体性。例如1896年的《德国民法典》，它的基本概念定义严格而准确，并由这些基本概念出发，演绎出了具体的法条。同时，这部《德国民法典》采用了适度概括而非罗列的方法，有着一定的概括性，既避免了条文的重复，又尽量不使之出现漏洞。这与英美法系有着很大的区别，英美法系的判例法常常多而庞杂，缺乏体系化。

（3）明确立法与司法的分工，强调制定法的权威，一般不承认法官的造法功能。18世纪开始的西方资产阶级革命以摧枯拉朽的理性力量，使大陆法系发生了重大的历史变革。革命的思想意识渗透于大陆法系的法律之中（尤其是公法领域），在一定程度上改变了大陆法系的传统模式，而形成了富有革命意义的新颖格局。胜利的资产阶级提出了三权分立的政治格局，即立法、行政、司法严格分权、互不干涉、彼此牵制。资产阶级提出了立法权只能来源于人民，而属于司法部门的法官们的职责便只能严格执行法律规定。

强调制定法的权威性，制定法的效力优先于其他法律渊源，而且将全部法律划分为公法和私法两类，法律体系完整，概念明确。在大陆法系中，没有"所言即为法律"的法官，法官的地位被确定在对成文法典的倚重上，任何自我感情的创造，不但无益于法律的正义，相反只能破坏权力制约的界碑。

（4）在法律推理形式和方法上，采取演绎法。由于司法权受到重大限制，法律只能由代议制的立法机关制定，法官只能运用既定的法律判案。因此，在大陆法系国家中，法官的作用在于从现存的法律规定中找到适用的法律条款，将其与事实相联系，推论出必然的结果。

需要指出的是，大陆法系从来就不是僵死、凝固、一成不变的东西，而是处于不断的变革之中。

投资大陆法系国家的机遇与风险

前往大陆法系国家投资时，在前期的调研准备阶段以及投资经营阶段，甚至在出现法律纠纷时，存在哪些机遇与风险，有哪些注意事项，又应当如何处理呢？以下将通过与英美法系国家的比较，对投资大陆法系国家提供一些参考。

（1）大陆法系国家是成文法国家，习惯于用法典的形式对某一法律部门所涉及的规范做统一的系统规定，法典构成了法律体系结构的主干，法律条文具有确定性、透明性和稳定性。因此，我们在投资某一大陆法系国家时，系统地对该国家主要法律部门或针对某一特定法律部门的法典进行搜集并研究成为可能及必要，从而能够对这一国家的法律环境或者某一特定领域的法律规定有一个整体、大致的了解。而在英美法系国家中，很少制定法典，而是习惯用单行法的形式对某一类问题做专门的规定。并且，除制定法外，判例法在整个法律体系中占有非常重要的比重和地位。法律规定分散、繁多、缺乏体系性，很难一目了然、比较全面地掌握某一个英美法系国家的法律制度。

（2）大陆法系国家强调法官只能援用成文法中的规定来审判案件，法官对成文法的解释也需受成文法本身的严格限制，因此法官只能适用法律而不能创造法律。而英美法系国家的法官既可以援用成文法，也可以援用已有的判例来审判案件，并且在一定的条件下，还可以运用法律解释和法律推理的技术创新的判例。法官不仅适用法律，也在一定的范围内创造法律。因此，在英美法系国家中，法官权力一旦被滥用，或者被不法分子钻空子，作为外来投资者，必定会处于非常不利的地位。而这种情形在大陆法系国家中，理论上则较少出现。

（3）在民事诉讼程序中，总体来看，大陆法系国家的民事诉讼程序与英美法系国家相比主要有以下不同之处：①大陆法系国家一般将一个民事诉讼程序分为几个独立的阶段，比如预备阶段、取证阶段、判决阶段，这就导致一个案件不可能通过一次开庭就解决。而英美法系国家由于实行陪审团制度，就要求审判程序必须一次完成。②对待证人证词的程序不同。由于在集中性、直接性和言辞性上的标准不同，英美法系国家采取"听审—裁定—聆听证人证词"的方式来决定证人是否出庭作证。而在大陆法系国家，美国著名法学家约翰·亨利·梅利曼曾调侃道："此种程序将延绵数周甚至数月：原告律师请求法官传唤证人；被告律师提出异议并简要说明理由；原告律师再进行答辩，然后由法官予以裁定，最后由等候在法庭的证人出庭作证。"③在证据制度上，英美法系国家由于陪审团参加，设置了一系列的排除规则，最突出的例子是"传闻规则"。而大陆法系国家仅有从"法定证据"演化而来的"推定事实不容辩驳"的规定。④执行程序不同。大陆法系国家中没有类似英美法系国家的"民事藐视法庭罪"，仅要求违反法庭命令的当事人对他方当事人负有支付损害赔偿金的责任。

（4）在刑事诉讼程序中，一般而言，虽然两大法系的刑事诉讼程序有所融合，但是以下认识仍有正确之处：大陆法系国家采用"纠问式"的诉讼程序，而英美法系国家则采用"控诉式"的诉讼程序。当然，随着大陆法系的发展，其刑事诉讼程序已经开始慢慢改变了"纠问式"的固有不足，朝着更为正当和人道的方向发展。

在"一带一路"沿线国家中，属于大陆法系的国家包括：印度尼西亚、泰国、越南、老挝、柬埔寨、伊拉克、土耳其、科威特、希腊、埃及、俄罗斯、乌克兰、白俄罗斯、格鲁吉亚、阿塞拜疆、摩尔多瓦、波兰、立陶宛、爱沙尼亚、拉脱维亚、捷克、斯洛伐克、匈牙利、斯洛文尼亚、克罗地亚、波黑、黑山、塞尔维亚、阿尔巴尼亚、罗马尼亚、保加利亚和马其顿。下文将选取其中几个具有代表性的国家，对其投资法律政策环境进行简要的介绍。

印度尼西亚

近年来，印度尼西亚吸引外资持续较快增长，特别是 2008 年国际金融危机以来，每年保持 13% 以上增速。从投资环境角度看，印度尼西亚的吸引力主要表现在以下方面：

（1）政局较为稳定；

（2）自然资源丰富；

（3）经济增长前景看好，市场潜力大；

（4）地理位置重要，控制着关键的国际海洋交通线；

（5）人口众多，有丰富的、廉价的劳动力；

（6）市场化程度高，金融市场较为开放。[1]

印度尼西亚与投资相关的主要法律有：《印度尼西亚投资法》《印度尼西亚公司法》《印度尼西亚所得税法》《印度尼西亚劳动法》《印度尼西亚知识产权法》《印度尼西亚破产法》《印度尼西亚贸易法》《印度尼西亚海关法》等。

印度尼西亚主管投资的政府部门分别是：投资协调委员会、财政部、能矿部。它们的职责分工是：印度尼西亚投资协调委员会负责促进外商投资，管理工业及服务部门的投资活动（但不包括金融服务部门）；财政部负责管理包括银行和保险部门在内的金融服务投资活动；能矿部负责批准能源项目。

根据《印度尼西亚投资法》的规定，外国投资者可以设立独资企业，也可以与印度尼西亚的个人、公司成立合资企业，还可以通过公开市场操作购买上市公司的股票，但须受到《印度尼西亚禁止类、限制类投资产业目录》关于对外资开放行业相关规定的限制。

2014年印度尼西亚政府还推出了投资审批一站式服务。实行一站式服务之后，每个部门都派代表到投资统筹机构办事处，以便加快办理整个审批手续。

需要指出的是，虽然印度尼西亚的法律体系比较完整，但仍有很多法律规定模糊，可操作性差，并且不同法律之间存在矛盾和冲突。因此，在印度尼西亚开展投资时，需要密切关注当地法律的变动情况，守法经营。并且，在印度尼西亚设立公司注册手续繁多，审批时间较长。虽然印度尼西亚政府修订了《印度尼西亚投资法》《印度尼西亚公司法》等法律，并完善了相关

---

[1] 商务部：《对外投资合作国别（地区）指南——印度尼西亚（2015年版）》，第12页。

的配套措施，推行"一站式"审批服务，但实际的执行效果并不理想。因此，建议前往印度尼西亚投资设立公司时，聘请专业的律师、投资顾问等，从而依法保护自己的合法权利，并履行相应的义务。

柬埔寨

柬埔寨投资环境的主要优势在于：

（1）实行开放的自由市场经济政策，经济活动自由度高；

（2）美国、欧盟、日本等28个国家/地区给予柬埔寨普惠制待遇（GSP）；

（3）世界七大奇观之一的吴哥古迹等旅游风景区，每年吸引数百万的外国游客，同时也吸引着具有国际管理经验的外商投资其酒店等旅游产业。[1]

柬埔寨政府视外国直接投资为经济发展的主要动力。没有专门的外商投资法，对外资和内资基本给予同等的待遇，其政策主要体现在《柬埔寨投资法》及其修正法等相关法律规定中，为外国投资者提供了保障和相对优惠的税收、土地租赁等政策。

柬埔寨发展理事会是唯一负责重建、发展和投资监管事务的一站式服务机构，由柬埔寨重建和发展委员会和柬埔寨投资委员会组成。该机构负责对全部重建、发展工作和投资项目活动进行评估和决策，批准投资人注册申请的合格投资项目，并颁发最终注册证书。但对于以下条件的投资项目，需提交内阁办公厅批准：①投资额超过5000万美元；②涉及政治敏感问题；③矿产及自然资源的勘探与开发；④可能对环境产生不利影响；⑤基础设施项目；⑥长期开发战略。

柬埔寨的法律不健全，特别是关于经济、商业、贸易等方面的法律法规

1　商务部：《对外投资合作国别（地区）指南——柬埔寨（2015年版）》，第26页。

欠缺，无经济法庭，在一定程度上存在着"无法可依""有法不依""执法不严""违法不究"的现象。在前往柬埔寨进行投资时，应对此情况高度重视。建议聘请当地有经验的律师解决纠纷，保护自身利益。

俄罗斯

金融危机爆发后的 2009 年，俄罗斯吸引外资陷入低谷。为吸引更多外资，俄罗斯政府提出了"现代化战略"，推行国有资产私有化，并通过修改相关法律法规，简化外资手续、调低外资准入门槛，成立"俄罗斯直接投资基金"等措施，吸引外资呈回暖趋势 [1]。根据世界经济论坛《2014—2015 年全球竞争力报告》，俄罗斯在全球最具竞争力的 144 个国家和地区中，排第 53 位。

俄罗斯与投资相关的主要法律有：《俄罗斯联邦外国投资法》《俄罗斯联邦海关法》《俄罗斯联邦劳动法》《俄罗斯联邦税务法》《俄罗斯联邦民事法》《俄罗斯联邦建筑法》《俄罗斯联邦经济特区法》《俄罗斯联邦证券市场法》《俄罗斯联邦环境保护法》《俄罗斯联邦租赁法》《俄罗斯联邦矿产资源法》《俄罗斯联邦对保护国防和国家安全具有战略意义的经济主体进行外国投资的程序法》等。

俄罗斯主管投资的政府部门有：经济发展部、工业贸易部、国家资产委员会、司法部国家注册局、反垄断局、联邦政府外国投资咨询委员会、中央银行、财政部、联邦金融资产管理署、联邦政府外国投资者监管委员会等。

俄罗斯政府鼓励外商直接投资的领域大多是传统产业，如石油、天然气、煤炭、木材加工、建材、建筑、交通和通信设备、食品加工、纺织、汽车制造行业等。2008 年，俄罗斯通过了《俄罗斯联邦对保护国防和国家安全具有战略意义的经济主体进行外国投资的程序法》，明确规定了 13 大类 42 种经营活动被视为战略性行业，属于限制性投资行业。俄罗斯禁止外资投资经

1　商务部：《对外投资合作国别（地区）指南——俄罗斯（2015 年版）》，第 46 页。

营赌博业、人寿保险业；禁止外资银行设立分行；禁止外国保险公司参与其强制保险方案。

2011 年，俄罗斯对《俄罗斯联邦外国投资法》进行了修改，简化了公司注册程序，降低了外资进入门槛，目前政府已通过一揽子修改条款，涉及简化外资进入食品、医疗、银行及地下资源使用等行业的手续。

如前所述，由于俄罗斯在关系到国家安全的 42 个战略领域上，对于外资比例设定了严格的限制，因此，在去俄罗斯开展投资活动时，建议向当地资深律师咨询项目的可行性及投资领域、规模、期限等限制。中俄两国签订有相互保护投资协定等协议，建议投资者充分了解其内容，以维护自身的合法权利和利益。

波兰

从投资环境角度看，波兰的竞争优势主要包括：

（1）地理位置优越；

（2）经济保持持续增长；

（3）人力资源素质高、成本低；

（4）国内市场较大；

（5）优惠政策支持。在波兰，投资满足一定条件可以申请欧盟结构基金支持，同时还可以在特定条件下申请波兰政府资助，投资经济特区还享受所得税减免。波兰是欧盟基金的最大受益国，在欧盟 2014—2020 年预算中或将得到 820 亿欧元的欧盟融合基金，为落实相关优惠政策、支持企业发展注入强劲动力[1]。

1　商务部：《对外投资合作国别（地区）指南——波兰（2015 年版）》，第 26 页。

波兰与投资相关的主要法律有:《波兰民法》《波兰商业公司法》《波兰经济活动自由法》《波兰竞争和消费者保护法》《波兰反不正当竞争法》《波兰海关法》等。

波兰信息和外国投资局是外商投资政策的具体执行机构和外资促进机构,负责为外国投资者提供法律和政策方面的咨询及信息服务,协助企业选择合适的投资目的地及申请大额投资所享受的优惠待遇,并协调解决投资中遇到的各种困难和问题。波兰各省省长办公室设地区投资服务中心,具体负责本地区外商投资服务。波兰驻外使领馆也负责提供相关投资咨询服务,并将重要投资项目向波兰外交部对外经济政策司和经济部促进与双边经济合作司报告。

波兰在吸引外资方面态度积极,政府在欧盟允许的范围内采取不同措施鼓励外资进入,仅对少数领域实行限制。外国投资者基本可以自由在波兰进行投资,而欧盟/欧洲贸易自由联盟的自然人或法人则享有与波兰自然人或法人同等的待遇。波兰在外国直接投资的鼓励政策主要包括4种:中央政府资助、欧盟结构基金、经济特区政策和地方政府资助。

波兰的法律体系较为完善,又是欧盟成员国。因此,在前往波兰开展投资活动时,不仅要严格按照波兰法律办事,还要遵守欧盟相关法律法规。

杨玉,南开大学法学硕士,主要研究方向为经济法。曾在律师事务所、外企以及跨国民营企业中从事法律工作。

案例 1

豪情万丈走出去，渡尽劫波铸辉煌[1]
——老挝万象东昌国际酒店项目险胜记

老挝地处东南亚国家腹地中心，又与中国接壤。随着中老铁路建设和"一带一路"国际合作的推进，老挝提出从"陆锁国"变为"陆联国"的国家战略，将内陆国家的劣势转变为地理位置优势，通过互联互通成为连接周边国家的枢纽，特别是成为中国与东盟地区互联互通的一个重要节点。

——新华网 2015 年 6 月 4 日报道

在东昌酒店的建设中，云南建工集团有限公司（以下简称云南建工）用速度和效率保证了 2004 年第十届东盟峰会接待任务的圆满完成，获得由老挝副总理颁发的老挝国家发展勋章，目前该酒店已成为老挝标志性建筑。

——引自国家商务部网站 2015 年 7 月 17 日文章

老挝万象东昌国际酒店项目位于老挝首都万象市西沙塔那县东昌岛（市区内湄公河边），由 14 层的准五星级酒店及二层的会议大厅组成，总建筑面积 36 000 m²，合同总投资金额 2200 万美元，2003 年 11 月 27 日开工，2004 年 11 月竣工。因该项目作为今年 11 月在万象召开的东盟峰会的主要接待酒店之一，同时也是老挝境内到目前为止规模最大、规格最高和最豪华的酒店，

---

1 此文（除法律建议部分外）经原云南建工集团有限公司总经理兼老挝东昌酒店项目领导小组组长沈金柱先生于百忙中亲自审定，在此鸣谢。

为保证该项目按时按质按量完成，在该项目开工之后，云南建工群策群力，发挥集团公司的优势，艰苦拼搏，精心组织，精心施工，克服了工期短，工程款支付严重滞后等重重困难，在云南省委、省政府和省商务厅以及其他有关部门的大力帮助和支持下，在集团总公司主要领导的直接督促和帮助之下，使该项目于 2004 年 11 月 5 日保质保量地按期完成，并顺利交付给业主，保证了东盟峰会的正常使用。该项目的顺利实施充分体现了云南建工集团的整体实力，也为该集团公司乃至中国公司在老挝建筑市场创造了一个奇迹，树立了一个标志性的品牌。老挝总理本杨和宋沙瓦副总理视察工地时，对该酒店的顺利竣工给予了高度的评价。

——新浪网财经纵横 2004 年 12 月 1 日文章，转引自商务部网站

东昌酒店其实并不高，总共只有 14 层，240 间客房。但从它建成至今一直是万象这座巨大村寨城市的最高建筑。奶白与橙黄相间的靓丽主体，点缀以老挝传统风格的绛紫色屋顶，犹如一位戴着鸡蛋花冠冕的混血少女，婷婷袅袅地站立在湄公河的沙滩上。如果你坐在顶楼全景餐厅，可看到一边是万象市全景——那掩映在葱茏绿色中的座座木楼和白塔，一边是河对面泰国连绵起伏的茫茫山林。而烟波浩渺的湄公河就在你的脚下流淌。

这座敲打着万象市民心房的华丽建筑，从施工时起就已经是万众瞩目的景点了："hon ham ha dao（五星酒店），我们老挝也要有五星级酒店啦！"每天工地周围都聚集着从四面八方过来参观的人。那热闹的景象即便时隔多年也总是浮现在眼前。

为了写作此文，我打开尘封 12 年的小旅行箱，用了两天时间逐页翻阅一本本日记、一摞摞文件，不由得心潮起伏，仿佛又回到了那个惊心动魄的工地上。

2003 年 10 月 23 日，我作为云南建工集团为其刚中标的老挝万象五星级酒店建设总承包项目特聘的法律顾问飞抵万象，开始接触并介入到这个项目

之中。此时项目部已有几人先期从昆明到达。作为项目部唯一能用英语工作的人，我立即承担起了翻译工作。在之后的一年多时间里，我作为项目总法律顾问和翻译总负责人，协助中方处理了所有的法律事务和对外沟通事务，参与所有高级别谈判和内部研讨，因而对项目有比较清楚和深刻的了解。

挑战重重

该项目是老挝政府为承办 2004 年第十届东盟首脑会议而建设的全国第一座五星级酒店，包括附设的国际会议中心。项目投资方是马来西亚一家私人公司，中方作为总承包商，除了主体施工和分包项目的管理外，还负责室内设计和园林设计。实际上设备和所有酒店物资的采购最后也都由中方负责了。

项目的管理基本上是国际咨询工程师联合会（Fédération Internationale Des Ingénieurs Conseils，法文缩写 FIDIC）工程总承包合同模式。但合同文本又是在马来西亚建筑师协会的标准文本基础上编纂起来的系列文件，项目适用英国建筑规范，工作语言是英语。面对一寸多厚的英文合同文件，中方管理团队十分为难。翻译公司完成的中译本基本不能用。作为第一次在国外拿到重要商业性施工项目的中方企业，又是第一次按照如此复杂的合同管理模式操作项目，可以说面临着十分具有挑战性的局面。正是如此，他们有史以来第一次专为一个项目聘请了法律顾问。由于所有的沟通（包括索赔、通知、签证等）和协议、纪要等均须以书面做出，每天各方往来的文件数量之多也是中方不曾经历的。这些文件都由我先以英文撰写，再译成中文给项目经理审阅，定稿后发出，或将他方来件译成中文，再与管理层商定回函。不到一年，我的十指指尖磨起了厚厚的老茧，带去的笔记本电脑键盘也被磨秃了。

挑战性不止在上述一个方面。

空间上：项目实施地老挝工业薄弱，酒店所需材料设备几乎全都依赖从中国、泰国、新加坡、日本等国家进口。而其基础设施极其落后，长途运输十分不便。国内物资需从昆明组织货源，公路一路往南从磨憨口岸进入老挝。对面的磨丁口岸到万象约 700 千米，大部分是盘山公路，许多地段弯急坡陡。有一次大货车翻车，负责押运的项目部同事李智随一车货物滚落荒野，惊魂未定的他回到万象请我喝了顿大酒。

劳动力也得从外部调入。老挝人民爱好和平、生活悠闲，而从施工难度和时间紧迫性上来看，本项目都是高强度的工作，只能依赖中国民工（少部分越南工人）。出入境签证、组织纪律乃至每天万象市场上的大米、蔬菜供应都成问题。

气候上：老挝地处南亚次大陆的内陆，气候炎热（我曾在工地上连续忍受整整一个星期的 44℃高温天气），台风和暴雨频发（这些都无一例外地遭遇了）。其对施工的影响可想而知。

时间上：合同约定的工期满打满算只有 11 个月。在这短暂的时间内调用十余个国家的物资、人力，在湄公河的河床上打桩建造五星级酒店，其紧张程度难以想象。而事实上，此项目一开始就被认为是块难啃的骨头，国内国外诸多机构和人士都表示不相信能在十个多月内完成这么复杂的工程。即便项目开始后的很长一段时间，这种疑虑也广泛存在于东南亚相关方面。

性质上：第十届东盟首脑会议定于 2004 年 11 月召开，本项目作为接待和活动的重要地点，一旦不能保质保期地完工交付使用，将会使第一次承办如此高规格国际会议的老挝政府在国际上丢面子，中国也逃不掉遭人议论。施工期间常听到当地人士望着高高的脚手架发问："能完成吗？"事关东盟首脑会议和老挝国家的声誉，人们怎能不焦灼啊！

而真正的挑战，甚至是决定生死的挑战，此时中方还一无所知。

误入险滩

当时，我国刚刚正式提出"走出去"国家战略。有着 55 年历史的老牌国有企业云南建工集团为响应这一号召，同时也为自己开拓国际市场，积极在国际上寻找项目。此前该公司已经在毛里求斯、喀麦隆、南也门和老挝有过施工经历，但都是承接中国援建项目，是为"自己人"打工。而纯粹的商业性工程还不曾在国外做过。

当这个合同金额 2200 万美元的工程项目来到自己面前时，企业来不及对业主做深入的背景调查，甚至连招标文件还未细读便大胆抢了过去。

很快，业主不能按时支付进度款的问题就暴露出来。根据总包合同，业主的预付款应于当年 11 月 30 日前支付，进度款应当每月一付。然而到了次年 3 月初中方才收到预付款和第一笔进度款。为了不落下进度，中方只好自己垫款，还被迫通过中间商以高价购买施工物资（当需要中间商代为垫款时）。与之相伴，业主方的设计变更也开始频频发生。这时，我将平时在项目部的建议归纳成第一份书面建议函发给公司，详列了索赔的事项和依据。

公司一边施工一边与业主交涉。但情况并未好转。其后的几个月间，业主方继续在付款问题上屡屡违约，不仅在进度款支付时间上每次都逾期，而且实际支付的金额也只有应付的一半。但是在云南建工一方，为了自己的信誉和国家的荣誉，不断垫资投入施工中。几个月下来已经从国内银行借款4000 多万元人民币。这种状态显然不能再持续下去，必须采取措施了。2004年 5 月，我陪同集团公司总经理沈金柱、集团海外部总经理马德、项目协调人陈伟强、项目部负责人马成福、孙家兵等人前往马来西亚，对业主和建筑师等相关方进行调查。调查的结果令我方大吃一惊：业主方自己的资金实力十分有限，而其在本项目上为了向马来西亚进出口银行贷款，已将所有的资产抵押出去。换句话说，业主已经没钱了。

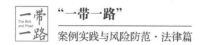

进退维谷

现在我们手上的牌唯有停工。于是，我们通过老挝驻马来西亚大使向马来西亚有关方面通报了情况，声明如果仍不能正常收到工程进度款，我方将停工，倘若由此导致东盟首脑会议受影响，责任不在我方。回到老挝后，我们向老挝政府方面发出了同样的声明。

不久，从新闻里看到马来西亚总理巴达维访华的消息，就两国友好关系及双方感兴趣的问题交换意见。

项目部传来国内的消息：我国国家副主席直接给云南省委书记打电话过问此事，要求云南省全力做好这个项目，确保东盟第十届首脑会议圆满成功！云南省委书记又直接向云南建工集团领导作了同样指示。然而，资金问题没有哪个部门负责。

国外的消息是：马来西亚总理巴达维指示本项目贷款方马来西亚进出口银行，要全力支持这个项目。银行方也承诺全力支持，只要获得满足风控条件的抵押！然而，业主的财产早已抵押殆尽。

此时，云南建工（当时的项目实施单位第三建筑公司，后期转为集团总部）不仅把自己的家底贴了进去，还欠了中国银行4000多万元人民币的贷款。继续干，难以承担。不干，国内的政治考量绝不允许。两头夹击之下，我们手上的项目不仅是烫手山芋，而且成了绑在身上的定时炸弹。

背水一战

我和云南建工的同事们一样，心情无比焦灼。

工地上的施工仍然在紧锣密鼓地进行。高层的这些苦衷是绝不敢透露给工人们的。事实上，我们已经在拖欠材料供应商和施工队的款项了。高强度的作业和离乡背井、语言不通的处境，让在酷暑中煎熬的工人们心理上到了承受的极限。

为了每天巡查工地（我这个外部顾问被项目部任命为"法律合同造价管理部"主任），我把办公室设在工地上。一天晚上我正在办公室写文件，忽听窗外传来骇人的骚动声。原来是来自不同省份的工人之间发生了械斗。正犹豫间，"咣！！！"窗户被一块大石头砸碎，玻璃碴飞溅到对面墙上。吓得几个同事钻到桌子底下。钢管撞击的声音和数不清的杂乱声音混成一团。项目部负责人孙家兵真够勇敢，开门出去找包工头交涉，迅速平息了事态。

然而进度款问题再不解决，这个项目就是个随时爆炸的火药桶。那些天我常徘徊在河边的沙滩上，望着激流汹涌的河面，不禁感慨："湄公河啊！你是要让我们在这里建立丰碑呢，还是要把我们葬送在这里？"

没有别的办法，我们只能一次次以声言停工向有关各方施压。

我们的呼喊取得了一些效果。在老挝政府敦促下，业主方、中国总承包方和银行方达成协议，业主先期获得的马来西亚进出口银行的贷款，将根据建筑师的指令直接拨付给总承包方，而不再像以前那样，银行每次划款除了要等建筑师付款签证外还必须接到业主指令才能拨付款项。业主在付款程序中的这道关卡拆除了。

再往后的几个月，进度款支付状况改善了一些。项目资金得以勉强维持正常施工。然而到了7月份，马来西亚进出口银行的贷款即将告罄，而这只占到项目资金的一半，剩下的一半哪里来呢？

没有答案。

项目又要"断粮"了。

中方是耗在这里跟项目一起死呢，还是采取断然措施拯救项目也拯救自己呢？

云南建工负责此项目的核心人员（海外部马德总经理、项目协调人陈伟强、项目部马成福、孙家兵等）在集团总经理沈金柱现场指挥下经过紧张研究，制定了一套化被动为主动的方案：

（1）停工三日；

（2）提前向老挝政府、马来西亚政府发出通报，依据合同条款和有关法律，说明停工的理由并阐明责任；

（3）对施工现场则宣布停工整顿，要求在施工质量、人员组织纪律等方面开展检查和教育，提出改进措施；

（4）对能够影响工程进度的关键设备的采购安装仍然照常推进，但是要秘密进行；

（5）项目管理团队撤离现场，工地大门上锁。但是管理团队在宿舍区正常办公。

高层突破

停工刚开始，马来西亚进出口银行行长一行就来到万象。于是我们与各相关方又展开了紧张的会谈。

项目的严峻局面已经得到高层的广泛关注，但如何解开这个资金的死套呢？宋沙瓦副总理曾建议云南建工"债转股"，接手这个酒店。但我方表示没有经营该酒店的打算，这条路走不通。

中国国内出资？可是好不容易抢来的商业项目，难道又变成一个援建项目不成？云南建工没有人愿意向国内提出这个方案。

老挝更不可能出资——"我们只有土地，没有钱"。

土地？！

如果用项目在建工程和所占用的土地做抵押，是否可以贷出项目所需的全部款项呢？马来西亚进出口银行是接受这个抵押品的。

此方案若放在我国法律制度下，自然是不成问题的。根据我国法律，土地使用权和在建工程可以自由抵押给银行，以取得项目贷款。然而在老挝这却是一个大问题：根据《老挝人民民主共和国宪法》和《老挝人民民主共和国土地法》，土地属于国家所有，本国公民可以取得无期限的使用权，该使用权也可以转让、抵押、继承。然而各类社会组织所取得的土地使用权只能占有使用，不能进行交易（当然也不能设定担保）。对于外国人，则只能租赁土地，不能取得物权意义上的土地使用权。这也就是说，此方案面临三重法律障碍：①本项目的土地是业主从政府租来的，是租赁关系的标的而非物权标的；②本项目的业主是公司而非个人，公司不能用土地做交易；③本项目业主控制人是外国人，拟抵押的受益人也是外国人。三个因素都决定了项目土地不可能设定抵押，更别提抵押给外国银行了。

老挝政府此时拿出了惊人的胆识和勇气。一天，老挝政府项目管委会主席带着国家建设部的负责人来到工地，向我们通报：准备同意用土地抵押给马来西亚进出口银行。一旦银行方面正式批准，老挝方面将提交国会大会审议通过。

后面的事情如人所愿，该方案在老挝人民民主共和国国会大会上获得通过，以东昌酒店在建工程和所占土地抵押给马来西亚进出口银行的贷款协议得以签署，1400万美元剩余建设资金就这样彻底解决了。

法律建议

资金问题的解决，为中方管理团队去除了心头大患。大家举杯庆祝后，来不及细品伤痛，就加班加点地投入到赶工战斗中。作为本项目法律负责人，我初步总结了法律风险管理方面的经验和教训，现重新整理在此简要汇报给读者，作为海外建设工程项目的一点参考。

做好合作方背景调查

本项目最大的风险，来源于我们的合作方，即项目业主（投资方）的财力短缺。可以说，没来得及对合作方做充分的背景调查也是我方工作中最大的教训。背景调查一定要深入细致，而不能停留于定性分析，更不能片面依赖于所谓高层关系（这往往是中国企业容易看重的）。不论合作对方宣称的后台多硬，都应当坚持做好纯粹商业角度的背景调查。调查应当聘请专业的中介机构（包括当地的律师事务所、会计师事务所等机构，以及与之对应的中方机构）。还应当亲赴对方所在地做现场考察，以获得第一手的信息。

认真审阅对方提供的法律文件

作为工程建设的"乙方"，投标时不仔细看招标文件，签约时不仔细看合同文本，在我国是个普遍现象。到了国际上面对冗长的英文文本招标文件，更是很少有人愿意细细研读了。如果说在国内大家低头不见抬头见，在发生纠纷时往往出于各种因素和解了事，到了国外就不能依赖临时性的勾兑了。

需要指出的是，我们在国际上遇到的合同文件多是按英美法系传统起草的。其优点是概念界定清晰，事项安排详尽。其缺点是冗长繁杂，对我国习惯了粗陋简略订合同的管理者们来说，看英文合同更是一件令人头疼的事。其实，即便中国的律师，若无专门的英美合同法和法律英语的训练，阅读这些合同也是非常困难的。法律表达的专业性也绝非日常英语翻译所能胜任（如我留学时的美国邻居就惊叹：连他们当地百姓都看不懂的文件，怎么我们留学生能看懂？其实我们无非是在教授指导下硬啃罢了）。这也就是为什么不能依赖于翻译公司翻译文本的理由。

我的建议是：由受过专门训练的律师，最好是在英美法系国家法学院毕业的优秀中国律师翻译合同等法律文件，并据此提供相应的法律意见。

熟悉 FIDIC 合同模式

FIDIC 制定了许多建设项目管理规范与合同文本，已为联合国有关组织和世界银行、亚洲开发银行等国际金融组织以及许多国家普遍承认和广泛采用。因此掌握这些规范与文本，对于在海外投资建设项目或承揽建筑工程的企业来说就成为必修课。限于篇幅，无法对这些文件本身作系统介绍。在此仅针对我国企业的一些习惯做法，从观念上和管理方式上做以下几点提示：

1. 尊重工程师

相对于国内建设项目而言，FIDIC 模式下的工程师居于十分关键的地位。以《土木工程施工合同条件》（通常称为 FIDIC 条件）为例，建筑师（Architect）扮演着整个项目总指挥的角色，其职责类似于我们国内的监理工程师，但话语权又大得多。其受业主的聘任，但工作上居于中立地位。我们在海外无论是做项目业主还是做总承包商，都应该尽快熟悉与之交往的方式，保持好密切的沟通。

2. 掌握合同条款

相比其他很多国家，我国建筑企业中配备的合同管理人员是极少的。在国际建设项目中，合作各方来自不同法律、文化背景，只能通过尽可能详尽的合同条款约定各方权利义务。因此合同不仅仅是打起官司来才用得着的武器，它更是每一天工作、每一项事务、每一次沟通的行为规则。不按合同办事，纵有再多的道理，也难以达到目的。

因此项目部应当配备较强的合同管理部门。该部门的人员无论是何专业，都应当受过扎实的法律技能训练。该部门的地位应当相对独立，在项目管理中能够有效控制其他部门的履约活动，切实避免贸然行动造成的被动局面。另外，对合同的学习应当贯穿于项目的始终，使各层级管理人员都对相关条款烂熟于心。这样，项目部才可能高效运作，并在突发情况面前处变不惊，清楚自己应当怎么做。

3.重视书面沟通

FIDIC 合同条件要求所有的正式沟通都以书面进行，工作语言通常是英语。因此商务信函的往来成为每天最重要沟通方式。跟许多发达国家相比，我国企业对商务信函的重视程度不高，运用水平更低。我们的写作方式习惯于用文学语言、写意画似的铺陈渲染，习惯于停留在定性分析层面，往往缺乏逻辑性和条理性。对此必须引起重视，尤其是高层管理人员更应熟悉国际商务函件的基本要求，避免以自己的习惯对下属的文件起草人员做出不当指挥。

熟悉法律

世界各国的法律制度大都有着很强的地域性。我们视作理所当然的事情，到了国外就不一定了。为避免意想不到的障碍，有必要在进入该国之前就了解有关法律，包括当地的法律和与我国的双边条约等。此外最好聘请当地有实力的专业机构提供顾问服务。

老挝与外国投资相关的主要法律介绍如下。[1]

1.投资法

《老挝人民民主共和国投资促进法》（2010 年）由原来的《老挝人民民主共和国国内投资促进管理法》和《促进和管理外国在老挝投资法》合并而成。该法鼓励外国投资者以多种投资方式投资老挝各领域，包括农林业、工业、服务业等。设立"一站式"投资服务机构以简化手续。该法许可外资设立独资企业和合资企业。合资企业中外方出资额不得少于注册资本的30%。在手续办理方面，老挝政府部门的效率仍然比较低下，需要外方想方设法推动进程。

---

1 此部分法规和国际协定的整理参考了以下材料的部分成果：谭家才、韦龙艳：《老挝投资法律制度概况》，载《中国外资月刊》，总第 301 期；周金虎：《"一带一路"之老挝投资法律规则与实践》，中国金融信息网 2015 年 5 月 25 日，http://world.xinhua08.com/a/20150525/1503260.shtml，2016 年 6 月 13 日访问。

2. 土地法

如前所述，根据《老挝人民民主共和国土地法》（1997 年），土地的所有权属于国家。土地上设立使用权，可授予个人和组织。本国公民可以取得无期限的使用权并获得土地证。该使用权也可以转让、抵押、继承。但是各类组织所取得的土地使用权只能占有使用，无权转让、出租、出资入股或设定担保。对于外国人和外国企业，则只能租赁土地，不能取得物权意义上的土地使用权。

3. 进出口管理法

这方面的法律主要有《老挝人民民主共和国进出口关税统一与税率制度商品目录条例》（1994 年）、《老挝人民民主共和国出口与进口管理令》（2001 年）、《老挝人民民主共和国海关法》（2005 年）、《老挝人民民主共和国关税法》（2005 年）等。老挝对企业经营进出口业务没有资格限制。对少数商品有出口限制，如禁止原木和锯材直接出口，必须加工为成品后才能出口。

4. 外汇管理法

这方面的立法主要有《老挝人民民主共和国中央银行法》《老挝人民民主共和国关于外汇和贵金属流通管理的法令》《老挝人民民主共和国银行关于在境内使用外汇的公告》等。根据这些法律，外币在本国的使用受到严格禁止。但以我的亲身经历看，人民币、美元在现实交易中是非常受欢迎的。

5. 税法

根据 2005 年的新税法，税种包括间接税（营业税、消费税）和直接税（利润税、最低税、所得税、各种手续费和服务费）。课税对象既包括在任何个人和法人组织在本国的财产和收入，也包括在老挝拥有户籍或经营场所的个人、法人组织在境外的收入。

6. 劳动法

《老挝人民民主共和国劳动法》（2007 年）要求外国投资者优先雇用老挝公民。其第 25 条对此作了专门规定。如雇用外籍员工，必须经过选拔程序且通过劳动管理机关的批准。同时规定了外籍员工所占比例：对于体力劳动岗位，劳动单位接受的外籍雇员的人数可占总雇员人数的 10%；对于专业岗位，允许接受的外籍雇员的人数可占总雇员人数的 20%。若需超过此限度，则须获得政府批准。外籍员工有义务将专业知识传授给老挝工人。政府还制定保留职业列表禁止聘用外籍雇员。

此规定须引起中方投资者或建筑商的注意。我们习惯了高速度、高强度的作业，这恐怕只有中国工人能够胜任。若大规模从国内调动工人跨境作业，就需要合理地设置劳动关系，并说服老挝政府劳动部门理解和接受我方的安排。

7. 中老投资贸易协定

中国和老挝之间的双边协定主要有：

《中华人民共和国和老挝人民民主共和国贸易协定》《中华人民共和国和老挝人民民主共和国边境贸易的换文》（1988 年 12 月）、《中华人民共和国和老挝人民民主共和国避免双重征税协定》（1999 年 1 月）、《中华人民共和国和老挝人民民主共和国关于鼓励和相互保护投资协定》（1993 年 1 月）、《中华人民共和国和老挝人民民主共和国汽车运输协定》（1993 年 12 月）、《中华人民共和国和老挝人民民主共和国澜沧江—湄公河客货运输协定》（1994 年 11 月）、《中华人民共和国和老挝人民民主共和国旅游合作协定》（1996 年 10 月）、《中华人民共和国和老挝人民民主共和国关于成立两国经贸技术合作委员会协定》（1997 年 5 月）《中华人民共和国和老挝人民民主共和国领事条约》（1989 年 10 月）、《中华人民共和国和老挝人民民主共和国民事刑事司法协助条约》（1999 年 1 月）、《中华人民共和国和老挝人民民主共和国引渡条约》

（2002 年 2 月）等。

随着中国—东盟自由贸易区的建成和运作，中国与老挝在自贸区框架内建立了多方位的经贸关系。相关资讯可查阅专门资料。

鸡蛋花下

为给读者增添一点感性认识和阅读兴趣，这里补充少许工程建设过程中的花絮。

老挝真是个神奇的国度。

万象市街头几百年树龄的高大的鸡蛋花树随处可见。下班时我们从河边工地走回住处，路过几人合抱的鸡蛋花树，常常会散落一片片娇嫩的花朵。于是就捡起来装一袋子，拿回驻地让女同事们串成大花环，挂在脖子上。

整个万象就是个大村寨。市区浓荫覆盖，其间露出一座座白塔，一栋栋木楼，若走进一栋传统建筑的市民家里，你会发现里面的家具都是红木做成的。富裕家庭的精致些，贫穷家庭的粗糙些。我们驻地旁有家穷人，他们的桌椅板凳也都是沉甸甸的红木材质。而我访问过的富裕家庭，整座木楼都是件雕花红木的艺术品。清晨，一队队披着橘黄色袈裟的僧人沿街化缘，而梳洗整齐的妇女们则跪在路旁手捧斋饭准备施舍。入夜，满天星斗下蛙声虫鸣响成一片。我这个几十年在中国喧嚣都市里生活的人第一次听着啾啾虫鸣睡觉，感觉真是奇妙！

这里的习俗、惯例和人们的心态在许多方面也是中国人陌生的。在此选取我亲历的几个人物和事件略述一二，以便使读者了解该如何与当地人打交道。

1. 奇遇故人

刚到老挝不久，项目部后勤负责人李智找到我，说正急着为将来的驻地租房。现在看上一处大院子，但房东是政府高官，不大好说话，通过老挝翻译谈了几次都谈不下来。希望我出面再谈谈。于是我们约了房东再谈。没想到这家人一下子认出了我，直接用英语说："你不就是六年前我们访华时给我们一家人做导游的田先生吗？"我也顿时惊呆了！竟会这么巧。互相拍打一顿后，房东放弃了原先的条件，顺利签约。

后来房东多次约我去家里做客。有一次在他侄女的婚礼家宴上，还遇到了国家主席的夫人。房东一家都能讲流利的英语，他太太还是留法的医学博士，除了在大医院供职，还自己开有诊所。老挝高层人士基本都能讲至少一门外语，许多是留法博士。

2．"老语词典"

我这个翻译总负责人不能不懂当地语言啊。驻地在一个村落里（万象市的基本管理单位是村，相当于我们的居委会）。每天中午开饭时，总有个邻居家的小姑娘举着纸伞穿着长筒群踩着拖鞋从大门前摇曳而过。我遇见了就送个苹果给她。在大家的起哄声中，我请她教我老挝语。还真学了一点。

两三周后，宋沙瓦副总理来工地例行视察。彼此见面时我向他双手合十说了句："sa ba di——！"

副总理先生用他那如家乡话般纯熟的广东味普通话说："你老语学得不错嘛！"

我刚想谦虚几句，没想到副总理先生继续说道："听说你有了本不错的老语词典？"

我："哦……什么？"

宋："长头发的老语词典。"

我心里咯噔一下，天哪，我跟小姑娘学老语的事情连总理大人都知道啦！可得谨慎哟！

后来打国际长途跟母亲通话时，母亲紧张地说："你可不能给我带回来一个穿拖鞋的老挝媳妇啊！"我心说穿拖鞋怎么啦。可是母亲大人的话岂敢不从。

老挝人热情奔放，但在婚恋问题上十分保守。我们工地上有一位中国小伙子跟邻村姑娘发生了恋爱关系，结果村长出面，要求小伙子留下加入村籍。此事闹得小伙子父母从国内赶来，还惊动了中国大使馆。

3. 遇事打点

在老挝凡有需与公务人员交涉的事情，可能您都得想想是否要"打点一下"（或许现在不用了吧）。有一次晚上跟朋友喝多了酒，然后驾车回驻地，路上闯了红灯被警察拦下。

警察要罚我款，我说："没带钱，但车上有酒。"

那位可爱的警察说："酒也行。"

我说："干脆我们去喝酒吧！"

警察："好！"

我说："不执勤了吗？"

警察："去喝酒就不用执勤了！"

于是我俩去喝酒。哈哈！他的名字我早忘了。

4. 国人形象

或许某些中国人到了这些"落后小国"总有一种来自"天朝大国"的优越感，加上我们半个多世纪不讲礼仪养成的"不拘小节"，令当地人们对中国人并没有我们想象中的可亲可敬。例如，有时我们会遭到投诉，反映我们的工人光着膀子在街道上行走，说话粗声大气、举止不文明，等等。

而我们所见无论老挝人还是泰国人、越南人，包括当地华人，无论商人、官员还是百姓，大都温声细语，谦恭有礼。在小范围场合从人前走过时，都要弯腰屈膝，让自己的头低于被影响的人的头。打喷嚏时一定会用纸巾遮挡，或掀起上衣把头埋到自己怀里去打。相比之下，我们这些中国人的行为格外醒目。

政府方面，我们知道国家为这些发展中小国提供了许多援助，为他们的基础设施建设做出了重要贡献，他们的政府一定是感恩戴德的。然而普通民众却未必清楚。我看到的当地报纸，很少有关中国的报道，有则往往是负面的。塔銮节上，美国、日本、韩国及东南亚许多国家的大使馆纷纷设台宣传，提供咨询服务，搞得都挺热闹，唯独不见我们国家的展台（也许我没看见）。

在此提醒我们国内去的同胞，切忌妄自尊大，更无需炫耀自己国家的财力、军力。一定要谦虚谨慎，注意自己的仪表、言谈、举止，注意自己的信誉。用一言一行来树立中国人在当地民众中的良好印象。国力强大可能会让他国人惧怕，但绝不会仅仅凭此就让我们这些外出的人赢得人家的尊敬。

此外，中方管理团队要对国外的合作方以礼相待，遇到自己不熟悉的领域要虚心求教。本项目中业主方聘请的一位退休老工程师陈川连先生，就曾在商业礼节、文件撰写、工程技术知识等方面给予我热心的帮助。

完满收官

东昌酒店如期竣工，如期开业。酒店接待了多国元首、夫人和要员。我们的会议中心承办了第十届东盟首脑会议的国际商务高峰论坛。同时举办的中国—东盟领导人会议上，中国与相关国家签署了《货物贸易协议》和《争端解决机制协议》，为中国—东盟自由贸易区的建成迈出了实质性的步伐。会议期间，我们的成就不仅得到了老挝、马来西亚政府的高度评价，甚至得到了出席会议的温家宝总理的赞扬。

会后，我和项目部少量人员留守驻地进行扫尾工作。我的职责除了主持项目部工作会议外，主要是收取工程尾款。由于日夜赶工，加上设计变更频频，工程留有一些缺陷，需要整治后才能请款。在大家的积极配合下，收款工作进行得比较顺利。最后终于把合同总价连同工程量变更增加的约600万美元全部收到！在为中方收完最后一个美元后，我总算完成了使命。这段经历让我深感自己知识的欠缺，于是紧接着踏上了赴美攻读法学硕士的旅途。

在项目总结大会上，云南建工的总经理沈金柱说："东昌酒店项目，是我司 55 年历史上在国外承建的难度最大、管理最复杂、风险最严重，但是最成功的项目。"

这个项目之后，云南建工在东南亚市场上一炮打响，连续承接了万象国际商业旅游中心、第 25 届东南亚运动会场馆、万象亚欧峰会大酒店以及柬埔寨政府办公大楼等国家标志性建筑项目。目前，他们的在建工程项目遍及老挝、柬埔寨、缅甸、泰国、马尔代夫等众多国家，连续入选美国《工程新闻记录》（ENR）全球国际工程承包商 250 强，成为云南省实施"一带一路"战略的排头兵。而那艰难的第一步，就是这样迈出的。

田丰，中国社会科学院法学博士（民商法），美国印第安纳大学法律硕士，英国皇家特许仲裁员协会会员，深圳国际仲裁院、珠海国际仲裁院仲裁员，华南国际经济贸易仲裁委员会调解专家，珠海金融投资控股集团法务部总经理，珠海华发城市运营投资控股公司法务审计部总经理，北京理工大学珠海民商法律学院教授、教授委员会委员，暨南大学法治化营商研究中心研究员。

案例 2

好事多磨的柬埔寨投资案

柬埔寨王国（Kingdom of Cambodia），在中国古代被称为高棉，原法国殖民地，与老挝、泰国和越南均毗邻。柬埔寨目前仍是世界上最不发达的国家之一，经济主要以农业为主，劳动人口中农民占了 80%；其次是旅游业，著名的世界七大奇迹之一"吴哥窟"每年吸引了世界各地的游客，很多欧洲游客都会在吴哥窟居住几个月慢慢观赏"高棉的微笑"。

柬埔寨虽然经济不发达，但是其地理位置和气候条件非常适宜经济作物的生长，橡胶、胡椒、棉花量大质高，柬埔寨全国橡胶的种植面积超过 10 万公顷。柬埔寨森林覆盖率很高，出产贵重的木材，如紫檀、黑檀、酸枝等，即中国统称的红木。鱼类资源丰富，海洋渔业和淡水渔业均较发达，还拥有东南亚最大的淡水鱼场。

由于柬埔寨经济落后，柬埔寨执政党——人民党积极推行引进外资的基本政策，同时实行自由市场经济体制，在柬埔寨外国直接投资已经成为其经济发展的主要动力之一。而且柬埔寨所有行业，无论是资源类、基础建设类甚至航空业也对外开放，对外国投资者和国内投资者给予基本一致的待遇。同时，柬埔寨劳动力富余，工资水平较其他发达国家甚至发展中国家而言却十分低廉，一名成熟的纺织服装业技术女工的月薪酬仅 600~1000 元人民币。这样的国家政策和廉价的劳动力价格吸引了不少前去投资的各国企业家和投资客。其中，中国已经是柬埔寨最重要的外国投资人；同时还援建了大量的基础建设项目，如柬埔寨的交通依赖于公路，而中国援建了其三分之一的国道；中国还投资了柬埔寨六大水电站。以浙江人和广东人为主的华人在柬埔寨也有 60 余万，柬埔寨渐渐成为中国企业走出去的重要国度。

2011 年左右有几家民营企业和国企为了降低人员成本，抢占资源类行业的先机，纷纷寻求去柬埔寨投资的机会，我作为这些企业的外部顾问有幸参与了这一投资过程。现在回想起来还是感觉这是一次充满历险的投资经历，虽然最初拟投资的 3 个项目没有全部成功，但是通过这一历程，深度调研了柬埔寨的整体投资环境和机会；厘清了投资中投资者身份界定、土地归属、劳动法保护和税务处理等关键法律要点，可以说形成了中国企业柬埔寨投资的示范案例，收益颇丰。

越准备越没底的投资前期准备

为了避免"睁眼瞎"，几家有投资意向的公司，成立了联合投资考察小组，希望能通过尽可能完善的投资前期准备，最大限度地降低投资风险、摸清柬埔寨投资现状和市场情况。投资考察小组拟定了两方面准备主要考察的内容：投资环境、政策法律检索和实地考察。

为了更全面地反映柬埔寨的投资环境和政策法律，考察小组的投资组员和法律组员们，开始通过各种途径收集分析柬埔寨与投资有关的法律规定的政策，其中能提供相对准确和有效的投资市场法律情报的途径有：中国驻柬埔寨使领馆；中国出口信用保险公司《国家风险分析报告》和柬埔寨公开颁布的法律。通过大量的梳理分析工作，投资组员和法律组员对柬埔寨的投资环境基本情况做了列示，同时对可能存在的法律风险做了列示标注，具体如下：

投资环境基本情况

1.投资大环境

柬埔寨经历了多年的战乱纷扰，经济十分低迷，其本国又缺乏带动经济快速增长的有力引擎，所以柬埔寨政府十分鼓励外国投资者前往柬埔寨进行投资，无论是商业贸易还是实业投资都十分欢迎；执政党为了推动经济重建和恢复，还提供了税收优惠政策，并且持续推进"四角战略"，即大力发展农业、基础设施、私营企业和开发人力资源。柬埔寨经济自由度较高，欧美国家也给予柬埔寨普惠制待遇，特别对于柬埔寨的纺织、服装等物品的进出关均实行较宽松的配额和税率政策。

2.政治环境

柬埔寨为君主立宪制国家，有西哈努克皇室在位；执政党为人民党，总理洪森连选连任，完全执政，柬埔寨目前政局也相对稳定。市场经济自由度较高，但是政府官员腐败情况普遍、行政效率较低；法律也不健全，缺少成熟的法官、检察官等司法官员。

3.经济情况

柬埔寨主要国内生产总值（GDP）收入来源于制造业，其中服装、鞋帽和纺织行业基本占了制造业 GDP 的 69%，旅游业是柬埔寨 GDP 的另一主要支柱产业；同时建筑业对 GDP 的贡献持续攀升。历年 GDP 增加率基本为 7%。柬埔寨消费水平较低，根据 2010 年度统计数据，柬埔寨全国日均消费 2 美元以下的人口占总人口约 40%。柬埔寨基础建设较差，公路是主要交通方式，但是却无高速路，农村公路占了所有公路的 73%；铁路线仅有 3 条，基本全部为慢速货运；柬埔寨有 11 个机场，可以飞往中国、马来西亚、越南、泰国等地；西哈努克港为其唯一海港，同时有七大内河运输港口；柬埔寨电力设施落后，用电要从越南、泰国等周边国家进口，广大农村均无电可用，柬埔寨规划在 2030 年达到 70% 农村供电目标。

4. 外国投资情况

目前在柬埔寨的外国投资者以中国（含我国台湾地区）、日本、新加坡、韩国以及马来西亚等周边国家为主。

5. 社会情况

柬埔寨以高棉语、英语和法语为主要语言，同时柬埔寨为佛教国家，寺庙和僧众地位较高。社会治安尚可，但是柬埔寨是持枪合法化国家，只要有持枪证明均可以持有枪支。

法律风险关注点

1. 法律对投资方主体存在的种种限制，尤其对于投资方实现合资公司的绝对控制权影响很大

（1）《柬埔寨王国投资法》对一些涉及国家安全或者影响国民经济的关键投资领域如资源类、基础建设类和柬埔寨优势行业的外方投资方式限定为合资公司的方式，外资公司不得成立独资公司经营这些行业。同时投资法还对合资公司中外方出资比例进行限制，外方的股权占比一般不得超过 50%。这对我们这几个企业的战略投资目的有着很大的影响。柬埔寨对于外方投资者而言，具有极大投资诱惑的基本是基础建设，如电力、道路、桥梁等项目，因为柬埔寨的基础建设十分薄弱，基本处于空白阶段。还有柬埔寨自身自然优势十分明显的行业，如橡胶等经济作物行业，也是柬埔寨与他国竞争的主要产业，对于外方投资者投资价值大，对于柬埔寨本国而言却是想自身逐步加强投入，不愿意被外方投资者完全操控的行业。这一规定对于外方投资者的投资方案和交易架构有着很大的影响，联合投资考察小组也对该问题进行了关注。

（2）法律对公司控股权进行限制，柬方股东在法律上享有对公司股东会、董事会的控制权和决策权。这一规定是为了配合上述规定而制定的，为了防止外资股东作为小股东却通过把持股东会和董事会来实际控制合资公司。

2．土地权属纠纷

（1）柬埔寨土地性质混乱，无法从土地性质上判断土地用途。由于柬埔寨历年经历战乱，各个不同时期的执政党和政府都在不同时期对土地做过界定，随着执政党的更迭，这些土地的性质越来越复杂，越来越说不清。而土地性质对于投资的重要性是不言而喻的，无法确定这些土地的性质，就无法实施对应的开发建设和投资。

（2）柬埔寨土地权属紊乱，同一块土地上同时存在多个产权人的现象比较普遍；确定土地真实权利人难度很大。这样的情况也是柬埔寨独有的现象，多个产权人的同时存在也是源于不同时期不同政府执政的历史原因，每一个新政府都会给某些土地发放产权证，这些产权证发放时完全不关心是否历史上还存在其他产权证，更不可能将原来的产权证书回收或销毁。有些土地权证的持有者，并不实际控制和拥有土地，更不要说开发利用土地。但是一旦有外方投资者要购买、使用、投资、与土地实际控制人合作项目或者在土地上开发建设，这些土地权证的持有者就会跳出来行使权利，要求取得土地费用，甚至会纠集农民占用土地，阻挠外方投资者的正常投资活动。这种情况对于外方投资者而言是很大的投资风险，而且实地的勘察也往往不能解决问题，很多土地权证的持有人都会在外方投资者实际开工后才开始提出诉求，霸占土地，让外方投资者防不胜防。

（3）柬埔寨土地登记系统十分不健全。如果在中国碰到上述土地性质和土地权属的问题，我们的第一反应是去土地管理部门查询权属登记，无论有多少纠纷，总可以以产权登记簿为准。但是在柬埔寨这种思路是无法解决问题的，因为柬埔寨基本没有信息登记系统，纸质的档案也因历经战火而严重缺失，更重要的是，柬埔寨法律根本没有确定统一的登记部门和相关部门立法。所以大多数情况是根本找不到登记，个别情况下就算能找到某个部门有土地登记，由于立法的缺失也根本无法作为参考的依据。

（4）柬埔寨土地四至和边界界定不清。这个问题算是上一个问题的附属产物，没有合法的登记，自然无法确定土地大小、四至和边界了。这个问题直接影响到外方投资者如何认定以土地作为出资的柬埔寨合资方的价格问题，柬埔寨合资方都倾向于无限扩大其土地面积和用途，以抬高作价，而到底有多少水分，似乎很难判断。

对于联合考察小组的法律组员而言，前期准备工作越做越精心，同时也越做越惊心。感觉到诸多重要的法律问题都无法得到肯定回复，也没有成熟的规避方案。而对于联合考察小组的投资组员而言，虽然法律上有着众多的不确定性，但是柬埔寨优厚的自然资源、广阔的投资种类、廉价的劳动力和自由的国际交易模式，都使大家还是很希望能有机会在控制法律风险的前提下参与到柬埔寨投资中。

惊险刺激的现场考察

中国有句古语叫"百闻不如一见"，为了更真实地确定考察信息，联合考察小组决定前往柬埔寨进行实地考察，同时柬埔寨当地的意向合作方也频频邀请我们前往展开商务接触、实地考察和谈判。为了不受柬埔寨当地意向合作方的蒙蔽，联合考察小组创造性地把财务复核机制引入了商务实地考察中。联合考察小组成立了两个现场考察小分队，第一个小分队负责直接和柬埔寨当地意向合作方联系，并按照意向合作方的指引进行考察；第二个小分队则会在第一个小分队完成一处现场考察的第二天或第三天，通过其他方式自行进行考察，以求真求实。而两个考察小分队的配置都是一致的：投资人员＋法律人员＋财务人员＋行业专家，后来的考察和商务谈判的经历证实这是一个十分正确的决定，因为往往有时候眼见也未必为实。

山路崎岖的橡胶林之旅

橡胶是柬埔寨最为有名的经济作物，产量和质量均比较好，是本次投资考察的重要投资目标。根据之前做的相关检索，柬埔寨的大型橡胶林基本上坐落在磅湛省。这个省份地处湄公河中段，距离金边仅仅约 125 千米，同时这个省份是柬埔寨重要的贸易集散地及水陆交通中心，人口数量也是全国之最，与越南等周边国家有着较密切的贸易关系。

第一天考察小组安排先去实地查看柬埔寨意向合作方声称有完全产权的橡胶林。具体安排为第一小分队和意向合作方一起去橡胶林，第二小分队去柬埔寨投资部咨询投资政策。然而我们高估了柬埔寨的基础建设，柏油的小马路开到金边城郊就已经绝迹了，取而代之的是无比颠簸的石子路，进入磅湛省后均是全无规则的山道。幸好我们租用了一辆越野车，才能在崎岖的山路上勉强前行，有的路段还都是深深的积水，需要全车人员下车后涉水前行，车子才能勉强开过。这样的路况严重影响了时间安排，导致第一小分队晚了一天才到达橡胶林。到达橡胶林后，因为第一小分队只能在意向合作方带领的范围内活动，无法和周边林场的人交流，也无法和附近农户核实土地情况，所以第一小分队把重点放在了橡胶林本身的品质上，主要由行业专家进行橡胶树种、种植方式、土壤情况、种植地情况的取样和分析；除了需要化学实验室分析的数据外，结果还是令人满意的。橡胶林的土地、气候和种植方式均比较有利于橡胶林的生长，橡胶林的树木品种也较好；但是割胶等加工手段却十分落后，导致出胶率不高。即便是这样，第一小分队也沿着橡胶林走了整整一天，却还没有走到意向合作方所声称的拥有产权的地块。

就在第一小分队在山区蹒跚而行的时候，在城市里活动的第二小分队也遇到了挑战。第二小分队先去了中国驻柬埔寨大使馆，想就柬埔寨投资事宜向大使馆官员进行咨询。大使馆官员提供了很多关键建议，比如要关注税收政策，要关注相关外国投资者投资手续的办理等。从大使馆出来后，第二小分队考虑到了语言障碍，特地聘请了一位柬埔寨导游作为翻译，前往柬埔寨投资委员会进行咨询。柬埔寨发展理事会是根据《柬埔寨王国投资法》负责审核外国投资者身份和投资项目是否为负面清单项目的主管机构。第二小分队在正常工作时间来到了发展理事会的工作地址，却发现发展理事会并不像我国的行政审批中心有公开办理事务的柜台，要想办理任何事务，哪怕是简单咨询，也要和秘书约官员的时间，实行预约制。第二小分队在漫长等待后终于等到了发展理事会主管官员的秘书，在赠送了中国小礼物后，秘书答应帮忙预约时间，但是要第二天才能给答复。秘书给了一个建设性的意见，建议第二小分队先前往土地管理部去咨询土地政策。第二小分队立即前往"土地管理、城市规划和建设部"，这个部门相当于我国的国土管理局，是柬埔寨的土地管理主管部门。柬埔寨这个部门并不难进，不需要任何登记和预约，并且翻译发现了咨询处的办公室，第二小分队十分高兴，立即进行咨询。咨询处的官员很热情，但是却无法提供任何政策，认为橡胶林的产权交易要事先通过农林渔业部首肯才能办理相关流程。第二小分队随即又赶到了农林渔业部，但是很可惜，虽然第二小分队在下午3点半赶到了农林渔业部，农林渔业部相关负责回答政策的人员已经下班了。由于第一小分队滞留在橡胶林，第二小分队在第一天工作结束时无法与第一小分队交流商定工作方案，所以第二小分队暂且只能把希望寄托在第二天发展理事会的答复上。第二天第二小分队仍旧很早就去了发展理事会，但居然有更早的咨询者已经在咨询预约官员了，虽然该官员的秘书已经帮忙做了预约，但是该官员安排了下午出行，下午无法答复，而现在正在进行的一项咨询也是中国投资方，在咨询水电站投资的相关事宜。第二小分队一直等到了中午，官员还未出现。第二小分队灵机一动告诉秘书说要给官员和秘书送一份中国小礼品，希望能亲自给该官员；果然没有多久，就安排了咨询见面。该官员介绍了简单的投资流程和申报要求，第二小分队基本了解到了外国投资者在柬埔寨发展理事会的投资流程：投资人需提供投资项目的经济报告供投资理事会审阅，经济报告中必须写明公司名称、股东情况、股份分配、职务分配、投资规模、职工总数、经营内容、产品情况、出口国家、申请进口材料和环保情况等材料。如审议通过，发展理事会会一站式地提供企业成立批文、进口免税批文、营业执照、公章、税务登记、环保批文和环保合同书等材料。这样看来，在柬埔寨公司成立手续并不复杂，这总算也是三天来第一个确定和较为积极的消息。

第三天，两个小分队终于碰了头，大家把相互了解到的信息进行了互换。发现虽然在柬埔寨全力以赴工作了三天，却收获不大。现场查看的目的是为了给决策者一个投资判断的依据，提供法律、财务和投资方面的具体建议。目前的调查情况根本不能够给决策提供任何帮助，大家讨论得十分激烈，却很难找到有效的解决路径。最终只能决定，第一小分队出一个向导偷偷再去一趟橡胶林，重点是和周边的农民、地区官员沟通，侧面考察橡胶林的土地权属和出产情况等事项。第二小分队重点放在搞清楚收购橡胶林有关审批手续上，具体办法为走访土地管理部门、投资主管部门和能源部门等，以摸清各项政策和实际操作程序。

第四天，两个小分队开始分头行事。第一小分队跋山涉水又到了橡胶林，距离目的地 2 千米就开始逐一询问有无橡胶林出售。结果五个农民同时把第一小分队拉去了合作意向方提供的橡胶林，每人都说其中有一块是自己的橡胶林，但同样没有任何权证可以证明。第一小分队还没有回程，就有更多的农民赶过来愿意出售自己的橡胶林。第一小分队索性留下来和农民做了交流，详细询问他们出售的原因。原来，虽然柬埔寨天气、地理环境等都很适合橡胶树的生长，但是柬埔寨的橡胶资源丰富，本身对价格的提升就不是很有利，颇有"果贱伤农"的感觉；同时柬埔寨的橡胶业加工能力又很低，无论是取胶、割胶、橡胶林的养护还是后期的橡胶加工、提纯、固化等技术都不过关，半成品和成功率都十分低。再加上橡胶林均处于柬埔寨边缘地区，柬埔寨公路条件很差，造成了运输成本十分高，一般的农户种植橡胶规模本身很小，可以取得的收益其实也并不高。最重要的是，橡胶树成材期很长，基本要在 6 ~ 8 年才能成材，进行割胶；而且究竟要多少年可以收回所有成本，严重依赖于天气、环境，实在是不可预测，属于靠天吃饭的行业。所以橡胶林的收益周期很长，又有很多不可预测的因素，因此农户更愿意一次性出售给"人傻钱多"的中国人。等到夕阳西下，第一小分队还没有完全见完愿意卖橡胶林的农民，而见过的农民所提到的橡胶林地已经相互覆盖、相互交叉，无法区分了。第二小分队也忙活了一天，走过了金边四个行政主管部门，但是显然第二小分队没有第一小分队那样的运气，见到了很多官员，收到了很多名片，可是一总结，发现"干货"实在太少了，柬埔寨各个部门的官员们态度十分和蔼，政府部门没有门禁、进出十分方便，接待中国咨询者的询问也十分耐心，但是这些官员的业务能力却不能满足第二小分队的求知欲，无法清晰回答中国投资者收购橡胶林的法律规定和流程要求。但是经过询问第二小分队也接触到了柬埔寨所特有的经济政策"国家经济特许地"，橡胶林所在土地正是属于该种性质；柬埔寨政府官员均声称"国家经济特许地"对投资者而言有很多优惠政策，土地出让金十分低廉，同时还可以向银行贷款、让子女继承。但是该种"国家经济特许地"的审批手续十分复杂，最终审批权限在总理府。

于是在柬埔寨工作的第五天，现场查看工作进入了僵局，大家似乎都穷尽了所有的调查手段，但是却仍没有搞清楚投资的关键要点。大家一筹莫展，在讨论了很久以后，也只能先将橡胶林投资放一放，先调查另两项拟投资项目。

诡异的景区酒店

抛开纠结的橡胶林项目，联合投资考察小组来到了柬埔寨最著名的景点"吴哥窟"，目的是为了考察一个欧洲业主拟出售的五星级酒店。有别于金边郊区和柬埔寨绝大多数城市，吴哥窟所在的城市暹粒市（Siem Reap）实在是称得上整洁舒适，吴哥窟景区附近的五星酒店林立，每个都奢华精致。因为柬埔寨整体的消费水平非常低，自然资源丰富，大量的欧洲游客长时间滞留在此，在柬埔寨旱季适合旅游的时候，畅游柬埔寨全景，包括海滩、港口、皇宫和各类景区。但是游客最多、风景最优美、最吸引外国人的还是吴哥窟。所以吴哥窟的酒店也十分发达，无论是五星级酒店、风格小旅店还是青年旅舍均布置得十分雅致、舒适，又具有显著的异域风情。酒店业也是除了旅游观光业之外的第二大产业。这个项目的意向合作方是一家五星级酒店的业主，拟整体出售该五星酒店，该五星级酒店建造时间为 5 年前，经营了 3 个会计年度。

联合投资小组入住该酒店，对该酒店进行了实地尽调。为了避免橡胶林调查中类似的尴尬，联合投资小组明确了尽调目的：第一要查清酒店权属，第二要查清财务情况，第三尽量准确预测投资回报率，第四现业主转让的真实原因。对应这些尽调目的，联合投资小组制定了尽调清单，尽调清单分了法律、投资和财务三个项目。

第一个为法律尽调清单，其主要内容为：

（1）酒店的房屋产权情况、土地权属情况；

（2）酒店、土地产权持有公司的股权架构、公司治理模式；

（3）酒店、土地持有公司的资产情况；

（4）整个酒店的股东、董事和管理团队情况；

（5）酒店经营资质、各项认证、行政包括批准手续等情况；

（6）酒店附属设施产权和具体资质情况；

（7）房屋建设、保修情况；

（8）所有财产的抵押、质押情况。

第二个为财务尽调清单，其主要内容为：

（1）酒店经营期内每年的营收、利润、成本和现金流；

（2）酒店持有公司及其附属公司的债权债务情况，特别是工程建设款项；

（3）或有事项的可能性；

（4）财务报表和资料的可信度。

第三个为投资尽调清单，其主要内容为：

（1）价格构成和合理性判断；

（2）收益回报期预测；

（3）酒店经营模式以及潜在风险；

（4）酒店经营模式改变可能性和盈利预测；

（5）投资综合性风险预测。

联合投资小组快速开具了上述清单的详尽版，请现酒店业主准备。酒店业主满口答应，并热情安排联合投资小组先前往吴哥窟观光，承诺在一两天内完成材料准备。联合投资小组接受了游玩安排，为了避免不必要的影响，费用由联合投资小组自行承担。除了参观吴哥窟景点，联合投资小组也想顺便考察一下柬埔寨暹粒这个城市的旅游人口究竟有多少。吴哥窟的确名不虚传，任何角度的风景都可以做一张绝佳的杂志封面，联合投资小组愉快地度过了两天轻松的度假时光，同时见证了吴哥窟游人如织的盛景。然而回到酒店却发现，酒店并没有完成资料的准备，仅准备了10件不到的相关资料。同时酒店业主也并没有给出十分合理的解释，仅认为时间太紧张无法在短时间完成上述材料的准备。联合投资小组随即提出要和酒店工作人员一起进行材料准备，或进入酒店办公室工作场所一起工作，以加快材料准备速度。没有想到联合投资小组的这一建议被酒店业主断然拒绝。联合投资小组感到情况诡异，一方面酒店业主表现得十分积极，诚心要出售房产；另一方面该业主却拒绝联合投资小组参与资料准备工作，要求联合投资小组耐心等待，并一再表示没有欺骗或者其他不良企图。双方耗了多时，业主方仍然十分坚持，联合投资小组退而求其次，决定花一天时间自行查看酒店及各项设施，还要求业主配合。奇怪的是，这次业主居然满口答应了，配置了专人带领联合投资小组到处查看，联合投资小组的建筑和设备专家立即开展了工作。酒店占地较大，设施繁杂，原定的一天根本不够用，建筑设备专家花了两天时间完成了现场查看，虽然很多隐蔽工程无法查看，但是建筑设备专家查看的现场情况均感觉不错，物业建筑质量和维护质量都比较好，设计也很别致，设施情况也较为良好，整体建筑物翻建的预留空间很大。这个项目能否深入可能就要看业主提供的材料了，如果权属清楚、回报率可预期，投资的意向应该会很大。然而令人失望的是，无论联合投资小组如何催促，业主方均答复要再过五天才能准备好材料。联合投资小组集体作了讨论并决策，只能先去看第三个项目，再折回来审阅材料。

揪心的纺织厂之旅

联合投资小组最后一个项目是在金边的纺织厂收购项目，我方的拟投资企业群中有做了多年纺织服装主业的公司，设计能力、制造能力都很强，但是目前中国的人力成本不断攀升，企业利润不断受到挤压，来自泰国等廉价劳动力国家的服装成品在价格上更具有竞争力。所以对于柬埔寨纺织业的考察是这个中国企业走出去转型的关键步骤，虽然在橡胶林和酒店项目上，联合投资小组不同程度地受到了打击，但是在纺织厂项目上，还是打起精神，希望可以有好的结果。

纺织厂的业主同样十分热情地接待了联合投资小组，更可贵的是，业主方已经准备好了一些材料，如近三年的财务报表、营业资质、劳工情况等。联合投资小组在简单地参观后立即开始了材料审核工作，通过材料联合投资小组发现该纺织厂业主其实是马来西亚的一个私募基金，是一个法人实体，具体负责经营管理的是聘请的管理人员，所以最后的决策事项，该管理人员是无法表态的。联合投资小组即向该管理人员提出谈判由谁进行，管理人员没有马上答复，几小时后回复说由该管理人员先洽谈，如进入议价程序，则会有私募基金负责资产处置的专人来介入谈判。这样的回复，倒也合理，联合投资小组开始安心审阅各项材料。一晃三天过去了，联合投资小组基于材料判断该纺织厂经营正常、成本控制也比较好、产权清楚，准备进入议价程序，并通知了该纺织厂的管理人员。该管理人员欣然答应，并回复第二天即可以与私募基金驻金边的资产处置人员在纺织厂进行洽谈。第二天一早，纺织厂管理人员来电，要求联合投资小组临时到金边市中心去进行谈判。接电话的翻译嘀咕了一声说，这个管理人员的口气好像很着急，而周围环境又十分嘈杂。联合投资小组敏感地觉得可能是纺织厂发生了什么突发事宜，而且可能是和转让严重相关，纺织厂管理人员不愿意联合调查小组知道此事。于是联合调查小组又兵分两路，第一小分队去纺织厂现场查看情况，第二小分队去金边谈判。当第一小分队来到纺织厂时，赫然发现纺织厂大门紧闭，往日秩序井然的工厂门口，都是黑压压的人群，还有人拉着横幅、有人大声喊叫、有人朝工厂扔石头，而纺织厂管理人员也不见踪影。第一小分队请翻译假装是路人去问一下是咋回事，没想到翻译想也不想，就回答说肯定是罢工呗。第一小分队第一次看到活生生的罢工发生在眼前，坚持要求翻译前去询问罢工原因等情况。翻译拉了一个年老的罢工工人问了一下，原来是工人们觉得这个纺织厂效益很好，但是给员工的工资却很低，也不提供午饭等福利，和周边其他工厂相比十分差劲，工人们要求上涨30%的工资，如果不达到就不恢复工作。一边说着，一边工人们的情绪更加高涨，甚至有人开始点燃稻草，威胁工厂开门。

第一小分队立即和第二小分队进行联系，并赶至金边参与谈判。赶到金边后，由于联合调查小组已经发现了罢工的事宜，这个私募投资基金的资产处置官员也告知了这个纺织厂要处置出售的主要原因就是基金本身管理人员很少，而纺织厂的罢工事件十分消耗精力，对于基金而言实在无力应对，而时不时的罢工对于其订单的完成影响极大，而柬埔寨政府对于工人的罢工行为基本为支持态度，不愿意为资方解决相关问题，所以基金方综合考虑愿意出售该纺织厂，但是愿意在价格上给予折让。联合调查小组随即了解了一下罢工的频次、规模、持续时间和对工厂的影响程度，详细记录了每次提高工资的数据。综合纺织厂其他材料和具体情况，联合投资小组连夜出具了相关的分析报告，同时决定对于柬埔寨工厂的罢工情况，拟进行进一步的调查，对防范工人罢工的方法做研究。

一招鲜，吃遍天

在纺织厂调查基本结束后，联合调查小组在金边开了碰头会，发现手头的三个项目中第一个橡胶林项目主要需要判断土地性质、土地权属、特许地申请难度和周边农民的利益冲突可能性；第二个项目需要搞清楚酒店业主方提供材料的真实性和真实的收益率等情况；第三个项目需要综合分析罢工对纺织厂经营的最大不利影响。问题是总结出来了，可是用何种方式处理，联合调查小组仍是没有头绪。大家无比怀念国内专职做尽调的中介机构，于是灵机一动，开始在柬埔寨寻找尽调机构，为了寻找更专业的中介机构，联合调查小组又来到了中国驻柬埔寨大使馆。大使馆经济参赞推荐联合调查小组找国际四大会计师事务所，因为柬埔寨的律师很少，本地律师专业度和可信度都不高，请本地律师反馈的内容参考价值较低；目前有中国律师在柬埔寨的合作律所，可以进行商谈。但是最推荐的还是找国际四大会计师事务所，它们为欧美投资者提供了大量的投资咨询服务，对柬埔寨的经济情况、政治情况和法律政策规定都十分清楚；专业度也比较好，风险提示得比较到位。

这一建议拨开了联合调查小组头上的迷雾，大家立即分头与律师事务所和会计师事务所进行了沟通，经过一天的初步接触，比较下来还是决定委托普华永道（PWC）会计师事务所进行投资尽调咨询，对不同的项目提供分析建议，但是同时普华永道拒绝参与直接与各业主方进行谈判，仅单独向联合调查小组出具尽调意见。

联合尽调小组首先联系了酒店业主方，酒店业主方回复已经把文件都准备好了，联合调查小组请其送至金边。随后联合调查小组立即整理已获得的资料，将从三个项目方取得的资料进行整理，同时将调查小组自行走访的内容梳理成文字资料，列示目录，先与普华永道做了详细的文字交接，并明确联合调查小组的投资意向、投资目的和目前需要弄清楚的焦点问题，以及要求普华永道反馈的时间。

在普华永道开展工作的几天内，联合投资小组联系了中国在柬埔寨已经成功办理园区、投资项目的投资者，学习相关投资经验。联合投资小组主要参观的是红豆集团在柬埔寨西哈努克经济特区创建的红豆集团柬埔寨西港特区，这个特区是红豆集团复制平移中国国内开发区的模式和经验在柬埔寨唯一海港西哈努克市开办的经济特区。根据该特区负责人介绍，2012 年到柬埔寨的时候，西哈努克港还是一片荒芜，水电不通、道路也没有，所有的基础建设都是红豆集团进入后建造的，而目前已经有大量中国和周边国家的企业来西哈努克特区内开设工厂办理公司，这些来西哈努克特区建厂投资的公司，利用柬埔寨自由经济体和欧美给予柬埔寨的特惠进出口和关税政策，不但降低了公司的劳动力成本，间接提高了产品的竞争力，还规避了反倾销和贸易壁垒，拓宽了市场，做大了规模。在柬埔寨企业经营方面，红豆柬埔寨公司也给联合投资小组提供了良好的经验，在管理员工方面，红豆公司提供了完善的培训体系，包括中文语言培训、财务培训、行业技能培训以及到中国留学的机会等内容，对于教育体系特别是成人教育十分薄弱的柬埔寨年轻人而言，这个是比工资等更重要的机会。所以在红豆园区，罢工的现象比较少。

几日一晃而过，普华永道会计师事务所的结果也出来了，除了联合调查小组已经了解的要点外，其他结果喜忧参半。

第一，橡胶林项目的主要建议：土地性质根据目前资料无法确定；申请经济特许地的成功率无法判断；存在橡胶林周边老百姓占用土地的可能性，政府态度并不支持投资者为了投资目的驱赶占地百姓；建议比较柬埔寨橡胶林的各项关键指标，关键参照国为老挝、泰国和越南，判断盈利能力和指标、竞争力。联合投资小组研究了普华永道橡胶林项目的报告，得出的基本结论是橡胶林项目的焦点问题在于土地的法律属性不明确，投资者对土地的使用权利不明确，可以使用多久不清楚；土地使用的风险还在于，无法排除周边农户和百姓对土地的占用，也无法评估清除土地占用的成本和效果。另外，橡胶林项目的投入和产出需要较长时间，投资回报率较难精确计算；柬埔寨橡胶加工技术人员和配套加工厂的设立都需要进一步考察和研究；橡胶林半成品、成品的运输和销售通道均需要另行调研。所以最后联合投资小组给出了基本投资建议，暂时不考虑投资橡胶林项目。橡胶林项目是调研最复杂的一个项目，山高水长的跋涉，异常艰苦的实地考察，联合投资小组当时考虑的点十分多，但是最后的调查结论却十分清楚，风险点也十分明确，联合投资小组在否决时基本没有太大的纠结。

第二，五星级酒店项目的主要风险点为税务问题。该酒店的财务资料经普华永道查看后，发现有重大问题，主要为该酒店存在很大的税务风险；该酒店的财务资料有着明显修正的痕迹，这倒是说明了酒店业主方提供尽调材料的诡异进度原因。柬埔寨主要的税务政策是：

（1）投资人可以通过申请合格投资人取得税收优惠；

（2）但是任何个人和企业均需要主动自行报税，然后由税务部门评估税制；

（3）企业要代员工进行报税、纳税；

（4）合格投资人的纳税部分要通过审计确定；

（5）如果存在漏税情况，会"秋后算账"，同时有比较严重的处罚。

该五星级酒店项目在税务方面的风险较大，主要体现为：第一，酒店历年在主动申报税收时，申报得很少，和其按照经营额和法规折算的应纳税数额相差很大；第二，酒店未给外籍员工申报税费，外籍员工整体处于严重违法状态；第三，酒店成为合格投资者的审批手续不完善，但却持续作为合格投资者自行申报优惠税率。联合投资小组又委托普华永道在税务部门私下了解了这家酒店是否存在税务行政处罚等情况，结果发现柬埔寨税务部门实际已经盯上了这家酒店业主，具体的税务官员已经上门找过业主，希望他可以自行申报要补缴的税款，并通知该业主，视补缴情况，有可能要启动对业主的投资限制甚至刑事责任的追究。根据普华永道的介绍，柬埔寨政府机关的腐败现象时有发生，如果和税收官员进行有效沟通，税收补缴金额及其最后处罚政策都不会太严重。但是该业主为欧洲人，其不希望因为柬埔寨的纳税事宜而导致他被降低其本国信誉评价，所以该业主倾向于出售物业，直接免于处罚，由后面的投资者接手这一事项处理。在某种程度上，税收官员也是赞成这种做法的，这种处理方式，可以规避官员的监管责任，又不影响税收的补缴。根据这一情况，联合投资小组开始和酒店业主谈判，要求其披露真实的纳税义务，同时降低出售价格，并留存一部分交易款项，作为税务处理保证金。酒店业主基本同意这一交易原则，但是要求联合投资小组同样作出保证妥善处理税务的承诺。所以综合考虑，联合投资小组还是打算基本确定购买，但是要普华永道会计师事务所重新进行尽调，对于税务风险作出一个定量的预估和统计，对于税务调整后的酒店盈利能力作出新的评估。同时积极与税务官员接触，合理估计税务补缴额度和处理办法，并向税务官员预先沟通后续股东接盘的可能性，希望得到税务官员的支持和理解。这个项目的思路确定后，即正式开始了该酒店的投资尽调、价格评估和谈判过程。

第三，纺织厂项目主要风险点为员工的罢工对生产的影响。纺织业在柬埔寨是一个较成熟的行业，也是当地第一大的工业行业，其技术人员充足度和出口市场畅通度都不存在障碍。然而普华永道给出了关于柬埔寨制衣业罢工的相关数据，在2011年罢工天数占正常工作日的比例基本在15%，但是每年都有稳定增长；2012年罢工次数和2011年相比增长了35%，大大占用了正常的工作时间。同时普华永道分析了柬埔寨纺织、制衣业工人罢工的主要原因是要求增加底薪，原来柬埔寨的纺织、服装、鞋帽行业基本采取计件制，底薪不高。以2011年为例，很多罢工都要求提高底薪，2015年很多罢工都提出了明确的要求，比如提高底薪到160美元等。而有的时候，罢工并不一定针对工人工作的工厂，比如2015年度最大规模的一次罢工，原因是因为政府发布的28%的成衣和鞋帽类工人的月最低工资确定为128美元，这个最低标准工资低于纺织业工会确定的最低标准140美元。这一冲突出来后，就出现了零星针对这个最低薪酬标准的罢工现象。屡见不鲜的罢工潮对外来投资者的投资决策影响很大，对现有外资企业主的经营也造成了很大影响，以这个拟转让的纺织厂为例，其业主担心罢工升级为武斗，宁可出售工厂也不愿意再在柬埔寨经营下去了。这对于政府来说也是极其不愿意看到的局面，所以柬埔寨当局目前对于罢工的态度是较为积极的遏制态度，禁止大规模的罢工和游行，希望可以保持外国投资者对柬埔寨未来持续的投资意愿。但是根据普华永道分析，柬埔寨现行的罢工现象成因中，反对党的发动工作也是功不可没的，柬埔寨反对党因为其政治上的诉求，以发动工人罢工为出发点和主要工作，给柬埔寨执政党施加压力。比如2013年，基本上是柬埔寨历史上罢工次数最多的一年，全年发生了131次罢工，其中不少的罢工都是反对党基于其政治目的而发动的，他们会游说工人罢工、游行，甚至提出政治诉求，比如要求重新选举等。普华永道同时指出，如果柬埔寨的最低月薪达到160美元，那么柬埔寨的纺织业至少在劳动力成本上就丧失了优势，特别与其邻国越南相比，已经失去了竞争力。在这个项目上的决策就显得十分纠结了，如放弃大家都觉得可惜，毕竟这家公司的生产能力、订单情况和经营成本结构都比较理想，更重要的是，这个纺织厂是国内企业走出去、转降劳动力成本战略发展得很好的开端和尝试；但是就这样接下来大家也似乎觉得风险难以控制。针对这个情况大家和国内的同事们开了电话会议，讨论这个纺织厂项目的投资决策；电话会议开得很热烈，反对意见和赞成意见都很明确，两派意见的各自理由也很充足。最后大家定下来大方向还是要投资，但是要找到相对可以解决罢工的办法和路径。联合投资小组开始打听罢工较少的各个服装、鞋帽和纺织类厂家，并积极与其沟通，讨教尽量停息罢工的秘诀，最终发现其实各家公司也都是有一些具体办法的。最后联合投资小组拟定了基本策略，利用纺织厂项目出售的这个环节，暂时停产一段时间，让劳工自然离职一些；重新招聘的时候，尽量将一个家庭的主要劳动力同时招聘入厂内；同时对于属于反对党的员工尽量避免招聘；平时举办一些活动、开设一些中文课程以吸引和团结劳动者；对于薪酬支付，给予劳动者增长计划和希望，使劳动者对薪酬增长有起码预期；对于工厂中层岗位给予更多培训和提升机会，起到激励作用；设置全勤奖，奖金较为丰厚，鼓励大家工作全勤。再召开电话会议讨论的时候，这个项目的决策也终于顺利通过了。

值得回味的尾声

对于三个项目的决策完成后，联合投资小组并没有回国休息，而是趁热打铁做了对投资落地和后续投资十分有益的两件事情。第一，联合投资小组和普华永道签订了合作协议，将五星级酒店和纺织厂项目的后续收购事宜委托给了普华永道来办理，包括：新公司的成立手续、账户开设等；交易谈判、价格确定、交易架构搭建和税务处理工作；两个项目的资产或股权的转让手续、现场交接和实物清点工作；各种证照的办理、资质取得等工作。这项委托工作极大便利了投资工作的开展，节约了大量的时间，提升了效率。第二，联合投资小组确定了开设金边办事处的决定，这个办事处的定位是统筹管理在柬埔寨的投资项目，无论是酒店还是纺织厂，另外有一个很重要的功能是寻找柬埔寨的优良投资机会，给国内的企业提供投资信息和便利。事实证明，这个金边办事处对项目统筹管理在提高效率的同时还节约了成本，因为办事处的费用是各个有投资项目的企业共同承担的；金边办事处作为柬埔寨的常设机构，能够高效快速反应和解决各个项目的突发事件，并能捕捉投资信息，提供性价比很高的投资机会。

五星级酒店和纺织厂项目均得到很好的运营，投资者取得了不错的投资回报，达成了最初的投资计划，虽然橡胶林项目未能投资成功，但是也避免了陷入土地纠纷和投资损失。总体来讲结果还是令人满意的。

杭东霞，华东政法大学国际法法学学士，东南大学工商管理硕士；曾担任专职律师，大型国企集团、外企集团法务负责人，现为均瑶集团法务总经理，兼任仲裁员。

案例 3

挪威公司收购案

项目回顾：几年前，中国某央企（以下称收购方）成功收购了挪威某化工集团（以下称目标公司）100%的股份（以下称"本项目"），收购总金额为23亿美元。本人率领的律师团队作为中国律师参与了本项目，财务顾问是苏格兰皇家银行，会计师事务所是普华永道，参与的律师事务所还包括Skadden、Selmer、OMM、CliffordChance等近10家外国所。在我们高强度参与本项目的10个月时间内，我们提供了包括尽职调查（针对中国境内实体）、融资、反垄断（包括国内反垄断与欧盟反垄断）等法律服务。这个项目集中呈现了中国国企海外并购的各个程序与面临的挑战，让人印象深刻。

尽职调查

目标公司在全球拥有数十家子公司、办事机构，法律与财务尽职调查涉及6个国家。牵头律师行Skadden协调进行法律尽职调查，我们负责其在中国拥有的6个子公司与实体。

卖方尽职调查

收购方进行尽职调查前，转让方自己先行聘请律师事务所与会计师事务所对目标公司进行了卖方尽职调查，并将该尽职调查报告（Vendor Due

Diligence Report，以下称"VDD Report"）提交收购方作前期尽职调查之用。之所以有这个程序，主要是因为并购谈判漫长而充满变数，转让方不愿一开始就把目标公司的信息与资料全盘披露给潜在的收购方，而更愿意根据谈判进展逐步披露。

我们及收购方的其他律师所、会计师研究 VDD Report 后，将发现的问题及需补充的资料清单整理后提交给转让方，同时向收购方提交了风险报告（Red Flag Report），提示了从 VDD Report 中发现的重大风险。收购方评估 Red Flag Report 后，就发现的若干重大风险之处要求转让方进行解释与澄清。经澄清后，收购方认为不存在实质性障碍，遂决定继续进行买方尽职调查。

买方尽职调查

转让方将尽职调查涉及的资料按类别置于一个资料室（Data Room）中，收购方及我们各家中介机构的特定人员凭用户名与密码进入该资料室。资料室的开放期限被设置为一个月，过期关闭，而且其中的资料无法下载与打印。资料室也会根据调查的进展随时添加资料。

浏览数据库中的资料时，我们将需要转让方解释或进一步说明的问题以清单方式提交于转让方，问题根据重要程度分为高/中/低三类，其中重要程度为高的问题不超过 25%，以便优先处理重要问题。转让方在三天之内对清单中的问题作出解释、说明，或向资料室添加进一步资料供收购方审核。

40 天后，我们根据尽职调查结果出具了尽职调查报告，格式遵循牵头律师行提供的统一格式。报告分正文与附件两部分，正文包括定义、背景、总体概要及报告，对目标公司在中国境内的 6 个子公司与实体的历史沿革、股权状况、资产、负债、保险、员工、合同、争议与诉讼、知识产权、环境保护、竞争与反垄断、税收等事项出具意见；附件包括调查范围与程序、假设与限制、未回答问题及其他。与境内并购不同的是，尽职调查报告特别关注了员工与环境保护事宜，这也是在国外法律环境下对公司的发展前景与估值关系重大的两类事项。尽职调查报告的主要目的在于描述目标公司的现状，说明存在的问题并提出解决该等问题的思路。对于存在的问题，我们以清单方式列出事项（Issue）、存在的风险（Implication）及解决建议（Action）。事项细分为五类：

（1）估价事项（Valuation Issues）：与购买价格有关的事项；

（2）确认事项（Verification Issues）：需要进一步确认或调查的风险／事项；

（3）分隔事项（Separation Issues）：在交易文件签署前需要处理的事项；

（4）交易文件事项（SPA Issues）：可能需要在交易文件中由转让方提供担保或赔偿的事项；

（5）交割后事项（Post Closing Issues）：可推迟至交割后处理的事项。

同时，我们也特别列出了关键事项（Key Issues）与关键发现（Key Findings）供收购方决策时参考。

经过尽职调查，收购方未发现足以否决该交易的重大法律与财务风险，故最终与转让方签订了交易文件及配套文件。由于发现了多个影响或可能影响目标公司估值的重要事项，双方对最终交易价格做出了调整。同时，对在尽职调查中发现的重大风险，收购方在交易文件中均设置了相应的保护性条款。

融　资

本项目的收购资金小部分为收购方自有资金，大部分来自国内某银行的贷款。基于税收方面的考虑，收购方在海外设立了两个层级的子公司，由第二层级的海外子公司收购目标公司股权，收购资金亦通过该子公司支付至转让方。来自银行贷款的收购资金一部分以股权转让金的方式支付给转让方，另一部分以债务替换资金的方式支付给转让方以偿还目标公司所欠股东债。除收购资金外，收购方还向另一个国内银行的海外分行申请了部分流动资金贷款。国内某银行与借款人均聘请了中国律师与境外律师，中国律师负责贷款主协议［分为股权收购贷款协议（Acquisition Facility Agreement）与债务替换贷款协议（Debt Substitution Facility Agreement）］、担保协议及相关文件的起草、谈判，外国律师负责国外法项下股权质押协议及相关文件的起草、谈判及股权质押登记的办理。我们以收购方的中国律师身份参与了此次融资。

贷款合同

贷款合同正文包括释义、贷款额度、用途、期限、利息、先决条件、提款、本息的偿还、提前还款、增加成本、还款顺序、陈述与保证、资金使用情况的检查、财务承诺、担保、违约、补偿和利差成本、费用、信息披露、抵消、管辖法律、执行等条款。附件包括提款先决条件和后续条件、提款请求格式、还款计划等内容。尽管借贷双方均为国有企业，但谈判仍较为艰难，以下几个条款争议尤其大。

1. 交叉违约（Cross-default）

这是银行方面坚持放在贷款合同中的一个条款，其内容如下：

保证人或者任何借款人集团成员发生任何下述事件，则构成违约：

（a）其任何财务负债在到期时（任何原先适用的宽限期过后）未能得到支付；

（b）其任何财务负债：

（i）提前到期和应付；

（ii）被要求支付；或者

（iii）可以被债权人宣布为提前到期和应付或者被要求支付。

（c）任何承诺额基于一项违约事件或具有类似效力的其他规定（不论如何表述）而被取消或中止。

除非前述（a）至（c）款项下的财务负债的总额少于 × × 美元（USD）或其他等值金额。

也就是说，即使保证人、借款人集团成员（包括借款人、借款人为收购目的设立的子公司、目标公司）在本贷款合同项下不存在违约行为，但一旦该等成员在其他财务负债项下出现未及时偿还等违约情形，则银行有权宣布借款人违约并行使其权利（包括要求借款人提前还款）。银行方面坚持这个条款的基本考量在于，一旦借款人集团成员产生其他财务负债项下的违约行为，表明借款人集团成员的资信状况与履约能力出现问题，出于最大限度降低风险的考虑，银行要及时采取行动，避免在主张债权时其受偿顺序劣于其他银行或债权人。

2. 清理期（Clean-up Period）

清理期条款是我们为保护借款人利益而设置的一个条款。在贷款合同中，银行要求借款人集团成员就其主体资格、披露信息的完整与真实性、收购交易的合法性、名下资产的权属、无重大诉讼仲裁等诸多事项作出承诺与保证。然而，贷款合同签订时，借款人就目标公司有关事项向银行做出的承诺与保证并非基于借款人本身的确信，而是基于目标公司及其股东向借款人（收购方）所作的承诺与保证，如该等承诺与保证不实，亦并非借款人的本意。因而，我们主张在贷款合同中添加清理期条款，约定在交割日后一定期限（如 60 日）之内，借款人违反其对目标公司（及其子公司）有关事项的承诺与保证，不视为违约。经反复谈判，银行方面接受了此条款，但对此条款设定了若干前提：

（a）其仅因与目标公司或目标公司任何子公司有关的情形（或就目标公司的成员进行促使或确保的任何义务）的原因（如无本规定）本应构成对陈述或保证的违反或对承诺的违反；且

（b）其能够补救，且已经采取合理措施进行补救；

（c）不会产生重大不利影响；且

（d）产生该等事项的情形非经任何借款人集团成员的促使或批准。

3. 提款先决条件

银行与借款人商定，提款日确定在股权交割日前数日。在提款日前，借款人应满足各项提款先决条件，这些条件也是双方谈判时争议的焦点。银行方面提出了多达60多项的提款先决条件，包括借款人集团对收购与融资的批准与授权文件、各政府机构的审批文件、转让方出具的收购方义务全部得到满足或豁免的状态证明、股权质押手续全部办理完毕的证明等，并设置了一个兜底条款：借款人应满足的其他条件或提交的其他文件。

考虑到在交割日之前，收购方应处理/提交接近千份交割事项/交割文件，而银行方面提出的提款先决条件中有些并非十分必要，有些因为各种原因未必能及时提交（如股权质押手续的办理可能出现延期），有些提交难度很大（如经与转让方律师沟通，转让方律师告知届时无法出具一个关于收购方义务已全部满足或豁免的证明），我们提出删除部分提款先决条件或将其移至后续条件（可在提款日后一段时间内提交的文件）。最终，双方达成一致，由借款人（收购方）出具一个关于收购方义务已全部满足或豁免的证明；同时，将股权质押手续的办理移至后续条件；此外，将兜底条款修改为：根据贷款人合理裁量，借款人应满足的其他条件或应提交的其他文件。

担保

因为贷款金额巨大，银行要求借款人提供多层担保。除由某关联公司提供连带责任保证担保外，还将借款人为收购目的在海外设立的两层子公司及目标公司股权全部质押给银行（其中目标公司的股权将在交割完成后质押给银行）。股权质押适用子公司及目标公司所在地法律，故相关法律文件及质押手续由双方的外国律师主要负责。

借款人将其直接设立的第一层级海外子公司的股权出质，性质上属于以其自身财产提供担保，不存在政府审批问题。但，第一层级海外子公司以其持有的第二层级海外子公司的股权以及第二层级海外子公司以其持有的目标公司股权为借款人提供担保，是否涉及政府审批的问题？

2003 年 1 月国家发改委、财政部、外汇管理局《外债管理暂行办法》第二十二条规定：境内机构对外签订借款合同或担保合同后，应当依据有关规定到外汇管理部门办理登记手续；国际商业贷款借款合同或担保合同须经登记后方能生效。2005 年 10 月《国家外汇管理局关于完善外债管理有关问题的通知》（后废止）第四条第（四）项规定：未经国家外汇管理局批准，境内中资企业向境内金融机构借用贷款不得接受境外机构或个人提供的担保。本项目中，质押人尽管系由借款人全资设立，但系依据国外法设立的外国公司，为境外机构。因而，我们认为，借款人接受作为境外机构的质押人提供的担保，视同为外债，根据当时的规定应经国家外汇管理局批准。经向外汇管理局外债登记科咨询，该科工作人员也持同样的观点。

就此事宜，我们向借款人出具了专项法律意见，提出了我们的意见。

值得注意的是，本次交易完成后，国家外汇管理局于 2013 年 4 月 28 日下发《外债登记管理办法》（19 号文），废止了《国家外汇管理局关于完善外债管理有关问题的通知》，简化了外债登记管理方式。根据 19 号文，外商投资企业在投注差内、中资企业在事先申请的外保内贷额度内，可直接与境外担保人、银行直接签订担保合同，不再需要国家外汇管理局的事先审批。银行作为债权人只需定期向所在地外管局报送外保内贷数据。发生境外担保履约时，中资企业到所在地外管局做外债登记，外商投资企业的担保履约额纳入其外债规模管理。再往后，国家外汇管理局于 2014 年 5 月发布了《跨境担保外汇管理规定》，进一步明确了外保内贷项下的担保无须事先审批。

法律意见书的出具

重大融资业务中，银行经常要求提供法律服务的律师事务所出具法律意见，确认贷款合同、担保合同及相关文件的合法性。根据不同的操作习惯，出具法律意见书的可以是贷款人律师，也可以是借款人律师，或者贷款人律师与借款人律师共同出具。经协商，本项目的法律意见书最终确定由银行的中方律师与外方律师共同出具。

反垄断

本项目一度面临欧盟反垄断审查的重大挑战。

国内反垄断事宜

根据《中华人民共和国反垄断法》（2008 年）（以下简称《反垄断法》），垄断主要体现为三种形式：垄断协议、滥用市场支配地位、经营者集中，主管部门分别是国家发展和改革委员会、国家工商总局及商务部。根据《反垄断法》第二十条，经营者集中是指下列情形：（一）经营者合并；（二）经营者通过取得股权或者资产的方式取得对其他经营者的控制权；（三）经营者通过合同等方式取得对其他经营者的控制权或者能够对其他经营者施加决定性影响。

企业并购是经营者集中的主要表现形式，如商务部认定并购后的企业在市场上（主要侧重于国内市场）形成垄断，则可禁止该并购。经营者集中实行事先申报制，集中达到国务院规定标准的，应事先向商务部申报，未经申报不得实施集中。

　　根据《国务院关于经营者集中申报标准的规定》（2008 年 8 月）第三条，符合以下两条之一者即应事先向商务部申报：

　　（1）参与集中的所有经营者上一会计年度在全球范围内的营业额合计超过 100 亿元人民币，并且其中至少两个经营者上一会计年度在中国境内的营业额均超过 4 亿元人民币；

　　（2）参与集中的所有经营者上一会计年度在中国境内的营业额合计超过 20 亿元人民币，并且其中至少两个经营者上一会计年度在中国境内的营业额均超过 4 亿元人民币。

　　本项目中，上年度收购方与目标公司在中国境内的营业额合计超过了 20 亿元人民币，收购方在中国的营业额超过了 4 亿元人民币，目标公司在中国营业额为 3100 万美元，而目标公司 100% 控股股东旗下另一个子公司在中国销售额超过了 4 亿元人民币。问题在于，参与集中的经营者是否包括目标公司的母公司及母公司的其他子公司？如包括，则显然被收购一方在中国境内的营业额也超过 4 亿元人民币，则必须向商务部申报。

　　商务部《经营者集中申报办法》第七条规定：在一项经营者集中包括收购一个或多个经营者的一部分时，对于卖方而言，只计算集中涉及部分的营业额。根据该条的规定，则被收购一方只计算目标公司的营业额，而不计算其控股股东另一个子公司的营业额。因而，本项目由于目标公司在中国的年营业额未达到 4 亿元人民币，无须向商务部申报。

　　目前，由于我国《反垄断法》的执行力度问题，中国企业的境内或海外并购行为并未因垄断事由受到国内反垄断主管机构的有力规制。自《反垄断法》开始实施（2008 年 8 月）至今，商务部受理并审结的案件中，无条件通过的占绝大多数，禁止的仅 2 件，附条件批准的也只是极少数。而与此同时，亦有为数不少的应申报的国内企业的并购行为未向商务部申报，这种情况一般发生在大型国有企业中。

　　以上情形足以表明，目前，《反垄断法》对中国企业的并购行为并未构成实质性的挑战。事实上，中国企业海外并购行为面临的真正挑战来自国外政府的反垄断审查。

欧盟反垄断审查

本项目在国外面临欧盟、巴西、俄罗斯等国（或地区）的反垄断审查，其中尤以欧盟的审查最为关键。欧盟各国的反垄断审查工作统一由欧盟委员会（European Commission）负责，在本项目的反垄断审查中，欧盟委员会提出了一系列问题。其中一个关键问题是：中国的国有企业尤其是央企是否具有独立性？中国的国有资产监督管理委员会（以下简称国务院国资委）是否涉嫌操纵国有企业从事海外并购？如欧盟委员会的怀疑成立，该委员会将很可能把全体中国同类业务的国有企业视为一个收购方，从而导致垄断结论的成立。同一时期，其他央企的多个海外并购交易也面临欧盟的同样质疑。

本次交易的欧盟反垄断申报由 Skadden 总体负责，时间非常紧迫，我们是在当年春节初一晚上接到客户的通知，要求我们提供协助。经整个春节长假的加班，我们就前述问题出具了中国法项下的法律意见，核心点在于中国的国有企业是否具有独立性。内容主要包括以下五项。

1. **国务院国资委与中央企业的关系**

《中华人民共和国企业国有资产法》（以下简称《企业国有资产法》）第十四条规定："履行出资人职责的机构应当维护企业作为市场主体依法享有的权利，除依法履行出资人职责外，不得干预企业经营活动。"

《中华人民共和国企业国有资产监督管理暂行条例》第三十八条规定："国有资产监督管理机构不按规定任免或者建议任免所出资企业的企业负责人，或者违法干预所出资企业的生产经营活动，侵犯其合法权益，造成企业国有资产损失或者其他严重后果的，对直接负责的主管人员和其他直接责任人员依法给予行政处分；构成犯罪的，依法追究刑事责任。"

《国务院国资委工作规则》第五条规定了国务院国资委的六项主要职责，从这六项职责来看，国务院国资委主要负责宏观层面的立法、指导、监督，以及派出企业负责人并通过经营业绩考核制度对企业负责人进行考核。

具体到本项目中的收购方，其经营管理行为较少受国务院国资委的管束。根据收购方章程的规定，国资委对收购方的管理事项分为两类：批准事项，即未经国资委审批不得施行的事项；汇报事项，即由收购方自主决策，但必须报国资委备案的事项。在这两类管理事项中，批准事项占少数，汇报事项占多数。除上述批准事项和汇报事项外，收购方的其他经营行为均无须报国资委审批或备案。

2. 对外投资涉及的国资委审批与备案问题

国资委《国务院国有资产监督管理委员会关于加强中央企业境外投资管理有关事项的通知》第二条规定："境外投资决策必须按照企业内部投资管理制度进行，严格遵守程序，充分发挥企业总经理办公会和董事会的作用。境外投资活动应服从企业的总体战略部署和规划安排。"其第六条规定："属于企业主业的境外投资项目要纳入企业年度投资计划并报国资委备案；非主业境外投资项目须报国资委审核。"

本收购项目属于收购方主业的境外投资项目，仅需报国资委备案而非报国资委审核。

当然，该通知第五条也提及应加强中央企业境外投资合作，但其出发点是为避免恶性竞争。对如何实施境外投资合作，仅依赖各央企的自觉性与大局观，国资委并未提出任何具有实际操作性的境外合作的方案与步骤，更谈不上通过境外投资合作达到垄断的效果。

3. 中央企业与其他国家机关的关系

央企在实施海外并购时，除应报国资委批准或备案外，还涉及其他一些国家机构的审批、备案、监督、管理，这些机构包括国家发展改革委（NDRC）、商务部（MOFCOM）、外汇管理局（SAFE）、财政部（MOF）、国家税务总局（SAT）等。

经查询该等国家机构的职责，央企在进行海外收购时，应履行特定的审批、备案手续。但该等机构的管理针对所有类型的企业，包括国有、民营、外资企业。而由于央企的国有性质，其将接受相对其他类型企业更为严格的管理，以保证国有资产的安全性。但我们可以看到，国家机构的这些管理都有相应的法律与规则为依据，遵循一定的程序与时限要求，且基本都是被动的、监督式的。央企从事海外收购，并不会受其中一个或多个机构的操纵，而是在这些机构的监督、管理下独立地实施。

4. 国务院国资委与地方国资委的关系

之所以要在法律意见中说明国务院国资委与地方国资委的关系，是由于欧盟委员会担心国务院国资委可能通过控制地方国资委，从而控制地方国资委下属之国有企业的经营行为，达到垄断市场的目的。

《企业国有资产法》第四条规定："国务院和地方人民政府依照法律、行政法规的规定，分别代表国家对国家出资企业履行出资人职责，享有出资人权益。"

《关于进一步加强地方国有资产监管工作的若干意见》第（五）点规定："按照'国家所有，分级代表'的原则，规范各级人民政府国有资产监管工作的职责权限。"其第（六）点规定："在坚持国家所有的前提下，地方企业国有资产由地方人民政府代表国家履行出资人职责。地方国资委监管企业国有资产的范围，依法由本级人民政府按照政企分开、政资分开的原则确定，不受任何部门、机构的越权干预。"

可见，各级国资委直接受本级政府领导，向本级政府负责，地方国资委具有业务上的独立性，上下级国资委之间的关系仅是指导和监督的关系。因而，上一级国资委不可能通过控制下级国资委达到控制相关国有企业，从而导致垄断。

5. 中央企业与其他企业的竞争关系

截至目前，国务院国资委管辖下的中央企业有106家，除石油、电信、军工等少数垄断行业外，大部分央企的主业都属于开放性行业。在这些开放性行业中，央企与民营、外资企业之间形成了竞争的关系。

就各央企自身而言，其主业范围各不相同，基本不相重叠，不存在联合操纵市场的可能。即便央企之间有极少数重叠的业务，央企的管理体制也决定了它们在这些重叠的业务上存在竞争关系。因为，如前所述，央企的具体业务运营由其管理团队负责，国资委并不针对业务运营发布指令；而根据《企业国有资产管理法》第二十五条规定，一般情况下，央企的高级管理人员相互之间不得兼职。这也就基本排除了企业管理层联合垄断某一行业市场的可能。

我们的上述法律意见提交后，又经过了欧盟委员会的若干轮质询与当事人答疑，在各方的共同努力下，最终本项目通过了欧盟委员会的反垄断审查。排除了这一障碍，本项目最终成功交割。

海外收购项目是一个庞大的系统工程，需要收购方、财务顾问、行业顾问、会计师事务所、各国律师等各方的密切配合。本项目中，我们作为中国律师与收购方及各中介机构共同配合，付出了艰辛的努力，圆满完成了该次收购，获得了各方好评。特撰文与大家分享一些心得与体会。

> 闵敏，中伦律师事务所合伙人，先后毕业于中国政法大学、北京大学、英国布里斯托大学，主要业务领域为并购重组（包括跨境交易）、金融、房地产。

案例 4

利用离岸公司实施跨国并购的模式、优势与风险

一拍即合　购买空壳公司

甲为自然人，国籍为中华人民共和国，现旅居海外。甲持有英属维尔京群岛 A 公司 100% 的股份，A 公司持有英属维尔京群岛 B 公司 100% 的股份。B 公司持有西亚某国 C 石油公司 90% 的股份。C 公司持有该国石油开采 D 公司 70% 的股份，另外 30% 的股份为当地某 F 公司享有，F 公司具有当地政府背景。

D 公司与 F 公司签订承包协议，承包 F 公司油田综合改造，分享原油收益。同时，D 公司拥有另一油田的开采权。D 公司的投资价值预期较高。

丙为自然人，国籍为中华人民共和国，持有泰国乙公司 80% 的股份。

甲方和丙方欲进行合作，开发 D 公司所拥有开采权的油田及其他相关项目。丙方以持有的乙公司与甲方进行合作对接。甲乙双方约定，乙方向甲方支付 200 万元人民币，甲方向乙方转让 A 公司 100% 股权。合同签订并生效后 5 日内支付 50 万元，办理完毕 A 公司股权转让事宜后支付 150 万元。双方并对股份过户事宜进行了约定。

这属于利用离岸公司进行跨国并购的典型模式，即投资母国的投资人在海外设立一离岸公司作为并购的投资主体，使跨境收购脱离投资母国的管辖；被收购方则利用多重资本结构，最终也在离岸法域设立离岸公司，使得国内资产控制权移转出本国的监管视线。最后投资母国投资者设立的离岸公司通

过收购被收购方设立的离岸公司，实现对被收购方实体资产的控制。通过一系列的复杂交易结构设计，最终以离岸公司收购离岸公司这种简化的方式完成不同国家投资者之间资产的转让和企业并购。

原股东人间蒸发　法律风险暴露

在本案，当乙公司在丙的操控下，支付完200万元人民币后，甲配合乙公司办理了A公司的所有股份过户手续，以及董事工商登记资料等。乙公司取得了A公司的完全控制权，拥有了一家位于英属维尔京群岛的离岸公司。

丙以为，既然自己控制的乙公司已经控制了A公司，而A公司控制B公司，B公司控制西亚C公司，而C公司拥有石油开采权益的D公司的控股地位。那么，丙已经实际控制了D公司和项目本身。事实也的确如此，丙的确在事实上形成了对D公司的间接优势控股地位。

然而，问题在于丙并没有取得D公司的实际控制权，乙公司、自然人丙与D公司的关系是间接的，尚没有直接的法律上的控制力。乙公司仅取得了A公司的股份，而B公司的股份以及管理层尚未变更。固然，A公司有权变更B公司的股东以及管理层，但在此时间空挡内，B公司的控制权仍掌握在A公司原股东甲方手中。甲方完全可以利用对B公司的实际控制，以及对下属子公司或控股公司事实上的控制力，随意支配公司及项目资产。

事实上，甲方的确可能这么操作了，乙方支付转让款后，丙方无法联系到甲方。甲方本身旅居海外，手机无人接听。位于国内的自然人丙毫无办法，国内的司法机关也无法发挥直接的作用。

甲方失联后，乙方和丙方恍然大悟，D公司的实际控制权仍然掌握在甲的手中！甲完全可以利用其之前对D公司形成的既有控制权，包括持有公司印章，以及通过甲方之前安排的董事及法定代表人等，将D公司的权益转移，获利后人间蒸发。届时，丙方及其控制的乙公司将持有一系列的空壳公司。

整个公司的资产将被掏空。固然,除民事责任外,甲方将因此面临刑事诈骗风险。但是,待诈骗案件侦破完毕,耗时费力,且涉及跨国办案,仍然可能无法侦破。即使案件告破,丙方可能仍然是人财两空。

丙方的处境较为被动。回过头来看,可以说这个交易的风险是很高的。教训是,利用离岸公司对外国实体进行经营操控,要注意实际控制权的取得。

离岸公司有优势　风险不可忽视

所谓离岸公司,即在离岸法域设立的不在离岸法域从事经营活动的公司。离岸公司具有以下特征:一是离岸性。离岸公司必须在特定的离岸法域成立,著名的离岸法域包括巴哈马(Panama)、英属维京群岛、开曼群岛、香港等;二是受专门的离岸公司法规范,例如《维尔京群岛国际商务公司法》《开曼群岛公司法》等;三是资本的非当地性,离岸公司的资本来源于离岸法域之外的投资者的投资;四是非本地经营性。离岸公司不得在离岸法域内经营,其主要经营管理活动都在所注册的离岸法域之外进行。一旦离岸公司在离岸法域内开展商业活动,将被撤销离岸地位。

离岸公司的上述法律特征决定了它可以是一种国际资金的中转站,是一种金融和资本流动的平台工具。在进行海外投资时,利用离岸公司可以实现资金的自由调配和流动,对于从事国际业务的实体而言,设立离岸公司的确有其资金控制上的优势。特别是跨国公司管理和跨国贸易可以利用离岸公司进行。离岸公司因具有国际性,也有利于获得外国资本的认同,便于国际商贸交往。虽然中国目前已经是世界贸易组织(WTO)成员国。但是,在某些国家和地区利用离岸公司仍便于得到合作方的信任。

另外,离岸公司具有规避外汇管制、资产隐蔽等便利,为国内有产者所热衷使用,并将国内资产转移到国外。例如,利用离岸公司持有国外的房产等。利用离岸公司进行税务筹划,通过设立在离岸法域的贸易公司、控股母公司等进行投资、贸易，将运营收益存储于离岸公司，可以有效地减轻企业的税负，实现财务成本的降低。虽然也曾发生离岸所在国宣布加强对离岸公司税收控制及负担的情况，多数离岸法域对离案公司的税收政策是相当优惠的。

本案涉及利用离岸公司收购第三国资产，应充分重视其中存在的法律风险。本文所主要关注的是利用离岸公司进行海外投资，取得第三方企业控制权所要注意的法律风险。这主要是一种民商事法律风险及其控制的问题。

首先，应关注投资所在国对待外商投资或外资进入该国某业务领域的法律及政策，特别是关注行业准入和控制权问题，以及对跨国并购本身的规制等。同时，应关注当地被收购企业的资产、负债以及涉诉情况，除要求公司提供相关的财务资料外，还可委托当地的律师事务所和会计师事务所等进行尽调和审计，做到对被收购企业资产情况的掌握。

其次，应充分重视当时的投资环境，特别是政治稳定以及对外资的保护水平。如果与具有政府背景的公司合作，应充分评估征收以及其他国有化风险，在合同条款和交易结构设计上，进行充分的应对，避免不可预测的风险发生。

除此之外，应关注交易本身以及合同文本的法律风险，主要涉及对价支付、权属移转、实际控制权的取得等法律问题。

所谓对价支付，即在什么条件下、何时支付给对方价款。在本案中，双方仅就离岸公司本身的控制权进行了约定和移转，而没有对离岸公司层层控制的最终的标的资产的控制权转移进行约定。由于 A 公司所直接控股的 B 公司才是 C 公司的实际控制人，而 C 公司才是 D 公司的实际控制人，乙公司受让取得 A 公司的股份后，尚未就 B 公司的实际控制权进行变更，也就无法直接对 C 公司发挥影响，更不用说对 D 公司行使股东权。

可见，为避免对价风险，在通过离岸公司进行第三方资产收购过程中，最好以取得项目或公司的最终控制权为对价支付的条件。单纯取得离岸公司本身的股份还无法避免对价风险。因此，可通过合同条款的设计约定在取得项目本身控制权之前，不发生价款支付义务，以此规避对价风险。

控制项目本身方为王道

对价风险仅仅是资金风险，投资和交易的目的在于获取商业利益。商业利益的获取一方面是商业判断，另一方面是法律判断。法律判断的目的在于保障项目的安全性，不出现违规以及因交易结构不合理而最终无法取得商业利益的情况，在此交易结构的设计和法律风险的规避是关键所在。

本案法律风险之所以发生，在于项目的交易结构限于离岸公司层面，而未对项目本身的控制权做出约定。在本案中，乙方应在交易结构设计中明确，甲方应在乙方取得 A 公司的股份后，立即协助乙方取得 B 公司的控制权，包括更换董事、执行董事、法定代表人，取得 B 公司的印鉴等，以便于通过 B 公司发挥对 C 公司的控制力，并且实现对 D 公司的控制。

需要再说明的是，本案中 B 公司为 C 公司的控股股东，只要 B 公司能够发挥对 C 公司的指挥力，则对 D 公司的控制即可实现。然而，即使取得 B 公司的控制后，C 公司既有的管理层在交接过程中仍可能不配合，并进一步利用手中的印鉴和事实上的决策权做出对新股东不利的决策。为防止这一情形的发生，应在交易结构设计中明确，乙方有权立即取得 C 公司的实际控制权，包括取得公司的印鉴，更换董事，并进行相应的工商登记变更等。

在此之前，为保持 D 公司经营的稳定性，可以不更换 D 公司的管理层。但可以通过发函告知 D 公司管理层，公司股东变更以及实际控制权转移的事实，要求 D 公司管理层不得对公司项目及资产进行转移。同时，如有必要，应在合同中明确，乙方有权立即取得 D 公司的实际控制权，按照股权比例委派己方的董事，确保公司不做出损害实际控制人的决策。并在合同签订后尽快执行，取得对 D 公司经营管理的操控。

亡羊补牢　犹未晚矣

由于本案所投资的项目所在地为西亚，中方投资者对当地的语言、社会环境、政府以及司法机构等均不熟悉。乙方采取补救手段，包括进行股权变更、办理相关的法律手续均存在一定的困难。

无论如何，在法律风险发生后，即在确认甲方失联或人间蒸发的情况下，进一步判断项目风险，一旦风险迹象较为确定，应立即向 D 公司发送律师函，告知 A、B、C、D 公司股东及实际控制权发生转移的事实，要求 D 公司管理层不得将公司项目资产转移；并尝试与当地的产权登记机构取得联系。虽然甲方人间蒸发，但是并不意味着 D 公司名下的项目会立即转让并办理过户手续。在发现法律风险后，应立即委托当地律师，联系 D 公司所在地的产权登记部门，告知股权转让事宜，要求不得对 D 公司产权登记进行变更。

另外，可进一步委托当地律师，采取司法强制措施，冻结 D 公司资产；或委托律师，通过法院或仲裁机构，立即对 D 公司以及相关主体提起法律程序，并采取相应的保全措施，保全 D 公司的财产，避免财产转移。

同时，作为补救措施，应按照合同约定以及公司法的规定，立即着手取得 B 公司的控制权，更换 B 公司的董事，变更公司的公章，并通过 B 公司取得 C 公司的控制权，并进而取得对 D 公司的实际控制权。

当然，采取上述措施也应是谨慎的。上述措施对标的公司的正常经营造成影响。只有在合作方的确出现违约并转移资产事实的前提下，采取上述措施才是可行的。

关注国内对离岸公司的监管　避免祸起萧墙

本案还并未涉及国内法对离岸公司的监管。然而，不仅离岸公司的国内法监管不容忽视，甚至是越来越值得重视的问题。

由于离岸公司的优势，我国企业选择离岸公司的不在少数。据统计，我国有大量企业采取离岸公司作为企业的组织形式，包括中国银行、中石油、中国移动、中国联通、新浪、网易等20万家公司选择离岸结构。无论是民营企业还是国有企业，均倾向于采取离岸公司的形式来建立公司组织架构。我国的主要企业都选择离岸公司形式，导致我国的公司法、外资法等重要法律处于空置状态。这一问题已经引起关注。有学者建议对外商投资进行更为严格的认定，实现外资企业与内资企业同等待遇原则等，这在我国外资法立法和修订过程中已经有所体现，但是仍然存在监管提升的空间。这里涉及立法目的上的宏观考量，并不是本文此处可以详细展开的。无论如何，随着国内企业采取离岸公司形式的增多，监管风险不容忽视。

离岸公司具有税收筹划方面的优势。但是，与国际避税相对应的是国际反避税，我国税法已经关注离岸公司避税问题，国家税务总局制定的《特别纳税调整实施办法》也对境内企业的避税行为进行规制。同时，各国也在与离岸法域国家进行政治沟通，加强对本国企业海外离岸公司信息的获取和监控。例如，2009年，我国分别与英属维尔京群岛及巴哈马签订了税收情报交换协议。另外，加强对本国居民海外资产的税收监管也逐渐成为监管当局所采取的监管措施。可以预见，离岸公司的税收筹划问题会受到越来越多的规制。

基于国内反腐败和打击资本外逃的政策，离岸公司往往成为监管的敏感地带。随着反腐败的推进和国际追赃的深入实施，利用离岸公司虚构交易，转移财产的行为将受到严格监管。2015年以来，中国人民银行联合公安部、最高人民法院、最高人民检察院、国家外汇管理局下发通知，在全国范围开展打击利用离岸公司和地下钱庄转移赃款的专项行动。特别是随着中国与离岸法域信息合作的加强，一些身份敏感人士利用离岸公司经商活动的隐蔽性在逐渐减弱。

对于外资并购及返程投资，我国正在逐步建立规范体系。2006年，商务部颁布《关于外国投资者并购境内企业的规定》，对外资并购国内进行规范。2009年，商务部颁布《境外投资管理办法》，对国内企业通过新设、并购等方式在境外设立非金融企业或取得既有非金融企业的所有权、控制权、经营管理权等权益的行为进行规制。2014 年，国家外汇管理局发布了《国家外汇管理局关于境内居民通过特殊目的公司境外投融资及返程投资外汇管理有关问题的通知》（37 号文），加强对所谓的境内企业通过离岸公司、特殊目的公司或协议控制（VIE）实施境外上市，掏空国内企业的监管。2015 年，中国的外国投资法草案公开征求意见。可以说，我国在外国投资领域的法律规范已进入快车道。

因此利用离岸公司从事国际商事活动受到的法律和政策监管将越来越严格，所涉及的法律问题也更加复杂且富于变化。加强利用离岸公司形式从事商业活动应更加注重合法合规方面的预防。

警钟长鸣　律师相伴左右

我国企业及自然人在海外进行投资、利用离岸公司进行跨国并购，应关注投资的法律风险，避免因交易结构不合理或法律漏洞而遭受损失。本案的法律风险并非不可控，但等到风险发生之际，则十分被动。本案的教训是值得关注的，海外资产并购应注重交易结构的法律风险审查。

为最大限度地保障项目的可操作性，避免不必要的法律风险，委托与投资当地有联系的律师进行项目风险法律管控，是一种必要而明智的选择。这里需要指出的是，与单纯委托投资当地的律师相比，委托与项目所在地有业务联系的本地律师及律师事务所作为项目的法律顾问，对交易风险进行全程把控，应是一种更优化的选择。

王伟伟，法学博士，北京市高通律师事务所律师，北京市社会科学院法学所助理研究员。

案例 5

土耳其光伏电站投资项目沉沙折戟

往事蹉跎，不堪回首

回首当年参与投资土耳其的往事，不胜唏嘘。这一项目最终因故夭折，折戟沉沙，未能推进下去，作为亲历者，本人见证了整个项目的历程，其中甘苦自知。

土耳其共和国（The Republic of Turkey）是一个横跨欧亚两洲的国家，北临黑海，南临地中海，东南与叙利亚、伊拉克接壤，西临爱琴海，并与希腊以及保加利亚接壤，东部与格鲁吉亚、亚美尼亚、阿塞拜疆和伊朗接壤。土耳其地理位置和地缘政治战略意义极为重要，是连接欧洲和亚洲的十字路口。

土耳其人是突厥人与属于欧洲人种的地中海原始居民的混血后裔，奥斯曼一世在 1299 年建立奥斯曼帝国。到 1453 年 5 月 29 日，穆罕默德二世攻陷君士坦丁堡，灭拜占庭帝国，至 16 世纪和 17 世纪，尤其是苏莱曼一世时期达到鼎盛，统治区域地跨欧洲、亚洲、非洲三大洲。19 世纪时开始衰落。极盛时势力达亚洲、欧洲、非洲三大洲，故奥斯曼帝国的君主苏丹视自己为天下之主，继承了东罗马帝国的文化及伊斯兰文化，因而东西文明在其得以统合。1914 年 8 月奥斯曼帝国在第一次世界大战中加入同盟国作战，1918 年战败。土耳其丧失了大片领土，土崩瓦解。1919 年，土耳其击退外国侵略者，1923 年 10 月 29 日建立土耳其共和国。

土耳其虽为亚洲国家，但在政治、经济、文化等领域均实行欧洲模式，是欧盟的候选国。宪法规定土耳其为民主、政教分离和实行法制的国家。土耳其外交重心在西方，在与美国保持传统战略伙伴关系的同时加强与欧洲国家的关系。

土耳其是北约成员国，又为经济合作与发展组织创始会员国及二十国集团的成员。拥有雄厚的工业基础，为发展中的新兴经济体，亦是全球发展最快的国家之一。[1]

借船出海，剑指土国

笔者当时供职于 D 集团（以下简称"我方"）的风控部门。D 集团总部及研发中心位于北京。公司从光电显示起步，已逐渐发展成为以光电显示、新能源两大产业为核心，集金融、城镇化地产为一体的多产业投资集团，旗下拥有两家上市公司和四十余家全资及控股子公司。

新能源产业是 D 集团核心产业之一，近年来先后在内蒙古、青海、山东、河南、浙江、湖北、四川、宁夏、河北、安徽等地建设了以电站项目开发、EPC、电站运营维护、光伏组件制造为核心的新能源产业基地，积极探寻风电、水电、锂电池、生物质发电、氢能等合作发展机会。

根据土耳其政府公布的数据，截至 2014 年年底，土耳其人口达 7770 万人，这个具有良好太阳辐射水平与成熟制造业的国家近年来已展现出巨大的光伏发展前景。

土耳其目前的发电装机容量约为 70 GW，而政府计划至 2023 年另增 110 GW，目标是届时 90% 的电力由天然气、煤炭和可再生能源平均分配，各占 30%。另 10% 来自核能。目前，进口天然气占该国发电量的 40%。

---

1 百度百科（baike.baidu.com），"土耳其"词条，最近一次访问时间 2016 年 4 月 20 日。

土耳其能源和自然资源部表示，2023 年目标中包括至少 3 吉瓦的太阳能光伏发电装置，仅相当于总发电量的 1.66%。相对该国 2737 小时的年总日照时间（7.5 小时 / 天）而言，显然较低。[1]

土耳其 M 集团（以下简称"土方"），据称控制人为土耳其某前政要家族，为一家大型综合性集团，涉足房地产、休闲旅游等诸多产业，互联网检索未找到该公司官方网站。

我方一直谋求进行海外布局，拓展海外市场，尤其是新能源市场，土耳其作为横跨欧亚大陆的新兴经济体，有其独特的战略地位，我方选择以土耳其作为"走出去"战略的突破口与土方合作投资光伏产业，不失为一个上佳的选择。

我方与土方投资合作光伏项目的基本情况如下所示：

（1）2015 年 4 月，就土耳其 1.2 GW 光伏电站 EPC 项目，我方与 S 公司签署《咨询顾问协议》，同月，我方与土方签订《框架合作协议》；

（2）2015 年 5 月，我方与土方在北京某酒店会谈《框架合作协议》之补充协议；

（3）2015 年 6 月，我方团队（业务部门、风控部门、工程设计方）赴土耳其考察项目，考察期间与土方团队会谈磋商与项目有关事宜，修改《框架协议》之补充协议，草拟关于样板光伏电站的《MOU》和关于合资组件厂的《投资合作协议》；

（4）2015 年 7 月，我方委托土耳其当地律师事务所对土方进行尽职调查。

框架初成，天降馅饼

2015 年 4 月我方与 S 公司签署咨询顾问服务合同，由 S 公司提供咨询服

---

1 摘选自北极星太阳能光伏网（http://guangfu.bjx.com.cn）。

务，促成我方与土方在土耳其投资光伏产业。同月，我方与土方签署框架协议，约定：

（1）由土方免费提供土地并自行承担费用获得建设电站所需的一切必要批准、许可等文件（统称"路条"），由我方前期独立投资、建设和运营10MW 样板光伏电站（以下简称"样板电站"）；

（2）同时，我方以设备及技术出资 40% 与土方以土地和厂房出资 60% 合资设立组件厂（以下简称"合营公司"），总产能 500MW；

（3）其后，土方委托我方为 1.19GW 光伏电站的总承包商，发包价格不低于 USD1.6/WP。发包方式按土方在四年内取得的项目用地及政府批文规模逐步分包完成。

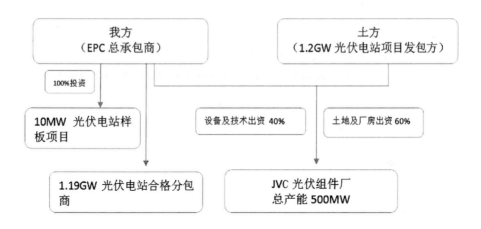

这一合作框架看起来很美，土方负责提供土地和路条，中方负责投资、
建设及运营样板电站。土方以土地和厂房出资，中方以技术和设备出资成立
合营公司经营光伏组件厂。土方把高达 1.19GW 的光伏电站项目发包给中方
EPC 总包，中方再分包出去获得利润而合资公司组件厂还可以在同等条件下
优先供应后期的电站 EPC 建设。

天上掉下来好大一块馅饼，让我方接到了？！

最不可思议的是，框架协议居然堂而皇之地写着：

适用法律和争议解决

（1）本协议应受美国纽约州法律管辖并按其解释。

（2）双方关于本协议的签署、履行、解释等发生争议的，由双方友好协商解决。如果协商无法达成一致，双方同意将争议提交香港国际仲裁中心，根据香港国际仲裁中心届时有效的仲裁规则进行仲裁。仲裁以英文进行。仲裁裁决对双方具有法律约束力。

一个中方和土方的框架合作协议，适用法律为美国纽约州法（严格意义上应加上冲突法原则除外），仲裁机构选择香港国际仲裁中心，确实令人费解，后来去土方考察期间，我特地对准据法的选择提出质疑，土方的答复更令我咋舌，他们自己也觉得奇怪，不过据他们讲，这个是我方业务人员要求的，实在是令我汗颜。需要说明的是框架协议期间，我尚未正式参与此项目，其中内情不得而知。

风起云涌，暗藏陷阱

继 2015 年 5 月，在北京某酒店我方与土方就《框架合作协议》之补充协议会谈磋商无果后，应土方邀请，我方组建团队（业务部门、风控部门、工程设计方）赴土耳其考察项目。通过土耳其之行的考察和会谈，我才感到此项目暗藏玄机，根本不是天上掉馅饼，而是陷阱，且听我慢慢道来。

拿到考察日程，我就发现行程中居然没有去土方公司考察的安排，实在是匪夷所思。实际行程就是，头两天安排去土方拟为样板电站提供的土地进行考察，然后直接入住位于伊斯坦布尔的土方旗下的酒店对框架协议补充协议、样板电站的投资合作协议以及合营公司的合营协议展开谈判，其间还安排对合营公司拟使用的土地和厂房进行了考察，不过我本人趴在酒店赶合同，未能同行。值得一提的是，据说我方团队还见到了当地的市长，着实激动感慨了一番。

会谈期间，土方置框架协议于不顾，毫无诚信，大肆曲解篡改交易结构：

（1）按框架协议，由土方免费提供项目用地和路条，我方独立投资、建设和运营样板电站，可考察期间，土方提出项目用地由我方租用，租金为32万美元/年，而路条则需我方以25万美元收购掌握路条的第三方公司（以下简称"路条公司"）来获得路条；

（2）按框架协议，由土方以项目用地和厂房出资，我方以技术和设备出资，共同设立合资公司制造光伏组件，可考察期间，我方获知，在我方不知情的情况下，土方已通过其控股的子公司（"土方子公司"）交付定金，拟购买项目用地和厂房，意欲由我方收购土方子公司40%的股份，形成合资公司。

按土方的篡改，拟议的交易结构如下：

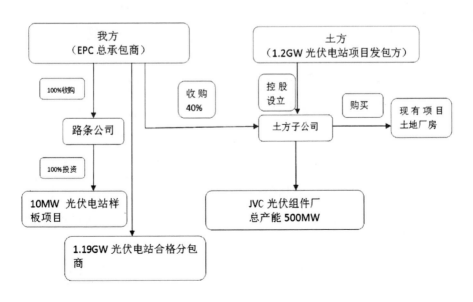

比照上述框架协议项下的原交易结构，我们不难发现，土方拟议的交易结构，大大增加了我方的成本，将原交易结构复杂化，平添了许多不确定性和若干风险。此外，框架协议中约定的 EPC 总包价格为 USD1.6/WP，与此行获悉的价格为 USD1.2 ~ 1.4/WP，差异较大，对我方颇为有利，不免令人生疑。同行的技术人员还表示，每年建设 450MW 的安排，难度颇大，据土方称其已凭框架协议拟通过某金融机构为总计 1.2 GW 的 EPC 项目融资 20 亿美元。

风险重重，疑窦暗影

土国之行返回国内后，我主笔根据现有资料、赴土耳其考察和谈判磋商情况，就土耳其光伏电站 EPC 总承包及组件厂项目编写了风险分析报告，提示了以下风险。

宏观风险

（1）土耳其通胀率不断攀升。2014 年 2 月 7 日，标准普尔将土耳其主权信用评级展望从稳定降至负向，称土耳其经济有硬着陆风险。4 月 11 日，穆迪将土耳其主权信用评级展望调降至负面，称土耳其外部融资地位因为"高度的政治不确定性和更低的全球流动性"遭遇越来越大的压力。

（2）土耳其商业贷款的发放依据市场条件，但因借款成本偏高，大项目融资困难，中国企业与土耳其业主合作项目的资金来源多数为中方融资。另外，个别土方业主因声誉不佳，无法为中方企业融资提供银行担保。

（3）在 2015 年 6 月 7 日举行的议会选举中，正义与发展党 13 年来首次失去了在议会的绝对多数席位，因此不得不寻求与其他政党组建联合政府。英国《泰晤士报》报道说，受此不确定性影响，周一土耳其股市下跌了6%。正义与发展党此次共获得 41% 选票，共和人民党（Republican People's Party）获得 25% 选票，得票第三高的是极右翼的民族主义行动党（Nationalist

Movement Party）。此外，亲库尔德的人民民主党（People's Democratic Party）获得13%的选票，获得了议会的席位。这也是土耳其历史上亲库尔德的党派首次在议会赢得议席。《基督教科学箴言报》说，在土耳其大选之后，唯一确定的事情就是土耳其将进入一段不确定的时期。

（4）土耳其涉及投资管理的部门及法律众多，相关规定在《土耳其共和国商法典》《土耳其共和国外商直接投资法》《土耳其共和国对外贸易法》《土耳其共和国海关法》《土耳其共和国进口产品不公平竞争预防法》《土耳其共和国自由贸易区法》《土耳其共和国政府促进出口税收措施法》和《土耳其共和国外资框架法令》等文件中都有体现。

（5）尽管土耳其政府已计划在2023年前光伏发电装机容量达到3 GW，但是增长缓慢，据报道，2014年新增太阳能光伏装机仅78 MW。目前土耳其总发电装机容量为70 GW，其中风电站3763 MW，而太阳能仅占100 MW左右。本项目总计1.2 GW，预计4年半左右完成，占土耳其政府此3 GW计划的三分之一强，可行性尚待考证。

土方履约风险

（1）土耳其之行，土方对框架协议的原则性约定做出了很多实质性改变，缺乏诚信。而且急于与我方达成若干具体协议，曾要求三天内草拟出关于10MW样板电站的投资合作协议，后又在晚饭时变本加厉要求在第二天下午5点前提供这一协议；

（2）在与土耳其当地某律师事务所律师会面期间，曾提及土方主体以费用为由不愿提供国际银行保函作为履约保证，土耳其律师认为要求国际银行保函很正常，土方不愿提供比较奇怪，其回购电站义务能否履行存在风险；

（3）土方仅凭框架协议及其补充协议（并未签署），通过某金融机构为后续1.19 GW光伏电站工程获得20亿美元的信贷额度，有待进一步确认，土方的资金来源主要为融资，未来融资能否如期落地存在风险；

（4）土耳其一行期间，业务部门人员、咨询顾问方代表以及土方自己极力渲染其深厚的背景和实力，包括其为前政要家族，与现任国会议长女儿（路条公关公司）、与希拉里的密切关系以及在美国和本土的各种酒店等产业。此等种种，有待进一步确认，且土耳其政局不稳，此种"关系"究竟能对本项目产生怎样的影响，尚不得知；

（5）本次土方要求我方以25万美元收购路条公司，已不履行原框架协议（土方负责自担费用取得路条）义务，其取得后续路条义务能否履行存在风险。

项目风险

基于上文所述，与框架协议的约定相比，项目的交易结构上发生若干变化，引发一系列风险。

1. 交易复杂化

（1）按框架协议，我方自行设立项目公司投资、建设和运营10MW光伏电站，土方（免费）提供项目用地和其他一切必要条件（含路条），但现在为了获得路条，我方需另行支付25万美元收购路条公司作为项目公司，进而建设和运营该样板工程；

（2）按框架协议，我方以设备和技术出资40%，土方以厂房和土地出资60%成立合营公司，运营组件厂，但现在则需收购土方子公司40%股份，再采购设备和技术；

项目交易结构复杂化，导致可能适用法律进一步扩大化，包括跨境并购土耳其企业以及投资法、竞争法、进出口、反倾销和反补贴法律法规和相关的税务、外汇法律法规等。

因为交易结构的变化，需要重新对成本（例如：10MW样板电站的用地每年32万美元的租金和收购路条公司的25万美元等）、收益以及风险进行重新测算，对该项目的可行性重新予以评估。

2. 根据目前交易结构，我方取得 1.19GW 电站 EPC 工程的前提是先自担费用建设 10MW 电站，且需与土方合资建立合营公司。因此存在两方面风险

第一，基于土方履约诚信风险和融资能力风险，我方能否取得后续 EPC 工程存在不确定性；

第二，如我方不能从后续 EPC 工程获利，则 10MW 样板电站和合营公司投资能否收回存在不确定性；

（1）10MW 样板工程在境外，审批、用地尤其是能否并网等均依赖于土方，盈利情况存在被土方控制的风险；

（2）土耳其当地律师认为合营公司中我方占 4 成，土方占 6 成的股权结构，存在土方凭借控制权损害我方利益的风险；

（3）土方回购 10WM 义务能否履行存在风险，我方境外诉讼成本和可行性均不可控。

3. 相关合作主体关系不明

（1）咨询顾问为 S 公司，费用为 EPC 工程价格的 6.25%，折合为 USD0.1/WP（对方明确不含路条等开发费用），似嫌过高；

（2）路条公司据称系一家荷兰公司子公司，其通过一家土耳其公关公司（非土方）取得路条；

（3）土方推荐由山东 L 公司（我方设备和技术的拟合作供应商，已被列入失信被执行人）的总经理担任合营公司 CEO，咨询顾问 S 公司代表担任合营公司销售总监；据称 S 公司代表与上述路条公司有关联关系。路条公司退出其电站项目，并作为其关联方 S 公司引荐我方与土方合作动机不明确，其与土方和山东 L 公司的关联关系也尚未明确。

尽调受阻，无奈折戟

该项目仅签署框架协议及咨询顾问协议，土耳其一行，尽管双方谈及较为具体的内容，就 10MW 电站草拟投资合作协议，就合营公司草拟谅解备忘录（MOU）并对框架协议补充协议进行了修订，但未签署任何实质性文件，仍处于投资初级阶段。鉴于土方的资信及履约能力难以判断，我方对此项目可能涉及的诸多土耳其法律法规缺乏了解，我代表风控部门建议业务部门就交易对方的资信及履约提供进一步资料，并受命于 2015 年 7 月正式聘请在土国之行中接触的土耳其律师事务所对土方和本项目进行尽职调查，该所熟悉土耳其法律并有类似项目经验。

可当从土国该律师事务所收到初步尽职调查报告后，不禁咋舌，寥寥几页，空洞无物，我方之前提交的尽职调查清单中重要的事宜，几无涉及，连忙回复电邮询问是何缘故。答复更是出乎意料，土方律师称接到我方指令，不要与土方联系，土方律师除了公众可得的信息外，无法获得进一步的资料，只能提供如此这般的尽职调查报告。后来才了解到，原来是我方业务部门，未经授权且未知会风控部门，擅自向土国律师发出如此令人啼笑皆非的指令。而这一项目，我方决策层根据考察报告以及初步尽职调查的结果，最终搁置此项目再议。如此一来，我方首个"走出去"的海外投资项目折戟沉沙，夭折无果。

跨境交易中，尽职调查交易对手和交易标的是通常的惯例，往往准备尽职调查清单，由对方以在线资料库（online data room）或其他方式提供尽职调查资料，进而由律师事务所等专业机构进行财务、法务、技术等方面的尽职调查。我方业务部门居然向土国律师发出如此荒谬的指令实在是不知所谓。中国企业进行海外投资绝不是拍拍脑袋简单了事，必须组建内部和外部的专业团队，进行充分而全面的尽职调查，从商业、法律、税务等多个层面和维度完善交易结构，控制和规避各种风险，最终顺利完成交易。我方这一项目之所以半途而废，折戟沉沙，很大程度上是因为内部团队，尤其是业务部门，对于海外投资流程缺少必要的了解和认识，缺乏外部专业团队的配合和支持，无法对海外投资项目进行全面和细致的评估，加之相关合作主体之间的关系扑朔迷离（事后，我方甚至启动了审计监察程序，对业务部门相关人员是否涉及贪腐进行过调查），即便贸然上马，结果也势必差强人意，甚至血本无归。

这真是："欲展宏图征土邦，天降馕饼垂涎尝。泥足几陷黑海峡，折戟沉沙徒感伤。"

王辉，北京大学法律硕士，曾执业国内外律师事务所多年，供职过大型民企集团法务部门，出版过法律英语专著《英文合同解读：语用、条款及文本范例》。

案例 6

从司法审判角度浅谈涉外无单放货纠纷问题

案例一：山东一家木业公司向美国销售落叶松板材，通过订舱代理将货物委托一家大型承运企业出运，由该承运人签发了记名提单。为享受优惠，提单记载托运人为一家与承运人有运费协议的公司，提单背面条款约定适用1936年《美国海上货物运输法》和1916年《美国联邦提单法》。货到美国后，货物在未出示提单的情况下被提走。山东木业公司由于未收到货款，亦无法通过行使提单权利收回货物，向法院提起诉讼。一审法院认为，合同约定适用美国法律，而美国法律允许记名提单无单放货，判决山东木业公司败诉。山东木业公司不服提起上诉，二审法院以山东木业公司不是涉案提单的当事人和订立者，其与承运人没有就涉案提单约定的法律适用条款达成一致为由，判决认定提单背面条款不能约束山东木业公司。法院根据最密切联系原则选择适用中国法律，最终判决山东木业公司胜诉。本案虽然山东木业公司最终胜诉，但历经一、二审曲折，从事发到最终胜诉，耗费一年多时间。

案例二：宁波一家国际贸易公司委托上海一家无船承运人运送一批货物前往秘鲁，该无船承运人签发了正本提单，并将货物自宁波港出运，该批货物前往秘鲁后，宁波公司仍持有全套正本提单，据事后宁波公司查询承运人集装箱流转信息，发现涉案集装箱已空箱进入流转。宁波公司起诉认为货物已被无单放走，无船承运人应承担无船放货民事责任。其证明无单放货事实成立的证据即上述从承运人网站下载的集装箱流转信息。但法院认为该集装箱流转信息没有进行公证认证，不符合证据的形式要件和实质要件，对无单放货事实未予认定。后宁波公司以判决后发现新的证据为由，申诉至最高法院。最高法院裁定再审。在再审中，宁波公司提交了当地目的港仓储站出具的证明信函和集装箱称重报告等新证据，且针对这些证据履行了公证、认证手续并进行了翻译，最终成功证明无单放货事实发生，并获得胜诉。

案例三：河北一家纱线公司委托上海一家无船承运人运送纺织品至巴西，该无船承运人签发正本提单。货到巴西后被无单放走。河北纱线公司起诉上海无船承运人，上海无船承运人对无单放货事实发生不持异议，但主张巴西存在货物必须交给港口或者海关当局的强制法律规定，自己依据该法律规定应对无单放货免责。但该无船承运人并未举出任何证据证明巴西相关法律的存在，认为自己无能力举证。在庭审征询各方当事人关于准据法适用环节，无船承运人主张，本案法律关系应区分适用准据法，关于海上货物运输合同法律关系，应适用中华人民共和国法律，但对于自己无单放货是否构成违约，则应适用巴西法律。法院认为虽然目的港所在国强制法律规定属于外国法，但不是作为准据法的外国法，因此，应由当事人进行举证。在上海无船承运人既未举证证明巴西存在特殊法律规定，又未举证证明货物已经交付给当地港口或者海关当局的情况下，应承担不利后果。

上述三个案例，揭示了当前无单放货审判中常见的法律问题。当前，在"一带一路""自贸区"等国家战略的带动下，我国企业"走出去"步伐大幅提速，委托各类中外航运企业向境外运送货物的需求也急剧增长，产生纠纷较多。在此类纠纷中，无单放货纠纷长期占据着一定比例。据一项统计，天津高院2005—2014年间，涉"海上丝绸之路"沿线国家的海上货物运输案件中，无单放货案件占了八分之一。作为该院的一名法官，笔者独立办案以来参与了一些涉外无单放货纠纷案件审理，在办理这些案件时，深感由于风险意识薄弱、法律知识欠缺、诉讼策略失当等原因，我国外贸及航运企业在诉讼中缴纳了沉重的"学费"。现在结合个人审判经验及题述案例，简要谈谈涉外无单放货纠纷问题及建议，希望能对我国企业"走出去"起到借鉴作用。

什么是无单放货

所谓无单放货，全称为无正本提单交付案件，指承运人在收货人等主体未提交正本提单的情况下将货物予以交付的行为。[1] 由于现代航运技术及通信技术的发展，船期普遍缩短，货物到港而提单未到现象十分普遍，因此，无单放货在航运市场已是常见现象，从某种角度来说，甚至是惯例。根据一项统计，目前，在班轮运输中存在15%的无单放货现象，租船运输可高达50%，矿物、油类货物运输几乎是100%的无单放货。[2]

由于无单放货的盛行，往往造成收货人在取得货物后拒不支付货款，造成正本提单持有人既不能向海外收货人行使买卖合同货款请求权，又不能向承运人主张海上货物运输提单权利以取回货物，致其款、货两空。对于作为外贸大国的我国而言，出于保护出口企业的利益，无论从立法层面还是司法裁判层面，均十分重视对无单放货的规制。不过，从公平角度出发，为了平衡船货双方利益，我国法律也设定了若干特殊规定，允许无单放货的承运人据以主张免责。

涉外无单放货纠纷的法律基础

《中华人民共和国海商法》第七十一条

《中华人民共和国海商法》（以下简称《海商法》）并无条文单独规制无单放货。但通常认为，《海商法》第七十一条"提单的定义"构成提单持有

---

1 关正义：《民法视野中的海商法制度》，北京：法律出版社，2015年，第177页。
2 See Article 9.4.2.4 of "Draft outline Instrument" by CMI ISC2000.11.20. 转引自司玉琢、李志文：《中国海商法基本理论专题研究》，北京：北京大学出版社，2009年，第191页。

人请求承运人承担无单放货的法律基础。该条规定："提单，是指用以证明海上货物运输合同和货物已经由承运人接收或者装船，以及承运人保证据以交付货物的单证。提单中载明的向记名人交付货物，或者按照指示人的指示交付货物，或者向提单持有人交付货物的条款，构成承运人据以交付货物的保证"。从这一规定可知，承运人保证必须据提单交付货物，如相关主体未出示提单就提取了货物，则可视为承运人违反了《海商法》第七十一条的规定，破坏了自己的保证，应该承担由此造成的赔偿责任。

最高法院司法解释及司法政策

当然，《海商法》第七十一条毕竟仅为对提单的定义。对于无单放货的构成要件、无单放货的免责事由、无单放货的请求权性质等问题，均欠缺明文规定。有鉴于此，最高法院在 2009 年出台了《中华人民共和国关于审理无正本提单交付货物案件适用法律若干问题的规定》（以下简称《无单放货规定》）。这一司法解释出台后，很好地解决了无单放货审判中出现的诸多难点问题，对航运市场起到了规范作用，也为广大企业行为提供了指引。

譬如，《无单放货规定》第一条开宗明义规定，不论是记名提单还是指示提单、不记名提单，承运人都必须凭正本提单放货。这就解决了实践中长期存在的"记名提单"算不算提单、是否可以不凭单提货的疑惑。又如，《无单放货规定》第三条允许当事人选择以侵权或违约起诉承运人，与普通民事诉讼一致。但是，与普通民事诉讼不同的是，该规定不允许当事人利用这种法律赋予的选择权规避某些海商法特殊法律制度，如短期诉讼时效制度。这就为当事人如何起诉维护自己的权益起到了指引作用。

此外，2005 年最高法院召开了第二次全国涉外商事海事审判工作会议，并形成了会议纪要（以下简称《第二次涉外商事海事纪要》），该纪要第九部分专门规制无单放货问题。由于该纪要形成时间在《无单放货规定》之前，部分条款与《无单放货规定》存在冲突。如《第二次涉外商事海事纪要》第

101 条规定承运人仅承担无单放货违约责任、提货人和其他责任主体仅承担无单放货侵权责任，而正如前述，《无单放货规定》第三条则规定正本提单持有人可以基于违约或者侵权提起诉讼。又如《第二次涉外商事海事纪要》第112 条、113 条区分基于违约起诉与基于侵权起诉的诉讼时效，但《无单放货规定》第十四条明确了不论正本提单持有人基于何种请求权起诉，其诉讼时效均应适用海商法相关规定。另外，关于赔偿范围，《第二次涉外商事海事纪要》与《无单放货规定》也有很大不同。《第二次涉外商事海事纪要》区别承运人与提货人的赔偿范围，对提货人而言，其赔偿范围除货值、运费、保险费外，还包括实际发生的其他损失。而《无单放货规定》则将赔偿范围限定为"货物装船时价值加保险费、运费"。由于《无单放货规定》为司法解释，而《第二次涉外商事海事纪要》为司法政策性文件（在有的判决中将其称为"海事海商法律精神"），且《无单放货规定》制定时间晚于《第二次涉外商事海事纪要》，因此，在两部文件产生冲突时，《无单放货规定》应优先适用。

不过，《无单放货规定》只有十五条，很多问题没有规定。因此，在涉外无单放货司法实践中仍然需要运用《第二次涉外商事海事纪要》的部分条文。譬如，《第二次涉外商事海事纪要》第 111 条要求正本提单持有人以承运人无正本提单放货为由提起诉讼，应当提交正本提单，并提供初步证据，证明凭正本提单在卸货港无法提取货物的事实或者承运人凭无正本提单放货的事实，这一规定在司法审判中就得到了长期延续。

重要案例

法条只是法律制度的骨架，案例才是法律制度的血肉。虽然我国并不是判例法国家，判决书不得援引过往案例作为依据。不过，毋庸置疑的是，重要案例实质上起着较大作用，特别是对于法律、司法解释未做明确规定的情况，案例揭示的裁判规则更是发挥着导向功能。从法官的立场而言，如果一篇判决书没有之前一系列类似案例作为其潜在支撑的话，那么这篇判决书的论证力度将是非常薄弱的。笔者在制作审结报告时，就习惯于从"中国裁判文书网"搜索相关案例并进行整理，以发现与掌握既有裁判观点，并将这种观点作为自己判决的深层理由，反映到审结报告及最终的裁判结果中去。而从当事人的角度而言，重视案例的搜集，既是一项好的诉讼策略，也能够明确案件的走向。譬如，针对无单放货是否包含出口退税损失，当事人只要通过"中国裁判文书网"在"海上货物运输合同"案由下搜索"无单放货""出口退税"等关键词，就能搜索到一系列案例，并从中识别出法院的立场。

当然，并不是所有案例的重要性均在一个层面上。目前，对法官最具拘束力的案例为最高法院发布的十二批共六十个指导案例，其中并无无单放货案例，但刊载于最高法院《公报》及《人民法院案例选》《人民司法》上的无单放货案例，则为数较多，且在不同程度上解释或明确了裁判规则。譬如，刊载于《人民法院案例选》2005 年第 1 辑的"河北圣仑案"，就明确了航程过短、提单流转过慢不得构成承运人无单放货的理由。刊载于《人民法院案例选》2014 年第 2 辑的"山西杏花村案"，则明确了涉外无单放货诉讼时效的起算时点为承运人将货物运抵目的港，具备交付条件的合理日期。在涉外无单放货诉讼中，对这些案例要加以重视。

当前涉外无单放货审判中常见的几个问题

当事人忽视准据法条款的重要性

所有"走出去"的案件，由于具有涉外因素，均离不开准据法问题，涉外无单放货案件亦不例外。所谓准据法，也就是解决民事争端应适用的一国实体法律。根据《中华人民共和国涉外民事关系法律适用法》，具有涉外因素的民事法律关系可以依据当事人的选择或基于法律规定适用外国法律。如果准据法系基于当事人选择，我国法律并不强制要求当事人选择的法律与涉外民事法律关系具有实质联系。例如，如果中国企业与以色列航运企业签订海上货物运输合同，是完全可以选择适用英国、新加坡等国法律的。

海上货物运输属于合同的一种，根据《中华人民共和国涉外民事关系法律适用法》，允许当事人对其准据法进行选择。这种选择在实践中往往表现为提单中的准据法条款，即由承运人出具提单，在提单中设定条款，约定适用哪一国家或地区的法律。准据法条款或记载在提单正面，或记载在提单背面密密麻麻的小字条款中。根据笔者掌握的情况，相当多的企业对准据法条款不了解亦不在意，一般不会单独就该条款进行磋商。但实质上，准据法的选择影响着当事人权利义务分配、影响着当事人是否享有特定免责事由。一旦产生纠纷，准据法条款往往对案件走向有着决定性的影响。在涉外无单放货纠纷领域，正如案例一所示，准据法条款的重要性突出体现在签发记名提单方面。

所谓记名提单，就是指载明了特定收货人的提单。在这种提单下，承运人只能向被记载的收货人交付货物。有一种观点认为，在签发记名提单的情况下，托运人的交货指令在货物交运时就已经确定，且记名提单亦不得转让，因此，承运人只需在目的港查明前来提货者是否是提单记载的收货人即可。但是，从情理而言，如果事实上提货的收货人身份证明是伪造，则凭单即放货，显然可能滋生海运欺诈。且托运人如持有记名提单，其仍可能享有相应权利。《海商法》第七十一条已明确规定了提单中载明的向记名人交付货物的条款，构成承运人据以交付货物的保证。因此，我国法律对记名提单不适用凭单放货是持否定态度的。《无单放货规定》第一条即明确规定，本规定所称正本提单包括记名提单、指示提单和不记名提单。但是，世界其他各国，对记名提单是否必须凭单放货的态度与我国并不完全相同。在德国、希腊，其法律规定了记名提单下承运人可以不凭单放货。在英美国家，记名提单不被视为是"提单"，因此也不适用凭单放货的规定。以美国为例，其1916年《联邦提单法》规定，承运人向记名提单的记名人交付货物时，不负有要求提货人出示或提交记名提单的义务。因此，如果海上货物运输合同约定适用了这些国家的法律，则承运人完全可能以目的港所在国法律允许为由实施无单放货。

当然，正如案例一所示，法院基于提单权利人并非提单记载托运人及准据法条款记载于提单背面两方面理由，最终并未适用美国法。这从一个侧面反映出法院对提单格式条款的严格把控。但假设本案提单记载托运人就是山东木业公司，且准据法条款清晰明确记载于提单正面而非背面，则法院是否还否认美国法的适用，就很有疑问了。

当事人对初步证据的理解存在误区、提交初步证据的形式存在纰漏

一般认为，无单放货法律构成要件的依据为《无单放货规定》第二条。该条规定："承运人违反法律规定，无正本提单交付货物，损害正本提单持有人提单权利的，正本提单持有人可以要求承运人承担由此造成损失的民事责任。"据此，原告提起无单放货诉讼，必须符合下列条件：①证明承运人违反法律规定；②持有正本提单；③证明已经发生承运人无正本提单交付货物的事实；④证明自己的提单权利因承运人无单放货而受到损害。在实践中，第①②④项一般而言均容易得到证明。但第③项，则往往是造成提单持有人败诉的原因。

为证明无单放货事实发生，根据前述《第二次涉外商事海事纪要》第111条之规定，正本提单持有人应当提交正本提单，并提供初步证据，证明凭正本提单在卸货港无法提取货物的事实或者承运人凭无正本提单放货的事实。但在实践中，相当多的案例认为原告并未成功举证证明无单放货事实已经发生。考察这些案例，原因主要有两点。

第一，当事人对"初步证据"的理解存在误区。

有的当事人对初步证据的含义把握不清，将初步证据与"较低标准的证据"混淆，提交的证据证明力不强，或是几张未标识时间、地点、货物品名的照片，或是一份无法确证其来源的保函复印件，以此来主张无单放货事实发生，但这些证据一般属于间接证据，未能形成证据链条，从而使得"无单放货事实"是否发生难以被法院确证，引发败诉风险。

第二，当事人提交的"初步证据"形式上存在瑕疵。

涉外无单放货纠纷由于事实发生在海外，因此相关证据往往属于域外形成证据。根据《中华人民共和国民事诉讼法》规定，对于域外形成的证据，需要进行公证、认证或者其他证明手续。再者，如果该份证据是外文的话，在中国司法诉讼中如欲提交该证据，必须同时提交中文翻译件。如果上述"形式要求"不具备，原告的证据即使能直接证明无单放货事实发生，也很难被法院采纳。遗憾的是，从审判中掌握的情况来看，原告提交证据未进行公证认证或未经翻译的情况不同程度存在。案例二正反映了这一问题，宁波先败后胜，其起初败诉原因源于域外证据形式的缺失，之后胜诉原因则归功于新证据且新证据履行了相应形式手续。

当然，目前最高法院对于域外证据的证明手续略有放宽，认为不能仅以未公证认证而直接否定其证据效力。在我们法院2015年审理的一起涉韩货运案件中，运用最高法院的上述精神，针对虽未公证认证但能与对方提交证据相互印证的证据，采纳了该证据相关证明事项。但是中文翻译件问题目前来看仍然是一项绝对形式要求。有的当事人对此并不重视。笔者甚至见过当事人在外文证据上挑选若干字词直接用铅笔标注中文译文的情形，这种做法是非常不严肃的，不符合民诉法规定的形式要求。

目的港存在"特殊法律规定"难以被法院采纳

与前两个问题着眼于中国出口企业不同的是，这一问题主要侧重于中国承运人视角。在世界上，有很多国家存在特殊法律规定，强制要求承运人将货物运到港口后，必须将货物交付给海关或者港口当局。承运人一旦将货物交付给海关或者港口当局，即事实上丧失了对货物的控制能力。海关或者港口当局完全可能依据当地法律，允许当事人仅以出示保函或履行其他法律程序的方式将货物无单提走。这当然属于一种"任意性"较强的规定，但客观上的确存在这种现象，必须正视。在涉及韩国、委内瑞拉、土耳其、巴西等国家的海上运输中，业界均有案例或传闻称当地存在此类特殊法律规定。

由于将货交当地海关或者港口当局系基于当地法律强制规定，承运人必须执行。因此，无论是《第二次涉外商事海事纪要》还是《无单放货规定》，都允许承运人以提单载明的卸货港所在地存在特殊法律规定为由进行免责。不过，不论是在天津海事审判还是全国海事审判，根据笔者的调查，承运人关于目的港存在"特殊法律规定"的抗辩基本未得到法院支持。

笔者认为，总的来看，其原因在于：证明目的港存在"特殊法律规定"属于承运人举证责任。关于外国法查明责任，应归属于人民法院还是当事人，长期以来是一个争论的问题。根据《中华人民共和国涉外民事关系法律适用法》，一般情况下，法院对外国法是要负查明责任的，当事人没有查明责任。不过，问题在于，《中华人民共和国涉外民事关系法律适用法》所称的"外国法"，并非我们平常所说的"外国法"，具有其特殊含义。其意义应理解为"外国准据法"，即经冲突规范指引、直接规范当事人权利义务关系的外国法律。而目的港"特殊法律规定"虽然也是"外国法"，却是在已经确定准据法为中国法的情形下，根据作为中国法的《无单放货规定》，由当事人加以主张的免责事由，因此，目的港的"特殊法律规定"不同于"外国准据法"，更应被视为一种事实而不是法律。对此，应由当事人负举证责任。这一观点虽然没有明确规定于法律、司法解释中，但具有充足的理论依据。从当前司法案例来看，法院的这一立场也是非常明确的。案例三中，法院即对此进行了明确宣示。如当事人承担这种法律的举证责任，由于"举证责任之所在，败诉之所在"，更何况这种法律存在于外国，当事人面临着外语翻译、获取渠道、法律理解等各种关卡，取证及证明难度可想而知，主要体现在：

首先，此种"法律"采用当地语言，正如前述，当事人要对其内容进行翻译。

其次，无论是哪个国家，"法律"的含义，都不仅限于立法机关颁布的成文法律。行政机关、司法机关，甚至实质行使管理权的企业或行业组织，都可能制定具有法律约束力的条文规范，此外，也不排除"货交海关或者港口当局"仅是当地一种不成文的惯例。因此，"特殊法律规定"有可能是行政法规，有可能是海关法令，有可能是行为指引，也有可能是企业管理章程，甚至可能仅是当地港口惯例。"法律"繁杂的存在形式，令当事人难以获取。即使获取，如果其法律位阶过低，或者根本就是不成文惯例，在诉讼中也可能被质疑。

第三，《无单放货规定》等法律对"特殊法律规定"的表述为：规定货物必须交海关或者港口当局的法律规定。但实践中几乎没有哪个国家的法律做出如此直接、明确、清晰的规定。关于该国法律是否存在此类规定，往往只能从相关条文表述中推断，有时还不得不结合好几部法律规定予以综合推断。譬如，在一起案件中，当事人成功举证证明将货物交给当地码头经营人、货物进入保税区仓库。并提交了当地详尽的法律规定，证明了当地存在"特殊法律规定"。可是，关键在于，《无单放货规定》相关规定指向的交付对象限定为两个主体，即"海关或者港口当局"。那么，当地码头经营人算不算"海关或者港口当局"。对此，法院结合已获取的当地法律，最终得出结论，货物交给港口当局授权的码头经营人，也应属于货交"海关或者港口当局"。

第四，"特殊法律规定"的证明标准缺乏明确规定。目前，最高法院尚未对此予以明确。在司法实践中做法不太一致，有的案件中当事人仅举出了当地法律规定，有的案件中当事人除列举当地法律规定外，还附带一份法律意见书对法律规定含义及条文间关系予以阐释。但是，对这些证据的认定往往又存在争论。譬如，关于意见书出具者的资质：该意见书出具者是不是法律专家？如果是法律专家，是不是海事领域的专家？其从业年限及其业绩、职级是否应作为衡量其意见书的标准？在浙江一起涉委内瑞拉案件中，针对一份承运人提交的律师意见书，法院即认为，该意见书出具者的法律专家身份，并不能得到证实。看来，在司法实践中，法院对证明标准的要求是比较高的，这也加大了当事人举证的难度。

因此，在案例三中，上海无船承运人索性直接承认，事实发生在外国，自己对此没有举证能力。虽然这是一种对自己权利的放弃，但客观而言，其行为也有一定情理。

从司法角度对涉外无单放货纠纷当事人提出的建议

无单放货问题属于海事审判的老大难问题，号称是海商法的"绝症"。长期困扰着司法实践及诉讼当事人。三个案例揭示出的问题，仅为笔者平时审判与学习中所接触到的突出难点，在实践中，还存在着因果关系的认定、赔偿范围的确定等诸多问题，不一而足。在这里，基于法律规定，对前述三项问题提出以下建议：

第一，出口美国及其他允许记名提单无单放货的国家时，一定要慎用记名提单。如果要采用记名提单，必须对客户资信进行全面了解与掌握，并应坚持在提单正面加注"本提单涉及争议应适用中华人民共和国法律"或类似表述。由于提单正面条款优先于背面条款、特别约定优先于格式条款。通过这种处理方法，即使提单背面条款约定了适用美国法或其他允许无单放货国家、地区法律，也能避免该国法律的适用。

如果提单背面条款载明了适用允许无单放货国家的法律，则在诉讼中，建议以格式条款为由，主张该条款未经承运人与当事人进行协商，直接否定其拘束力。只要不存在证据表明提单持有人在取得提单时仔细阅读了背面小字条款并签字认可，则一般而言法院将不认定提单背面条款对当事人发生效力。

第二，正确理解"初步证据"的含义。绝对不可望文生义，将"初步证据"理解为"降低标准的证据"，取证草草了事，而仍应重视相关证据的搜集，使举证形成证据链条，达到高度可能性程度，以确保无单放货事实得到证明。在这里，结合笔者平时的整理，顺带介绍一下司法实践中对"初步证据"的把握标准，以供相关主体参考。

（1）如整箱运输的货物，如货物交接方式为堆场至堆场、门到门、场到门，则提交集装箱动态跟踪查询结果等证据，能证明集装箱空箱返回装港或已拆箱等事实，就可作为承运人无单放货的初步证据。

（2）如货物采取拼箱运输，货物交接方式为货运站至货运站，即使原告提供了集装箱流转信息等证据，也不能作为无单放货的初步证据。需要原告提交其他证据补强，如就无单放货问题商谈的往来邮件、传真等，但这些补强证据必须要具有较强证明力。如果仅仅是银行付款水单、海关清关证明，法院一般不予采纳。

（3）如原告举证证明目的港提货不着的证据，也可以作为货物已被无单放走的初步证据。而持有全套正本提单本身，单独不能构成初步证据。虽然也有人认为，如果原告持有全套正本提单诉被告无单放货，就应该由被告证明货物未被无单放走。但目前的司法实践认为，如果仅持有全套正本提单，而不存在其他有效证据，不足以证明货物已被无单放走。

第三，重视证据形式，避免证据因未履行证明手续或未翻译而不被法院采纳。根据《中华人民共和国民事证据规定》，当事人向人民法院提供的涉外无单放货事实发生的证据，如系在中华人民共和国领域外形成，该证据应当经所在国公证机关予以证明，并经中华人民共和国驻该国使领馆予以认证，或者履行中华人民共和国与该所在国订立的有关条约中规定的证明手续。如果该国与中华人民共和国没有建立外交关系的，可以经该国公证机关公证，经与中华人民共和国有外交关系的第三国驻该国使领馆认证，再转由中华人民共和国驻该第三国使领馆认证；如果上述证据是在香港、澳门、台湾地区形成的，应当履行相关的证明手续。具体而言，当事人如果在香港特别行政区办理证明手续，由司法部考核后委托的香港律师作为委托公证人，出具有关公证文书，再经司法部在香港设立的中国法律服务（香港）有限公司审核并加章专递即可；当事人如果在澳门特别行政区办理证明手续，由澳门当地公证员公证即可；当事人如果在台湾地区办理上述手续，由台湾当地公证员公证即可。另外，关于翻译，根据《中华人民共和国民事诉讼法》及其司法解释规定，外文证据必须要提交中文译本，但该中文译本不必由翻译机构作出，当事人完全可以自行翻译。不过，如果对方当事人对翻译内容提出异议，则应该共同委托翻译机构提供翻译文本，如果对翻译机构选择不一致，则由人民法院确定。

最后，应通过多种途径、多种形式提供目的国"特殊法律规定"。当事人应当通过互联网、数据库、当地从业律师或大学教授、当地商会等多种渠道对该"特殊法律规定"加以证明。最高法院在深圳前海、中国政法大学、西南政法大学等机构或高校先后建立了外国法查明中心，不过，目前来看运用这些中心的案例并不多，这些中心出具报告书实践作用如何，还有待进一步观察，企业可以进行尝试。而从当前证明目的港存在"特殊法律规定"的成功案例来看，较为完善的做法是：①提供相关法律规定；②提供当地法律专家出具的意见书，对上述法律规定从理论到相关案例、实践做法，加以详尽阐释；③附列意见书出具人的基本信息，包括其资质、从事领域、业绩、相关工作经验等；④如特殊法律规定及意见书陈述的其他内容可通过互联网检索，应附列网页链接，以便于法官通过互联网对法条加以验证。无须多言的是，这些证据均属于域外形成外文证据，自然应依照前一条的要求，办理相关公证、认证及其他证明手续。此外，如有可能，应让意见书作出者前来我国对意见书内容进行说明，并接受当事人及法院的询问。

张昕，天津市高级人民法院民四庭法官。

第二章

英美法系国家

综　述

英美法系国家投资风险

关于"丝绸之路经济带"和"21世纪海上丝绸之路"的沿线国家，目前已涉及60多个国家和地区。[1]其中，东南亚地区自古以来就是"海上丝绸之路"的重要枢纽，"海上丝绸之路"的发展方向是以东南亚国家联盟成员国（以下简称"东盟国家"）为依托，辐射带动周边及南亚地区，向中东、南非和欧洲延伸。其中，东盟国家的新加坡、缅甸；南亚的印度、孟加拉以及中国香港等都是英美法系国家（地区）的代表，东盟的菲律宾与南亚的斯里兰卡则都是普通法与大陆法等法系混合体国家。

下面在为大家介绍英美法系的同时，将从法律层面浅谈"一带一路"之英美法系国家投资的机遇与风险。

英美法系和英美法系国家

英美法系是著名的法律体系之一，又称为海洋法系或者普通法法系，发源于英格兰，是以英国普通法为基础发展起来的法律，但并不仅仅指普通

1　参考中国新闻网，《中国官方向外国使节释疑："一带一路"无名单提供全球舞台》，网址：http://finance.chinanews.com/cj/2015/04–16/7213304.shtml。

法，其涵盖了英国的三种法律，即普通法[1]（Common law）、衡平法[2]（Equity）和制定法[3]。

英美法系的渊源可以追溯到英国的君主制，当事人提起诉讼，应先向法官申请以国王的名义发出令状，令状载明诉讼的条件和类别，法官只能在令状的范围内进行审判，其设置程序的规则较为笨拙。然而，在另一种意义上，普通法是具体的、明确的，并逐渐演变出具有法律效力的法院判例；其立法行为以及制定的成文法，就是立法机关或主权议会的光彩意志的体现。在这个特定意义上，英美法系的普通法区别于成文法律和法典法（民法）。

英美法系具有以下基本特点：

（1）英美法系与其他法系有诸多的区别，最主要的区别在于其以判例法作为其主要形式，其适用"类似的事实将产生类似的结果"的原则[4]。例如，类似的案例曾经发生并已判定，法院会遵循之前使用的推理决策（这里称为遵循先例原则[5]）作出判定；当法庭发现，目前的争端案件不同于以往的任何一个判例时（称为"第一印象"），法官就有权利和义务通过现有法律创建先例。此后，新的判定将成为先例，并将用于未来的遵循先例原则的判定。各方的听证被大众采纳，案件的判定是基于先例，而不是个人观点或武断的判断。可以说，判例原则在很大程度上保障了法律体系的稳定和一致性。判例原则是英美法系的核心与基础，也是其与大陆法系等其他法系迥异的代表性区别。

---

1 普通法（Common Law）是指最早在英国12世纪左右开始形成的一种以判例形式出现的适用于全国的法律。——百度百科普通法。
2 衡平法（Equity），也称为公平法、公证法，是为了解决判例法的缺点而设计出的另一套法律系统。出现于英国14世纪末，以"正义、良心和公正"为基本原则，以实现和体现自然正义为主要任务。——维基百科衡平法。
3 制定法，又称为成文法，是由国家享有立法权的机关依照法定程序制定和公布的法律。——百度百科制定法。
4 "similar facts yield similar outcomes." Charles Arnold-baker, The Companion to British History, s.v. "English Law" (London: LoncrossDenholm Press, 2008), 484.
5 遵循先例原则：对先例的法律事实进行归纳整理，再对现有案件的法律事实进行归纳；将两个案例中的实质性事实进行对比是否相同或不同；找出先例中所包含的相似规则，此原则即为遵循先例原则。——参考百度百科。

（2）在法律分类方面，英美法系没有严格的部门法概念，即没有系统的、逻辑性很强的法律分类。[1] 英美法系的法律分类倾向于实用性，很少制定法典，习惯用单行法的形式对某类问题进行归纳整理。因而在法律体系的结构上，英美法系是以单行法和判例法为主干而发展起来的。[2] 英美法系国家法官可以援用成文法也可以援引已有的判例来审判案件，而且，也可以在一定的条件下运用法律解释和法律推理来创造新的判例。所以，在英美法系国家，法官不仅适用法律，也可以在一定程度上以及范围内创造法律。[3]

（3）在诉讼程序上，英美法系的法官扮演"仲裁人"的角色，不参与案件的辩论，庭审中，当事人双方通过抗辩程序发表自己的观点，展示各方的证据。同时，陪审团制度[4] 作用非凡，职业法官的职责为适用法律，而认定事实则由陪审团负责。陪审团的主要职责是做出事实上的结论和法律上的基本结论（即有罪或无罪的判定），法官在庭审中负责做出法律上的具体结论，即判决。英美法系的传统是强调根据具体的经验解决具体的问题，因而具有很强的针对性和灵活性。

下面简单介绍一下英美法系的发展历程。英美法系已有超过 1000 年的演变和进化史。根据英美法系不同时期的突出变革，大致可以分为四个阶段：

第一阶段，11 世纪以前的盎克鲁撒克逊时期。公元五六世纪盎克鲁撒克逊人入侵英国，建立了部落国家。此时期的英国社会已处于原始社会解体和封建制逐渐形成的时期。法庭对于被告行为的宣判仍采用宣誓或神明裁判的方式。对此后的英美法系没有太大的影响，但是可以作为一个发展的历史阶段来看待。

第二阶段，在 1066 年以后普通法形成。此时期诺曼公爵征服了英国，

1　参见杜军：《浅谈大陆法系和英美法系的比较》，载《华人时刊旬刊》，2013 年第 5 期。

2　参见曹丹：《论英美法系和大陆法系概念之比较》，载《法制与社会》，2009 年第 15 期。

3　参考互动百科（http://www.baike.com/wiki/ 英美法系）。

4　陪审团制度，起源于英国，是指由一定数量的陪审员组成陪审团参与案件的审判，决定案件的事实问题，而由专业的法官决定案件的法律问题的一种陪审形式。

建立诺曼王朝，开创了普通法时期。1154年亨利二世继承王位，为了达到中央集权的目的，进行了一项非常重要的改革——司法改革；由此形成了巡回审判制度和陪审制度，自此英国法走向了与大陆法国家不同的发展道路。巡回法官会聚于中央讨论案件，融合了各地的判决，从此逐渐形成了通行全国的普通法。

第三阶段，15世纪末至19世纪中叶，衡平法发展的时期。衡平法的出现是为了解决判例法的缺陷而设计出的另一套法律系统。原因就是随着资本主义的经济增长，合同的作用日渐凸显，但关于合同执行的约束法律尚未形成；另外一个原因是普通法院已经成为国会一方反对君主专制的抗衡力量，王朝为了加强专制统治，建立了衡平法院，用以受理民事案件，以此来制约普通法院。此时，在同一个案件中，当事人可以根据自己的案情，自由选择普通法诉讼或衡平法诉讼。

第四阶段，19世纪后，英国进入了现代立法时期。在这一时期，英国开始了大规模的立法，主要的几部法律包括：票据交易法（1882年）、合伙法（1890年）、法的解释（1893年）以及海洋保险法（1906年）。尽管这些法律与大陆法系单行法相似，但其内容却大不相同。[1]

众所周知，英美法系首先产生于英国，故适用英美法系的国家，大多曾是英国殖民地或附属国，包括美国、加拿大、新加坡、巴基斯坦、孟加拉、缅甸、马来西亚、印度、中国香港等，其中也有一些非洲国家和地区。[2]

投资英美法系国家的机遇与风险

一个国家的法律环境是开展海外投资的决定性因素之一，会很大程度地

---

[1] 参考陈艳、牟鹏：《消费导刊》，2007年第12期，第138页。
[2] 参见百度百科"英美法系"词条。

影响投资者在此国的商业行为、商业策略以及商业交易的相关权利义务。在英美法系国家投资，首先需要关注的就是英美法系国家纷繁复杂的法律体系与庞杂的法律环境，其复杂性很难被非专业人士所了解。在英美法系国家，法官在特定环境下有权解释法律个案，判例法占据重要地位，公法与私法并无严格区分，也不重视法律的分类，其注重从诸多个别的具体事务中找到普遍的共同规律，也就是说更注重法律的实用性。那么在英美法系国家如何更好地规避法律风险，如何让中国企业实现在海外的"可持续发展"，我们将从法律层面着手，对"一带一路"沿线的几个国家进行法律投资环境的相关分析，希望能为投资者起到助力作用。

新加坡

新加坡是"一带一路"东南亚沿线重要国家，自独立以来，一直致力于把国家建设成为世界政治、贸易、金融、航运中心，在世界经济发展中也始终保持在先进行列。[1] 新加坡的法律体系归属于英国普通法，英美法系特征鲜明，但也有其独创性。新加坡的国家政策透明度较高，法制建设也较为完备，已建成全世界都堪称先进的法律体系。司法机构分为高等法院和上诉院；最高法院具有广泛的民事和刑事管辖权；上诉院是新加坡的终极法院。下级法院由民事法院、地方法院及简易法院构成。值得注意的是新加坡的仲裁，仲裁是涉外投资和贸易过程中最常用的争议解决方式之一。新加坡国际仲裁中心为国际和国内商事仲裁提供了便利，其规则主要是基于贸易法委员会的仲裁规则和国际仲裁规则。新加坡的国际仲裁中心可提供中文以及涉及中国法律的仲裁员，且中国和新加坡同属于《承认及执行外国仲裁裁决公约》[2] 的成员国，在成员国取得的仲裁裁决，可按照《新加坡共和国国际仲裁法》的

1　根据世界银行 2015 年 10 月出具的《2016 年营商环境报告》，新加坡已连续多年蝉联全球营商排行第一的位置。
2　《承认及执行外国仲裁裁决公约》（The New York Convention on the Recognition and Enforcement of Foreign Arbitral Awards），简称"纽约公约"。

规定，向新加坡高等法院申请执行。[1]

在法律适用方面，新加坡的习惯法与判例法均很重要，尽管新加坡已制定出很多成文法，但习惯法在新加坡的法律仍占有很重要的位置。有关贸易投资的成文法则相对少见。新加坡对于外资进入的方式并无限制，且大多数产业领域对外资的股权比例无限制性措施，但企业的投资并购等都须遵守《新加坡共和国公司法》《新加坡共和国竞争法》[2]《新加坡共和国证券期货法》[3]《新加坡共和国海关法》《新加坡共和国进出口商品管理法》《新加坡共和国商业注册法》《新加坡共和国进出口贸易规则法令》和《新加坡共和国自由贸易区法令》等[4]相关法律的规定。

提醒广大投资者，新加坡各项法律法规较为完善，公民的法律意识也很强，属于法制建设较完备、重视信誉、重视合同的国家。中国投资者在进行商务合作时，务必重视合同的重要性，一定要签订全面有效的投资或贸易合同，且在合同中约定清晰双方的权利义务、争议解决等条款，做好风险预警工作。另外，在新加坡投资务必要严守法纪，不要存有侥幸心理，以免给企业带来不必要的损失。

印度

印度是世界四大文明古国之一，被誉为是世界上最为民主的国家之一。印度自古以来受多方文化的影响，如古希腊文化、波斯文化、阿拉伯文化以及近代的西方文化等都对印度有很大的影响。因此，其拥有悠久的法律文化历史。目前印度现行的司法制度历史可以追溯到 1726 年。英国殖民者将英国法律体系逐渐输入印度，大量的英国法被翻译，殖民当局在许多方面都适用

1　参见商务部：《对外投资合作国别（地区）指南——新加坡（2015 年版）》，第 59 页。
2　新加坡《竞争法》很大程度上是仿照 1998 年的英国竞争法，该法案的目的是为了促进新加坡市场的有效运作，因此增强经济竞争力。其是外资企业在新加坡开展投资并购、收购必须遵守的重要法律。
3　Securities And Futures Act, 细则详见新加坡金管局网站：http://www.mas.gov.sg/。
4　参见谭家才、韦龙艳：《新加坡投资法律制度概况》，载《中国外资》，2013 年第 9 期，第 243–245 页。

英国法。此外，还颁布了大量的法律[1]来规范市场经济行为，一系列以英国法为参照的印度法律得以颁布实施，[2]印度因此形成了一套殖民地法律体系。

印度实行"三权分立"的政治制度，司法权独立于立法权与行政权。印度法院系统分为最高法院、高等法院（18个）和地方法院三级。印度的仲裁则是根据联合国贸易法委员会仲裁规则制定的《1996年仲裁和调解法》对国内仲裁、国际商事仲裁以及执行外国仲裁裁决做出详细规定。[3]印度的宪法是印度最高法律，于1950年1月26日生效实施，是世界上最长的成文宪法。其不仅铺设了印度司法系统的框架，还体现了政府各部门的权力、职责、程序等内容；此外，还为人民的权利与义务制定出了指导性原则。印度合同法制定实施于1872年，随着社会发展，原法律条款中的部分内容被废除，现行的印度合同法包含一般原则和特殊类型的合同两大方面内容。

关于投资立法方面，印度并没有一部专门针对外资的立法，主要是由于1947年独立时并没有重新建立一套自己的法律体系，而是延续和承继了英国殖民统治时期遗留的法律体系。但印度通过其他法律的零星规定以及大量的政策构建了庞大的专门针对外资的法律体系，对外资准入的行业、持股比例、审批程序及企业形式等各个方面都有一套非常庞杂的实质性规定。[4]印度与贸易有关的主要法律包括《1992年外贸（发展与管理）法》《1993年外贸（管理）规则》《外贸政策》[5]以及《1999年外汇管理法》。印度投资可通过设立公司、外资并购、收购上市公司等方式。根据印度公司法的规定，外国投资者可以在印度设立独资或者合资设立私人有限公司，外国投资者可以以设备、专利技术等非货币资产用于在印度设立公司，上述资产须经当地中介

---

1 期间颁布的比较重要的法律有《印度契约法》，此法为英美法系最早的成文契约法，1881年的《印度流通票据法》，1930年的《印度商品买卖法》，1940年《印度仲裁法》等。

2 参见李耀跃：《印度法制现代化进程中的法律移植》，载《东南亚南亚研究》，2011年第2期，第26–30页。

3 参见商务部：《对外投资合作国别（地区）指南——印度（2015版）》，第82页。

4 参见王宏军：《印度外资准入法律制度研究——兼从中印比较的角度》，北京：对外经济贸易大学，2011年，第17页。

5 参见商务部：《对外投资合作国别（地区）指南——印度（2015版）》，第36页。

机构评估，且股东各方同意后报公司事务部批准。外资并购则要依据印度《竞争法》的相关规定开展。[1]

提醒关注的是，印度的投资审批程序较为复杂，尤其对中国企业的审批管控亦较为严格。显而易见，中印在发展投资合作方面还有很大的发展空间，可谓机遇与挑战并存。印度作为联邦国家，每个邦的法律和政策都相对独立，提醒中国投资者予以关注。此外，印度为宗教大国，宗教、教派众多，且宗教对于印度的政治环境、经济环境、民众生活均有很大的影响。中国投资者在开展投资前，应先适当了解当地的主要宗教信仰及背景，尊重当地的宗教礼仪、礼节，有助于在商务往来中避免不必要的误会与损失。

缅甸

缅甸是一个历史悠久的文明古国，东南亚联盟成员国之一，"一带一路"沿线重要国家，与孟加拉、印度、中国、老挝和泰国接壤。1984年独立后，缅甸继续以英美法系的法律体系为基础，设立了不同级别的法院，其中，最高法院以及联邦法院的最终上诉法院，此法院做出的判决对所有其他法院均具有约束力。

缅甸国家政策稳定性不足，法律法规也有待完善。缅甸的很多法规都是基于英国普通法和成文法，包括合同法、票据法、信托法、转让法、登记法、买卖货物法、公司法、仲裁法、民事和刑事诉讼法等。在没有法律规定的情况下，法院适用一般法，这是以英国普通法为基础，形成的缅甸独特的判例法，体现了公平和正义的原则，也就是说缅甸的法官具有自由裁量权，有权按照公正、公平和良心的原则对案件作出判定。政治上实行多党民主制度，其立法权、行政权、司法权与行政权力相互制约。

缅甸政府设定诸多新举措，用以促进贸易开放，鼓励外商投资。根据缅

1　参见商务部：《对外投资合作国别（地区）指南——印度（2015年版）》，第40页。

甸投资与公司管理董事会（Directorate of Investment and Company Administration）提供的数据显示，截至 2015 年 11 月 30 日，外商直接投资（FDI）总量自 1988 年至 2015 年 11 月合计已达 582 亿美元[1]。外国投资者可依据《缅甸联邦公司法》《缅甸联邦外国投资法》在缅甸开展相关投资业务。根据《缅甸联邦外国投资法》的规定，外国企业在缅甸投资方式有独资，与缅甸公民或相关政府部门或组织进行合作，根据双方合同进行合作等方式，且新投资法删除了关于合资公司中，外商至少占公司股份 35% 以上的相关规定。

其他现行的缅甸贸易法律和规定有《缅甸联邦进出口贸易（临时）管理法》（1947 年）、《缅甸联邦贸易部关于进出口商必须遵循和了解的有关规定》（1989 年）、《缅甸联邦关于边境贸易的规定》（1991 年）、《缅甸联邦进出口贸易实施细则》（1992 年）和《缅甸联邦进出口贸易修正法》（1992 年）等[2]。

与外商投资相关的税收法律包括：《缅甸联邦税收法》（2014 年颁布，2015 年 4 月修正）、《缅甸联邦外国投资法》（2012 年）、《缅甸联邦所得税法》（1974 年）、《缅甸联邦商业税法》（1990 年）、《缅甸联邦关税法》（1992 年）和《仰光市政发展法》（1990 年）[3]。

近年来，中国在缅甸的投资规模也日益扩大，但随之而来的法律风险也日益突出。这些复杂、不稳定的国家政策和法律环境会给投资者带来诸多不确定性。据了解，部分外国投资者为避开政策的限制，借用缅甸人的身份在缅甸开展投资经营活动。由于此类外国投资不受缅甸法律的保护，因而合作失败或者发生利益纠纷导致外国投资者蒙受损失的现象时有发生。在此，也提醒中国投资者关注。另外，因为缅甸中央政府与部分少数民族组织之间的关系微妙，中国投资者在缅甸地方政府以及在少数民族控制区进行投资合作时，应多加注意。[4] 建议中国投资者在缅甸开展投资前，先与中国驻缅甸使馆

1　参见 Forengh investment overview for Myanmar，链接：http://www.oxfordbusinessgroup.com/overview/letter-legal-overview-climate-foreign-investment。

2　参见商务部：《对外投资合作国别（地区）指南——缅甸（2015 年版）》，第 42 页。

3　参见商务部：《对外投资合作国别（地区）指南——缅甸（2015 年版）》，第 47 页。

4　参见商务部：《对外投资合作国别（地区）指南——缅甸（2015 年版）》，第 68 页。

经商参处联系咨询，了解当地的近期投资经济环境，规避风险，防患未然。在缅甸如发生相关贸易纠纷，请参照缅甸现行的《仲裁法（1994）》进行解决。

关于中国与如上各国的投资合作方面，中国均签署过类似的投资保护双边协定，例如与新加坡签署的《关于促进和保护投资协定》，与印度签署的《双边投资保护协定》、与缅甸签订的《投资促进和保护协定》等，虽然协定的名称不尽相同，但此类协定内容翔实具体，实体性规定和程序性规定并举，能够为资本输出国在海外投资提供切实有效的保护。投资者在投资之前务必做好充分的调研工作。

英美法系国家的法律体制较为复杂，不同于中国的近大陆法系体制，成文法与判例法在商业活动中均发挥重要作用，中国投资者前往英美法系国家投资务必关注法律环境，对于法律体系较完备国家，严守法纪是重中之重。还应关注合同的重要性；因为更注重判例法的缘故，英美法系的合同较其他法系国家，体现更多的内容与细节，权利与义务的约定也更为细化和清晰。同时，还应密切关注当地法律动向，建议聘请当地有经验的律师作为法律顾问，为企业在当地的投资活动提供专业支持。

本文仅对"一带一路"背景下，英美法系相关国家的法律投资环境做简要介绍，每个国家都有自己的传统和政策，所以如要在某个特定英美法系国家进行投资发展，还须详细深入研究相关国家的具体投资要求和法律规定。本章还会提供几篇在上述国家参与过投资项目的知名法律人的典型投资案例，供以参考。

张原，毕业于南昌大学，曾工作于律师事务所，现就职于一大型跨国企业从事涉外法律工作。

案例 7

斯里兰卡之左右为难的被盗案

斯里兰卡，全称斯里兰卡民主社会主义共和国（The Democratic Socialist Republic of Sri Lanka），旧称锡兰，是个热带岛国，位于印度洋海上，英联邦成员国之一。斯里兰卡的经济以农业为主，而该国最重要的出口产品是锡兰红茶。该国亦为世界三大产茶国之一，因此国内经济深受产茶情况的影响。在自由化进程中，增长速度持续加快。斯里兰卡最大优势在于矿业和地理位置，它是一个宝石富集的岛屿，世界前五名的宝石生产大国，被誉为"宝石岛"。红宝石、蓝宝石及猫眼最出名。

斯里兰卡在僧伽罗语中意为"乐土"或"光明富庶的土地"，有"宝石王国""印度洋上的明珠"的美称，被马可·波罗认为是最美丽的岛屿。[1]

作为专门为中国企业在境外投资提供法律服务的专业人员，我们通常处理的，大部分是商事案件及与商业投资相关的非诉讼业务。本文，则是我们在海外主办的、为数不多的刑事案件。其中的过程辗转曲折，十分有趣。下面，就是我们亲历的斯里兰卡的刑事案件。

---

1 百度百科（baike.baidu.com）"斯里兰卡"词条，最近一次访问时间 2016 年 4 月 3 日。

明珠岛上，忽闻案发

2011 年，斯里兰卡市场越来越不景气，我们所服务的中资集团在斯里兰卡的子公司面临严重的经营困难，货物积压，发不出员工的工资，还欠付员工的社会保险和供应商货款，办公室和宿舍的房租也拖欠了好几个月，电话、网络也因欠费面临停机，公司业务运营已经停滞，形势非常严峻。

斯里兰卡公司的员工大部分为当地人，只有公司经理和财务经理为中方外派人员。集团了解到斯里兰卡子公司的经营困难，也正在从战略角度考虑，试图做出艰难的选择，是否继续运营斯里兰卡公司。恰在此时，集团总部得到关于斯里兰卡方面的紧急消息：存放在公司库房的产品被盗窃一空，甚至连公司办公室的办公设备，包括电脑、电话、打印机、办公桌椅等都被盗窃。

得知此事后，总部管理层非常重视，立刻成立项目小组处理斯里兰卡问题。项目小组经过多次会议讨论，认为当务之急是将被盗产品找回来，并认识到这必然要借助当地律师的力量。

斯里兰卡盗窃案的一项不利因素是，公司在当地从未聘请过律师，更别说常年法律顾问。因此，无论是集团总部，还是区域总部，还是斯里兰卡公司，对斯里兰卡的法律环境都一无所知。因此，作为国际化的法律专业人员，我们的介入，至关重要。

踏上征途，寻找律师

斯里兰卡法律方面的权威人士，H.W.Tambiah，概括了斯里兰卡法律丰富和复杂的本质：

"在斯里兰卡，有五个私法体系。被法典修改并由法庭解释适用的罗马-荷兰法，是国家的基本法。英美普通法适用于商业合同以及商业财产，在很多领域被默默地接受了。英国法也以法典形式被引入斯里兰卡，是国家的成文法。Thesawalamai 法约束的对象是特定地域的特定人群。同样的，康缇法适用于康缇僧伽罗人。穆斯林法，适用于穆斯林人的婚姻、离婚、赡养费及继承领域。"

私法约束个人之间的事务。私法由人的法律、财产法、义务以及侵权法组成。"[1]

科伦坡（拉丁字母转译为：Colombo），是斯里兰卡的最大城市与商业中心。许多国际的官方资料将科伦坡记载为斯里兰卡的首都，包括美国中央情报局。科伦坡的名称来自僧伽罗语的 Kola-amba-thota，意为"芒果港"，其后葡萄牙人将其拼写成 Colombo 以纪念哥伦布。

考虑到科伦坡作为国家最大城市和商业中心，法律资源相对丰富，且科伦坡又是公司注册所在地和公司业务经营所在地，因此在科伦坡聘请律师是比较合适的。在斯里兰卡公司当地工作人员的陪同下，我们和业务部门代表在科伦坡展开了律师的筛选和考察工作。在与律师正式接洽前，我们与业务部门共同整理了案件的基本事实，我们内部称之为 facts sheet，类似案情介绍或者案件事实，对涉及的诸如背景、时间、人物等具体细节等方面都有提及，这是面见当地国律师前公司内部必须要做好的功课。

令我们感到吃惊的是，当地的律师事务所多为个人律师开办的 boutique 类型的小所，这种小所通常只有一个律师，再配备几个助手。办公地点多类似于居民区比较宽敞的平房里。中国从事涉外业务的律师，通常都毕业于英美名校。办公场所豪华气派。因此，对于微型律师事务所，我们的确难以在短期内建立互信。

最终，我们选择了当地一家规模比较大的律师事务所，律师人数几十人。这家律师事务所成立于 19 世纪 40 年代，在业内享有不错的口碑。旗下还设有秘书公司。我们会见了这家大型律师事务所四位负责人之一，一个长

---

1 H.W.Tambiah. "Sri Lanka," in Encyclopedia of Comparative Law: National Reports. ed. Victor Knapp. MartinusNijhoff Publishers: Dordrecht, Boston, Lancaster (1987) pp.S129–S130.

着大眼睛的中年男律师。在我们把公司几个案件（公司当时还有其他几件事情也都需要通过法律程序解决）情况向他介绍以后，他同意接收我们的案子。但是考虑到盗窃案属刑事律师的业务范畴，他本人的专长是在民事领域，因此他会推荐比较可靠的刑事律师给我们，也会帮助协调刑事律师与我们之间的沟通和工作。

知名律所，霸气收费

我们很快与该律师事务所签署了正式的律师聘用协议。值得注意的是，他们的收费标准与一般英美律师事务所按小时收费有所不同。英美律师事务所通常在聘用协议中约定主办律师（通常为合伙人律师）的收费标准，以及一般律师和律师助理（paralegal）的收费标准，并且在协议中会对案件有个大概的工作小时数的估计。后期会根据案件所涉及的额外工作量和实际费用支出等情况具体结算。也有的律师只在协议中提及收费标准，并不对案件整体报价。通常这种适用于律师提供服务的时间比较长的情况，比如一年、两年，律师就会按月开出账单，就当月的工作量收取服务费，按照每小时收费标准乘以小时数这样的公式来计算。当然，我们经常会被有些非法律专业人士问到一个相同的问题：谁能确定这些小时数是真实的呢？的确，客户是没有办法知道到底律师是不是真的工作了这些小时数。这是行业惯例，因此都是基于客户和律师之间彼此的信任。而且有一点需要说明：由于各种损耗等方面的原因，律师花在一个案件上的实际小时数，并不必然都能作为计费小时数。

因此，客户可以要求律师事务所在发账单的时候，同时附上律师的工作记录摘要。这样至少能够使客户对律师所做的工作有个大致了解，总好过账单上只有一个孤零零的应付金额，这样的账单很难判断其合理性。

我们也曾经询问过斯里兰卡律师，可否签署风险代理协议，不根据实际工作时间，而是根据案件结果收费。但是斯里兰卡律师告诉我们，这样的协议在斯里兰卡是非法的。他们律师事务所是不会接受这样的收费方式的。这点是斯里兰卡律师行业与其他国家一个明显不同之处。

至于我们找到的这家斯里兰卡律师事务所的收费标准，他们是这样写的：

"The fees we charge are assessed by us in the context of several aspects that we consider are relevant to the assessment of our fees, such as, the complexity of the matter, the difficulty or the novelty of the questions raised, the skill, specialized knowledge, responsibility, the time taken, the amount of work done, the value of the property or the quantum of the money involved and any other aspects specially applicable to the particular matter."

意思是我们收取的费用是结合案件的几个方面综合评估，比如案件的复杂程度、案件的难度或者涉及问题的新颖程度、需要的技巧、专业知识、责任、需要的时间、已经完成的工作量，以及财产价值或者涉案金额和案件涉及的特别的方面。

并且律师事务所称这样的收费标准是针对所有的客户，包括世界 500 强的客户。

坦白说，这样的收费标准相当于将定价权完全交给了律师，尤其对于一个外国客户来讲，很难判断其收费的合理性。考虑到对方悠久的历史以及在业内建立起来的口碑，还有短时间之内无法找到其他可替代的律师事务所，我们只好接受了这样的收费标准。

刑事律师，大显身手

我们签约的律师事务所负责人如约向我们介绍了承办被盗产品案件的刑事律师，还说他跟警察局有比较过硬的人脉关系。

该刑事律师其实并不服务于我们签订聘用协议的那家律师事务所，而是那家律师事务所帮我们推荐的，他本身是一家独立的律师事务所的合伙人。根据以往处理案件的经验，我们经常会碰到律师推荐律师，或者中介机构推荐律师的情形。考虑到我们时间紧迫，没有过多时间去筛选和比较，而且又是知名律所推荐来的，集团总部便同意了聘请该刑事律师。

我们按照约定时间与刑事律师见了面，介绍事情的详细经过。刑事律师表示他同意代理我们的案子，也会尽力促进事情的解决。

初次见面在比较愉快的气氛中结束了，但是凭直觉我总是觉得这位刑事律师身上有一种匪气，而不像其他民事案件接触到的律师那样文质彬彬和具有专业气质。

在案件处理过程中，刑事律师说要想早日查清被盗产品的下落，得让警方那边多下力气，你们需要给点辛苦费，这样警方那边才肯卖力。根据我们在海外处理案件的经验，这种情况在"一带一路"沿线国家中是相当普遍的。因此，我们很快支付了这笔辛苦费。

刑事律师果然也没有令我们失望，过了两个月便传来好消息，说是警方已经确认了犯罪嫌疑人，就是公司的前任库管，一名科伦坡当地人。并且警方已经找到了大部分丢失的物品。现在需要公司方面联系仓库，用以存放这些找回来的被盗产品和办公设备。总部立刻派人前往斯里兰卡，并在律师的协助下找到了一个房主，房主同意将一处房屋出租做仓库，用来存放这些被盗产品和办公设备，粗略估计大概占全部丢失物品的70%。公司代表与房东签订了为期一年的租约，一年到期后自动转为不定期租赁合同。合同约定租金为每月25 000斯里兰卡卢比，按当时的汇率，约合194美元。还约定租金由我们付给律师事务所，再由律师事务所转交给房主。据公司经办人讲仓库还被贴上了封条。

集团总部对案件进展比较满意，公司经办人员也沾沾自喜，上上下下都想着既然丢失的东西大部分已经找回来了，连犯罪嫌疑人都找到了，那接下来就该定罪的定罪，该认领的认领，赶紧把公司的被盗产品和办公设备还回来吧！

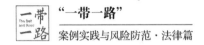
万事大吉？为时尚早

然而事实并非如此。

一个星期过去了，一个月过去了，警方始终没有联系公司认领丢失的物品。我们询问当地律师后才知道，原来斯里兰卡在这方面跟中国的情况类似，这起刑事案件在没有将被告定罪判决前，是不能将追回的物品归还给公司的。因此当务之急是推进案件快速进展，早日判定被告有罪，即可早日将追回的物品归还公司。

之后的一段时间，刑事律师的账单纷至沓来。几乎每份账单都有上百美金，而且还说要想再把剩下的部分全找回来，还要给警方那边的关系支付一些公关费。并且，警方终结调查以后，才能向检察机关递交材料，才能早日立案和开庭审理，才能早日将被告定罪判决。因此，企业只好把账单一一付清，公关费也按刑事律师要求的数额全部支付。

在这段时间里，为便于处理后续问题，公司更换了斯里兰卡公司经理，新经理同时为斯里兰卡公司董事。又经过了几个月，案件毫无进展。我们便和新任命的斯里兰卡公司董事赴斯里兰卡与当地刑事律师会面，商讨案件的推进方案。刑事律师让我们不要着急，说警方已经开始采取行动，还需要一些时日。并且他再次跟我们提及支付辛苦费、好处费的事情。对于上述要求，我们没有给予反馈。让我们感到惊讶的是，这名刑事律师当场就生气了，一字一句地说："你们说东西丢了，我就通过我的关系让警方去找，东西也已经给你们找回来的差不多了，警察兄弟们都很辛苦。现在你们又想让警方早点出报告，让检察机关早点立案，你们以为你们想怎么样就怎么样吗？不付出一些代价行吗？"

我们只好说，这样的事情我们无权决策，还得回去请示领导，让总部的领导来决定。结果他急了，说："你们领导在哪儿？他要是不能来斯里兰卡，我正好要去新加坡，让他来新加坡见我也行！"

所谓的公关费、好处费，或者辛苦费等名目的费用，在我们处理南亚地区一些国家的法律事务中屡见不鲜。比如印度和孟加拉。这些国家，从实践的角度，这些支出，如果中间人选择恰当，往往是有效果的。当然，作为法律人，我们鼓励跨国企业按照正当的流程和救济渠道来解决问题。

法庭物证，真相大白

会后，我们第一时间将情况向集团总部做了汇报。总部表示研究后会告诉我们决定。然而，刚到第三天，尚未收到总部决定的时候，刑事律师却通知我们，警方已经结束了侦查，并且检察机关也已经立案，转天就要开庭审理我们的案件了，让我们一起出庭！

我们不会天真地以为斯里兰卡的办事效率有这么高，两三天时间就完成了这么多工作。显然，刑事律师不过是在蒙骗我们，想获取更多的好处费，而案件其实按照正常的法律程序，就已经到了开庭审理的阶段了。

于是，我和公司董事有幸亲身在斯里兰卡参加了一次庭审。

与国内区法院、市法院的高楼大厦相比，斯里兰卡的地方法院实在不如我国的法院气派。我们去的这个法院，距离市中心大概一个小时的车程，一共两层楼高，但是楼体本身比较宽，看上去更像国内某个中学的教学楼。楼里有若干个房间，每个房间隶属不同的科室或部门。不知在走廊等了多久，斯里兰卡民商事律师带着我们来到了法庭。

不像国内案件的审理被安排在某个房间单独进行，这里好多案件都在一个类似礼堂的地方排队依次审理。这和印度、巴基斯坦等国家很相似。

与中国法庭法官坐在正中，法官前方左右各是原告席和被告席不同，斯里兰卡的法官坐在类似主席台一样的位置，正对主席台前方坐的都是各个案件的代理律师。正对律师席的是被告席。

站在等待的队伍里，我看到法官正在审理一个案子，一名男代理律师从律师席里走出去，向法官讲了一些什么，之后法警将文件交给法官，法官浏览后说了一些什么，代理律师就退下了。离得太远我也听不清他们说的话，而且估计也是当地语。

又过了一阵，轮到法官审理我们的案件。我们的刑事律师示意我们站到队伍前面。我们的刑事律师跟法官介绍了一些情况（还是听不懂），这时法官让公司董事走过去，核实了董事的身份，然后用英语说："现在这些物品是法庭的物证，在法庭作出判决前不能销售、不能出口。"我们确认知晓之后就让我们离开了。离开时我才发现那个犯罪嫌疑人库管不知何时站在了被告席上，原来是名 30 多岁的斯里兰卡男子，穿着笔挺的浅色衬衫。我们离开的时候，他也离开了法庭。

之后，当地民商事律师带我们来到一个房间，里面坐着一个面无表情的姑娘。律师跟她交谈之后，姑娘拿出一份文件，上面写着 BOND（约定），是英语和当地语两种语言写成的。

当时律师和他们的助理，以及与公司签约的律师事务所的经办律师，对方一共四个人，催促着我们的公司董事签署文件，当时律师并没有给我们解释是什么内容，就说是正常的 paperwork（文件），不给我们机会看内容。看到 BOND 字眼，马上我的职业敏感性被激发了，我意识到这不是普通的填表和确认单之类的 paperwork。我提示公司董事先不要签字，并用中文简单告诉他 BOND 文件的法律意义。公司董事马上放下笔，我对律师说我们需要先看清内容再签字。刑事律师事件之后，我们更不能完全相信这些当地律师，尤其是在法院签署的文件更得谨慎。

我快速浏览了英文部分的内容：

I do hereby bind myself to appear in the above Court on：

Year/ Month/ Day/ Time

and to continue so to appear until otherwise directed by Court. If I make default in doing so，I hereby bind myself to forfeit to the Republic of Sri Lanka the sum of：

Rs.40，000，000.

大意是我向法庭保证我会于某年某月某日出席到庭，并且会按照法庭指令继续出庭。如果我违背上述承诺，我保证向斯里兰卡共和国支付罚金4000万斯里兰卡卢比。

我将内容很快用中文告诉公司董事，特别提示他关于罚金部分的内容，虽然当时时间紧急不允许我们换算成人民币，但看到后面那一串"0"也知道数目小不了。董事觉得这样的文件不能签，虽然陪同我们的民商事律师当时反复催促我们，董事仍然没有签字。按照笔者撰写本文时的汇率，那笔罚金大概合人民币 177.2 万元。

被盗案件，左右为难

后来，刑事律师向我们进一步解释庭审的内容，从法律上来讲，这些被追回的物品属于被盗产品，是刑事案件的重要物证，这些物品的物权尚需通过法律程序才能确认给公司。所以理论上讲，现在公司无权处置这些产品，产品目前是属于法庭的，是刑事案件的物证，必须伴随刑事诉讼程序的进行而持续存在。在法庭要求公司提供的时候，公司必须保证及时提供。直到刑事诉讼程序完结公司才可以对其进行销售等处置。

而且，处置这些物品也要和今后的破产程序结合起来。否则处置即将破产的公司资产，依据当地法律构成犯罪。因此从程序上需要非常谨慎。

所以，随着时间的推移，当案件经历了两年左右的时候，被盗产品的处置成了左右为难的事情：

一方面，按照刑事律师的说法，被盗的物品仍为刑事案件的物证，因此根据当地法律，公司目前无权销售或出口，必须等到刑事案件完结才可以处理。物权一天没有确认归属我们，公司就要承担一天的租金，但确认物权的日期不确定，导致公司负担租金和律师费截止的时间不确定。刑事律师介绍

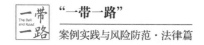

说过这种情况拖上个几年都是有可能的。即使通过法律程序追讨回来物权，法庭也不会补偿我们已经支付的租金。

继续参与旷日持久的刑事诉讼程序会产生可观的费用，包括持续产生仓库租金费用。截止到当时，集团总部为处理此案已耗资达 4.3 万美元，包括律师费、公关费和仓库租金。

另一方面，即使经过几年的刑事诉讼程序后，通过法律程序法院认可公司的物权，这些产品也难以销售。被盗产品主要为器械类产品，也包含部分办公设备。而斯里兰卡公司并未在当地办理此类产品报检手续，所以公司没有这些产品的报检证书，因此无法在当地合法销售。据业务部门估算以及财务账目，这些产品的成本价大约 70 万人民币。如果出口给周边国家，经过财务部门测算后，所支付的税费和物流费用已经超过产品本身的售价，从而失去再次销售的价值。

总之，公司方面进入了两难的境地：产品现在是我们的，但是我们拿不走、动不了，还要继续支付相关费用；即使有一天产品明确归还我们了，可能我们投入的成本已经超过了产品的价值，而且产品也不可能再次销售。

百般无奈，不了了之

这种情况下我们咨询了斯里兰卡刑事律师的意见。律师说可以考虑尝试将产品捐献。具体操作是集团总部作为产品的出口方，写信告知斯里兰卡公司，说明产品要过期的事实。然后刑事律师根据这封信，向法庭申请讨论产品处置。取得法庭许可后，公司再授权律师与可能接受捐赠的机关或部门协商捐赠事宜。然而我们并不认为这是可行的，因为这些产品主要是器械类产品，不存在即将过期的情况，无法说服法庭。而且本来就已经存放了相当长一段时间，不能保证正常使用。如果捐献出去，万一产品存在瑕疵导致人身伤害或财产损失，也会给公司带来麻烦。

撤诉也是不可行的。刑事诉讼程序启动以后，控制权并不在公司，而在检察机关。公司作为被害人是无权撤销刑事诉讼的。因此，任何一个企业的管理层在作决定启动刑事诉讼程序时，一定要慎之又慎。

在这期间，当地刑事律师曾告知我们，他与嫌疑人的律师做过谈判，对方说如果公司方面同意支付欠付的工资和社会保险，那么嫌疑人就同意配合认罪，尽快结束法律程序。考虑到即使追回被盗物品对公司也意义不大，嫌疑人律师建议的方案未能获得集团总部的批准。

截止到案件进行的第三个年头，随着时间的推移，突然我们都意识到，我们一直在想尽办法努力争取的，其实可能并没有意义。这一点，在经济性上，尤为突出。

最后集团总部要求我们立即指示当地刑事律师停止全部工作，支付已经发生的费用，避免持续费用的产生。

以我们的经验，在海外，中国企业面临涉及刑事的法律问题，需要事先更加审慎的筹划。不像商事纠纷，我们可以选择更加高效快捷的仲裁方式。刑事问题，涉及一国的司法主权，除了程序复杂外，通常会持续相当长的时间。另外，当民事和商事问题与刑事问题混杂在一起的时候，尽量和当地律师充分沟通，找到可以分开解决的方法。

> 张博然，毕业于南开大学，后在美国威斯康星大学麦迪逊分校获得法学硕士学位。曾供职于知名跨国民营企业，具有多年从事涉外法律事务的经验。

案例 8

从新加坡上市公司并购实例谈境外上市公司并购实务

　　新加坡虽然国土面积仅有 700 多平方千米，但人均 GDP 却在世界排名前列。2015 年世界经济自由度地区排名全球第二，也是唯一在亚洲获得三大评级机构 AAA 主权评级的国家。新加坡的法治、效率和投资环境，吸引了大量的国外投资。新加坡上市公司的收购活动在过去几年相对处于较为平稳的状态。在 2015 年，新加坡的并购交易总额超过了 300 亿美元，平均交易额大小超过 8 亿美元。比起 2015 年全球 5 万亿美元的并购额来说，虽然在规模上占不到 1% 的额度，但是从平均交易额的大小来看，则远远超过全球平均并购交易额大小 1.28 亿美元。本文从介绍上市公司并购的基础知识入手，结合中国企业收购实际案例，介绍新加坡上市公司并购的具体规定，以期读者能对新加坡上市公司并购实务有一个较为全面的了解。

中国企业"走出去"浪潮中的上市公司并购

中国企业的上市公司并购发展

　　中国企业一开始走出去的过程中，上市公司并购并不多见。笔者在十多年前参与海外并购的时候，中国公司的海外并购主要以资产并购、私人公司股权收购和设立合资企业为主，很少有进行上市公司并购的交易。

　　随着中国企业走出去投资的交易日益增多，中国企业在海外并购的交易类型也在增长，如今全球不同证券市场上的上市公司并购、资产置换甚至恶意收购屡见不鲜，并且收购的技巧、内容和水平已经和往日不可同日而语。

上市公司并购是海外并购的一种较为高级的形式。潜在买方往往喜欢采用资产购买的方式进行购买，除了税务上的考虑，Cherry Pick（摘樱桃，意即拿到好资产）和债权债务清晰明了也是其中考虑的重要因素。但公司的并购，特别是上市公司的并购，给中国的潜在买方带来了更大的考验：第一，从工作量角度看，上市公司并购至少需要做两个层次的尽职调查：一是公司所掌握的资产的干净程度，二是公司层面债权债务的清晰度。第二，从不确定性角度看，先抛开签署交易文件后政府审批、股东批准等常见先决条件看，上市公司并购在出现搅局者或者竞争者时，并购成功的不确定性更大。第三，从交易的时间紧迫程度看，上市公司的并购交易，特别是善意并购的情况下，往往在高强度、高密度的时间限制里进行。由于并购交易的保密性质和买卖双方的利益关系，买卖双方不仅需要谨慎的设计有关内幕消息泄漏后的应对预案，还需要在尽可能短的时间内完成尽职调查、商业谈判和交易文件的签署，否则久拖不决可能带来意想不到的搅局者，也会给上市公司带来资本市场上不利的影响。中国公司所进行的海外上市公司并购，一般是所谓的友好并购，而极少见恶意收购[1]。这可能与中国社会中"和为贵"的文化观念、中国公司的商业行事准则及公司形象相关，也和中国公司缺少恶意收购的经验有一定的联系。

虽然中国公司近来发起了一波针对国外上市公司带有一定恶意的并购：比如一些中国企业发起了不少不请自来的交易[2]：华润牵头的中国买方团并购

---

[1] 恶意收购，其实就是目标公司董事会不配合，收购者绕过目标公司董事会直接向上市公司所有股东提出要约收购的方式。一般来说，董事会配合的上市公司并购交易属于友好收购。

[2] 在目标公司并未主动邀请或者同意的情况下，中国买方主动向目标上市公司董事会发信要求购买上市公司的交易称为"不请自来"的交易。

仙童半导体、安邦购买喜达屋、武岳峰资本并购 Affymetrix 公司或者是中联重科并购特雷克斯等，均是在国外买家已经报价并签署并购交易协议的情况下，不请自来提出了更高报价去进行竞购。但可惜的是，迄今为止，2016年尚未有一起中国公司在不请自来交易中获得成功。这些情况表明，中国公司尽管从事了诸多的上市公司并购，但在恶意收购方面，还需要继续提高自身的水平。

上市公司并购的特点对中国公司的启示

上市公司并购与普通的资产并购和私有公司并购相比，具有如下特点。

（1）上市公司并购的时间表在很大程度上受到相关的注册地公司法、证券法律法规和交易所规则的影响。采用何种方式进行公司并购，需要看公司设立地对并购的法律法规之要求。比如美国的上市公司中，多在特拉华州注册，所以并购方式需要遵照特拉华州的公司法进行。在加拿大的公司并购，也需要按照相关省的公司法下的并购方式进行。另外，各地的证券交易所对上市公司并购的相关要求和规则，也需要在进行并购的过程中一并予以考虑及遵守。新加坡上市公司的并购，则应主要考虑新加坡的证券及期货法和新加坡金管局所颁布的并购准则以及新加坡证券交易所的相关上市规则等。因此，在国际并购实践中，进行上市公司并购，聘用外部法律顾问几乎是一个"必选动作"。

（2）上市公司并购的利益相关方更多。在上市公司并购过程中，不仅有在一般交易中都有的买卖双方的参与，上市公司的董事会、上市公司的股东会，还有上市公司所在的证券交易所、上市公司的小股东、上市公司的机构股东，甚至是征集代理投票权的专业机构或者私募基金，更高报价的其他参与方等参与。对于中国公司来说，对于这些利益相关方，在并购交易中，都需要对其利益进行考量和设计，以便提高并购的成功率。比如中化国际（控股）股份有限公司曾经收购过一家名为 Emerald Energy PLC 的上市公司，并购交易宣布之前，该公司就已经锁定了 Emerald Energy PLC 公司的董事和部分股东对此并购交易的支持，并获得了这些董事和股东不可撤销的在股东大会上投票支持的承诺。这部分股票的比例达到了 Emerald Energy PLC 公司已经发行股份的 37.53%。提前锁定目标公司和大股东的投票支持是减少交割风险的惯用手段，也是尽量减少并购交易宣布后出现第三方竞争性报价可能的方式之一。

（3）上市公司并购对目标公司董事会所施加的义务更高，董事会所面临的风险较大。尤其在股东诉讼比较活跃的司法领域，卖方董事会被诉违反 fiduciary duty[1] 的可能性较大，董事会在售卖公司的过程中对于售卖的公正性的强调远较私人公司的售卖注意程度更高。从买方的角度看，对于中国的上市公司、国有企业来说，在境外购买上市公司，获得财务顾问出具的 Fairness Opinion（财务公允性）意见非常重要。

（4）上市公司并购的信息披露程度较其他类型的并购更高。在证券法律法规完善的市场上进行并购，及时的披露相关信息是非常重要的合规事项。尤其在涉及大型上市公司并购的情况下，可以看到很多目标公司的策略基本上是事无巨细都愿意向市场披露，虽然上市公司只需要按照相关法律法规或者证券交易所规则做好披露即可，这种"多披露"的战略其实也有上述第三点董事会责任的考虑，也有"都告诉股东可免除或者减轻责任"的心理因素。在买方也是上市公司的情况下，双方如何协调好披露的口径，也是在并购中需要注意的事项。中国的上市公司有时候往往不注意这点，国外上市方所披露的信息和中国上市公司所披露的信息，要么对不上，要么国外上市

---

1 以美国为例，美国上市公司的董事会的信义义务至少需要了解如下一些规则，第一是所谓商业判断测试，董事会所做的决定一定是符合商业理性的；第二是优尼科测试，董事会在采取针对并购的防御措施时，必须是判断恶意并购会对公司经营产生威胁，且采取的行为不能是过激的；第三是露华浓测试，意即董事会在寻求将公司出售或重组时，其有获得市场合理可得最高价格的义务；第四是完全公平测试，即出售公司的交易在程序上和价格上是公平的。

公司披露的信息更加详尽。尽管有不同证券交易所披露要求的差异，但在并购交易中关注交易双方披露信息的可比照性和一致性，是尤其值得中国上市公司在境外收购中应当注意的事项。

（5）在某些法域下，常见的并购交易中对买方交易保护条款可能不适用。比如在并购英国上市公司的情况下，常见的对买方的交易保护条款，如分手费（Break-up Fees）[1]、匹配权（Matching Right）[2]等除了在特殊情况下都不允许目标公司向买方支付。而在资产买卖、私人公司股权买卖中则不存在此种限制。在新加坡上市公司的并购中，也采用了严格限制上市公司支付给买方分手费的做法，在出现更高报价的情况下，上市公司支付给买方的分手费也只能是非常小的比例，比如通常不允许超过报价的1%，上市公司的董事会需要和财务顾问向监管机构确认分手费的安排是商业谈判的结果、分手费安排将予以充分披露、分手费的安排对于上市公司的股东来说符合其最佳利益等。对于中国公司来说，在收购新加坡的上市公司时，要想从上市公司获得分手费，或者用高额的分手费起到阻止出价更高的第三方出现的可能性不大。

（6）在上市公司并购交易完成后，买方没有交割后赔偿。不同于私人资产、私人公司股权并购，在上市公司并购中，所有目标公司做出的陈述与保证将在交割时终止。所以尽职调查、过渡期风险控制、交易保护条款及终止权条款的谈判对于双方来说都非常重要。

1　国际并购交易分手费起源于对交易买方保护的需要。在国际并购交易文件签署之后，交易的买方往往会要求卖方/目标公司作出"No-shop"和"No talk"（不招揽、不谈判）的承诺，意即卖方/目标公司不得再在市场上主动招揽其他潜在买方进行交易。但是，对于卖方/目标公司的董事会来说，如果出现了卖方/目标公司非主动招揽的更高报价的潜在买方，卖方董事会在公司法下的信义义务（Fiduciary Duty）要求下必须与潜在买方进行商谈，并可能与更高报价的出价方达成交易。卖方在和更高报价出价方达成交易前必须终止与原始交易买方的交易，原始交易的买方此时往往会要求卖方给予其补偿，因为更高报价而终止的交易使买方丧失了时间、金钱和机会，该补偿金额被称为分手费。
2　在国际并购交易中买方和卖方签署协议后，在更高出价的第三方报价出现时后买方拥有的以同样价格匹配的权利被称为匹配权。

私人公司并购与上市公司并购对比

事项	私人公司并购	上市公司并购
谈判	与出卖股东进行	在善意并购的情况下，与目标公司董事会； 在恶意并购的情况下，向股东征集投票权或者绕过目标公司董事会向股东直接发出要约
方式	可进行公开招标 一对一等方式	可进行公开招标一对一等方式
税务筹划、交易架构	需考虑	需考虑
恶意收购风险	无	有
保密协议	相对简单	相对复杂 强调 Standstill[1]
尽职调查	较少公开信息	较多公开信息
签署前期交易文件	常见	不太常见
价格支付	形式灵活，多种方式，现金、股票、资产、票据或者不同方式的结合	一般来说只能用现金或者股票或者现金与股票结合
价格调整	价格支付较为灵活，有多种调整机制	较少的价格调整空间 一般是在约定分配股利之外或者潜在价值权（Contingent Value Rights, CVRs）情况下
交易方式	可以是资产并购方式，也可以是股权并购方式	并购对象只能是股权
第三方公允意见	可以没有	必须具备
交易参与利益相关方	相对较少	相对较多
Fiduciary Out	不考虑	需考虑
交易文件	有市场惯例，灵活度更大	有市场惯例，灵活度相对较小
交易保护机制	视情况而定	有
股东协议	常见	少见
交易后赔偿	对赔偿限度、赔偿方式、赔偿时间等可做约定	无交易后追偿机制

---

1 Standstill 即禁止购股条款，是中国公司在境外上市公司收购过程中必须关注的一个关键条款。这个条款是保护卖方的条款，主要含义是在中国买方和目标上市公司签署保密协议之后，中国买方未经目标上市公司允许，就不能在公开市场上购买目标上市公司的股票，也不能未经目标上市公司允许恶意收购该上市公司。在接受这样的条款时，中国买方应当仔细考虑禁止购股条款限制的时间、在何种情况下不得适用等情况，为自身尽量留下商业上的灵活性。

上市公司并购的一般流程

上市公司并购的流程和一般并购交易在性质上并没有本质区别，主要可以分为如下几个步骤：

首先，选择合适的时机接触目标公司董事会，表达意向，并提供初步报价。在目标公司董事会同意进一步接触、签署保密协议并开放资料室之前，买方对目标公司的尽职调查只能基于其公开披露的信息。在这个阶段需要注意的是：有的中国公司由于没有上市公司并购的经验，经常认为上市公司看不起中国公司，需要先报价才能签保密协议看资料，其实这是不了解境外上市公司并购的一般流程：上市公司的重要资料一般都在公开的年报、季报和公告之中，基于这些基本的公开资料就可以进行初步报价。目标公司的董事会在看到了初步报价，并认为该报价在一定程度上反映了公司的价值后，才会进入到商谈、开放保密信息的阶段。

接着，在目标公司和买方签署保密协议，并在保密协议中要求 Standstill（未经许可不得购股、报价条款）以防止买方进行恶意收购或者在市场上暗中买股票后，目标公司将向买方提供非公开的保密信息。在这个阶段中，双方的管理层会议一般较为常见，管理层会议往往会选在中立的第三地，以避免信息的泄露；同时，参加管理层会议的人数极为有限，同样也是为了避免信息泄露，也避免对员工士气的影响。上市公司并购中，保密信息的泄露会带来很大问题，一是目标上市公司的股票迅速上涨，使得买方的报价看上去不再有那么大的吸引力；二是可能引来竞争对手的竞买，从而使得交易的成功更为困难；三是可能提前带来某些股东的反对。

目标公司董事会给的尽职调查时间通常都很短，双方还要用这个时间来谈判合并协议（或安排协议等），买方会根据其选定的不同交易模式来进行相关资料的准备。决定上市公司并购时间长短的，主要是交易文件谈判、股东大会批准及政府审批和相关有权机构的审查（比如证券监管机构或者证券

交易所),[1] 以及交易过程中有没有出现第三方报价者、或者大股东征集反对投票权等。在中国企业海外上市公司并购过程中，对交易时间节奏的控制、控制交易第三方搅局的风险，都是需要注意的事项。

然后，在交易协议谈判好之后，如果一切顺利，市场上没有关于并购信息的泄露或者目标公司的股票未出现异动，则将向市场公开宣布交易。如果中国公司也是上市公司的情况下，双方并购交易信息的协调非常重要。

宣布交易后，按照各法域和交易模式的不同，发出要约或者是准备投票权征集资料或者是向法院作申请，然后走相关的公司法、证券法、证券交易市场等规定下的程序，其间穿插着政府审批、其他先决条件的满足、股东大会、重要节点的披露等。在预计政府审批很快的情况下，采用要约收购的方式能较快获得目标公司的控制权或者较快完成交易。而大型并购交易，由于多个法域政府审批的时间较长，选用安排计划，一步合并等的比较多。

如果在交易过程中，出现报价的第三方，这时目标公司董事会需要做整体评估该报价是否为更优报价，价格是一个重要的决定因素，但交易确定性、政府审批的风险等也是目标公司董事会需要考量的重要因素。如果报价的第三方并未通过董事会而直接在市场上发出要约收购，这时候从商业性角度看往往会有比较精彩的故事。

如果一切顺利，善意并购的先决条件都能满足，则交易双方将交割，按照相关公司法进行有关程序后，目标公司被买方收入囊中。当然，一般而言，在上市公司并购中，出现股东诉讼[2]、第三方报更高价出来进行代理投票权征集或者大股东征集股东投票权反对并购交易、替换目标公司董事会、异议股东要求公平受偿权等都是比较常见的事，并购方需要事先对此有心理准备并

---

[1]　私人公司交易的时间长短主要取决于尽职调查、文件谈判和政府审批三个主要过程点所花时间。

[2]　在美国几乎 90% 以上的上市公司并购交易都会有股东诉讼，一般以目标公司董事会违反信义义务为由，买方也有可能被以协助董事会违反信义义务的名义同时被告，不过大多数时候，此类股东诉讼以和解、改变交易条款或者作出更多披露资料解决。在其他发达国家的上市公司并购中，股东诉讼的情况也并不少见。

做好预案。

对于中国公司来说，在上市公司并购过程中，需要注意如下因素，才能在流程中更好地控制风险。

中国公司境外上市公司收购注意事项

流程	重要事项	风险控制点
接触阶段／表达意向	目标公司董事会的态度	在目标公司董事会不卖的情况下，是否考虑恶意并购
	初步报价的依据	初步报价依据目标公司的公开材料和外部财务顾问的意见
	保密	严格保密
	是否签署备忘录、意向书等前期文件	上市公司交易中签署备忘录、意向书等前期文件需要根据交易实际情况决定
签署保密协议[1]	禁止购股（Standstill）交易灵活性	善意收购转向恶意收购 买方是否能够获得独家谈判权 禁止购股的限制时间、限制除外情况
尽职调查	时间范围，方式	尽量量化或有负债 买卖双方对时间长短、范围程度等需要讨论达成一致
交易文件	陈述与保证、承诺、先决条件、赔偿 交易确定性	按照市场惯例及谈判地位确定
交易过渡期	确定性灵活性	完成先决条件的义务程度 交易过渡期的承诺 交易最终终止日的灵活性
交易披露	披露方案 买卖双方一致性	合法合规 事先披露预案
交易交割	交割完成	事先准备 无法交割的预案 标的物证明 价款支付

上市公司的并购，由于利益相关方多，敞口性较大，不确定性较私人公司交易大。正由于此，上市公司的并购才夺人眼球，精彩纷呈。

---

1 请参笔者所写的《海外并购实务指南之如何审查保密协议》一文：http://mp.weixin.qq.com/s?__biz=MzAwNzI1ODg4Mg==&mid=212071747&idx=1&sn=464aaae5e88dfc9ea455d99429db401d#rd。

中国公司并购新加坡上市公司的注意点

中国公司新加坡上市公司并购可采用的方式

中国公司在新加坡进行上市公司并购，主要可以采取如下三种方式：普通要约、协议安排和合并。前两种方式是中国公司并购新加坡上市公司常用的方式。

其中普通要约又分为两种方式：自愿性要约和强制性要约。自愿性要约可以收购上市公司的所有股权或者部分股权，在自愿收购部分股权的情况下，需要得到新加坡证券监管机构的事先同意：在一般情况下，如果自愿收购的部分股权在 30% 以下，新加坡证券监管机构原则上不会反对；如果自愿收购的部分股权在 30% ~ 50% 之间，则新加坡证券监管机构原则上不会同意；而在自愿收购的部分股权超过 50%，新加坡证券监管机构会在满足相关证券法律法规的前提下批准同意。强制性要约在如下两种情况触发：在持有一家上市公司的股权达到或者超过 30% 之后，持有该等股权的人士（包括其一致行动人的股权也应计算在内）应当向上市公司所有股东发出收购要约；或者在持有 30% ~ 50% 之间股权的人士（包括其一致行动人的股权也应计算在内）进一步收购上市公司股权，或者在六个月内收购超过 1% 以上的上市公司股权，应当向上市公司所有股东发出收购要约。

"协议安排"，是一种在法院监督下进行的并购方式，除了新加坡之外，英联邦国家中的加拿大、英国、澳大利亚都有类似的上市公司并购安排。法院监督主要是保证程序的公正性（当然也会从实质上考量交易的公平合理性），并不是集中对并购的实质性问题进行监控。安排计划的本质是在法院监督下以股东大会投票决定并购交易的方式。一般流程是由买家和目标公司的董事会就并购交易达成一致后提交给目标公司的特别股东大会投票批准的方式，同时，投票的结果需要法院予以批准。鉴于安排计划并购方式的"一步性"和安排的灵活性，安排计划成为许多大型并购中的优选方式。

"合并"的方式理论可以使用在新加坡上市公司中,"合并"的方式并不需要法院的批准,但参与合并公司的所有董事都需要做出可偿付性声明并通过股东大会特别决议通过。这种方式在实践中几乎没有在上市公司并购中使用过。

恶意收购在美国上市公司收购中较为常见,新加坡的相关法令并不禁止对上市公司的恶意收购,但实际上,鉴于新加坡上市公司的大股东控股非常常见,因此在新加坡上市公司收购中恶意收购非常少见。需要注意的是,由于新加坡上市并购规则中,要求目标公司对所有购买方提供相同信息。因此,在恶意收购方和其他收购方同时存在的情况下,新加坡上市公司需要向各方提供同等的披露信息。

中国公司并购新加坡上市公司需要明了的一些概念及用途

一致行动人(Acting in concert):在上市公司的收购过程中有一致行动安排的各方,互为一致行动人。这些一致行动人持有的股份应当被合并计算。之所以在上市公司并购中引入一致行动人的概念,主要还是为了防止收购方为了规避证券法律法规之规定,由关联方购买达不到法定比例披露或者强制要约要求比例的同一家上市公司的股票,从而达到控制一个上市公司的目的。在中国公司对新加坡进行上市公司收购的过程中,需要注意要将自己的一致行动人持有的股票进行合并计算。

独立财务意见(Independent financing advice):在几乎所有法域的上市公司并购规则中,被并购的目标公司董事会都被要求从独立的财务顾问获得对收到的报价的意见,有些法域还要求目标公司董事会中的独立董事就交易发表意见(比如英国、香港等)。新加坡上市公司并购中,财务顾问所发表的独立意见对于目标公司董事会的责任承担、对于并购规则和证券交易所要求的满足非常重要。

股东权利计划(Shareholder rights plan,俗称:poison pill,即毒丸):股

东权利计划最盛行于美国，只要目标公司董事会满足了董事会的信托责任义务，则可以采用毒丸政策来抵御收购。而在英国、加拿大等国对于股东权利计划的使用有较大的限制，英国甚至在金融城并购规则中禁止目标公司在出现报价的时候使用"毒丸"之类的方式。新加坡和香港也有和英国类似的规定，新加坡上市公司并购中，如果目标公司的董事会要采用类似"毒丸"的策略，需要事先得到股东大会的批准同意。因此尽管新加坡上市公司大公司控股的情况较多，对于公司的股权较为分散的新加坡上市公司，中国公司是可以采取恶意收购方式进行购买，且受到的诸如美国公司的"毒丸"之类的限制将会较少。

股票交易和持仓披露（Disclosure dealings and positions）：在买方提出并购报价期间，如果买方购买了目标公司的股票，通常各国都会要求对该等股东交易和持仓情况进行迅速的披露。新加坡就规定买方的并购过程中，买方（包括其所有关联方）购入目标公司股票，需要迅速进行披露。因此中国公司如果在并购之前和并购报价期间购入目标公司股票，需要小心谨慎从事，以免对进一步的收购产生影响。

强制性要约收购要求（Mandatory offer requirement）：强制要约收购指买方或者一致行动人持有目标上市公司股份投票权达到法定比例，或者在持有一定比例后在一定期间内增持一定的比例，依照规定必须向目标公司全体股东发出公开收购要约制度。采用强制要约收购制度的有中国（含中国香港）、英国、法国等国家和地区，起始点从 30% ~ 50% 不等。而不采用强制要约收购制度的有美国、德国、日本、澳大利亚及中国台湾等。

现金报价（Cash offer）：在某些国家和地区（比如英国、新加坡、中国香港等），如果买方在向目标公司报价期间或者报价之前的一段时间曾经以现金收购过一定百分比的股份（比如 10% 以上），则买方的报价中必须包括向所有股东提出在报价期间或者报价之前一段时间中最高购买目标公司股票价的选项。美国没有强制性的现金报价要求。

信息平等权（Information equality rights）：信息平等权可以从两个层面来说：第一是对目标公司的股东，目标公司的所有股东必须对买方的报价信息有平等（以同一时间、相同方式）获知的权利；第二是所有报价方或者潜在的诚意报价方都应当有平等获知目标公司信息的权利。对于第一个层面的信息来说，所有向股东发出的信息，目标公司的董事会都应当承担责任，在很多法域里，向股东寄发的文件（比如通函等）中信息的准确性，目标公司、买方、目标公司和买方的董事会、目标公司和买方的专业顾问都是需要负责的。

中国公司进行新加坡上市公司并购过程中需要注意的几个要点

1. 注意上市公司并购前的保密性

新加坡的收购规则要求在并购交易宣布之前绝对保密，一旦交易信息泄露，则新加坡的监管机构会要求投标者或者目标公司就是否存在并购交易进行宣布。如果交易信息泄露时已经将投标方信息泄露，则投标方应当揭示身份，并澄清是否相关的并购交易正在商谈之中。另外，如果被收购的目标公司股票有了异动，目标公司也有义务向市场澄清是否有潜在的并购交易正在商谈之中，以免带来所谓的"虚假市场"。在宣布并购交易达成确定性的报价之前，目标公司应当不时向市场告知并购交易的进展。对于中国公司来说，其实不仅仅是在进行新加坡上市公司并购的时候需要注意保密，在进行所有上市公司并购交易中，保密是排在第一位的值得强调的事项。

2. 确定性报价应当包含的内容

当买方向新加坡上市公司确认发出确定性报价时，确定性的报价中应当包含如下内容：报价的条件（商务条款、价格等），买方的信息（包括投标方、投标方的最终控制者等），报价的条件、买方和其一致行动人已经持有的目标上市公司股票信息和目标公司上市股东、高管和买方的任何投票支持安排，买方财务顾问确认买方有足够财务实力履行其报价等。

3．报价所包含的条件

并购新加坡上市公司的报价所包含的条件有：

（1）接受收购要约的股东所持股权达到一定比例。在100%收购股权的情况下，这个比例常常被确定为90%～95%的情况下，大多数国家都规定（包括新加坡）买方有权采取一种较多"Squeeze Out"（挤出）的机制将剩余未售卖股权的小股东的股份收购；也有将比例定在50%以上的，这样的收购方的目的是持有上市公司的控制权，仍然想将目标上市公司保有上市地位。因此，在并购新加坡上市公司的报价中，将条件限制在接受报价的股东持股权比例的幅度，需要看买方的意图和目的。

（2）并购上市公司交易所必需的政府审批。包括但不限于相关的反垄断审批、外商投资审批/国家安全审批和行业审批等。往往买方会被要求努力去获取交易所必需的政府审批。

（3）和交易相关的其他条件：比如如果买方也需要自己的股东大会审批，则买方的股东大会审批也可以放入相关的条件，比如如果买方需要发行股票作为并购上市公司的对价之一，则发行的股票的流通性审批等也可以放入报价的条件。

（4）交易条件：比如目标上市公司如果有借款或者公司债券，往往需要借款方的同意或者公司债券持有人的同意才能发生控制权变更，此时可能会在条件中放入相关借款方或者债券持有人同意等。

在新加坡上市公司并购中，买方的主观判断标准不能作为条件；同时买方想利用报价中的条件来撤出交易通常是比较困难的。

4. 分手费安排

在新加坡上市公司并购中，如果上市公司需要在交易文件中约定给予买方分手费，需要获得新加坡证券监管机构的事先同意。因为分手费可能给上市公司的出售带来对于竞争的减弱，新加坡监管机构的主要考虑因素是上市公司股东的权利是否会受到不利影响。尽管新加坡的相关法律法规并没有限制分手费的适用，但在新加坡历史上曾经有过分手费被取消的案例，因此在新加坡上市公司的并购实务中，上市公司支付分手费并不是一个常见的惯例。

5. 现金报价的确定性

在不同国家对上市公司使用现金的并购交易中，对于买方在交易宣布时是否应当必须有足够支付购买上市公司股权的现金有不同的规定。比如在美国进行上市公司并购就没有要求在交易宣布时买方一定要持有充足现金的规定，只要买方在交易交割的时候能够履行自己的付款义务即可。但是在新加坡上市公司收购中（现金收购情况下），买方必须在宣布交易的时候就由买方的财务顾问或者适当的第三方（往往是向买方提供并购融资者）宣布买方具有充足的财务资源来满足其在报价下的义务[1]。随着我国不断出台海外并购的支持政策，以及中国企业运用金融工具的经验逐渐丰富，出口信用贷款、过桥借贷、商业银团贷款和并购后发债替换等方式已经在中国企业的并购交易中广泛使用。在跨境并购交易中，中国企业要善于利用各种资金来源，积极评估各种资金来源的成本；同时考虑不同并购资金注入方式的税务成本和税务优化，从中选用对自身最有利的并购资金资本结构。

---

[1] 对于中国公司来说，财务顾问确认有足够实力履行报价的含义就在于在中国公司发出确认性报价的时候，手上就应当有足以支付报价的资源——无论是来自银行的融资承诺函、信用证，还是自有资金。而不是说报完价之后再去市场上寻求融资，在新加坡上市公司并购中这是不被允许的行为。

实务案例：中化国际（控股）股份有限公司收购新加坡上市公司 Halcyon 公司

在了解上述跨境并购交易的实务知识的基础上，本文接下来将对近来中化国际（控股）股份有限公司（以下简称中化国际）收购新加坡上市公司 Halcyon 公司的实务进行介绍。

交易目的

对于中国公司而言，在并购交易的开始，首先是要想好交易的逻辑和目的。需要注意的是，中国公司绝对不能为了并购而并购，而需要将并购背后的逻辑与合理性理清楚。选好并购目标，进而实现"双赢"，是公司能够获得跨境并购成功的首要原因。中化国际收购 Halcyon 公司事先也认真进行了战略分析，交易符合商业逻辑。

新加坡上市公司 Halcyon 是一家全球领先的天然橡胶公司，全球排名前五，主要生产轮胎和工业、商业用橡胶制品，主要的资产位于马来西亚和印度尼西亚，覆盖整条天然橡胶产业链，包括天然橡胶种植、加工和营销。Halcyon 公司在东南亚、中国、南非、美国和欧洲都有运营网络和办公室。该公司在马来西亚和印度尼西亚共有 14 家加工厂，橡胶的产能大约为每年 74.8 万吨，年销售能力超过 100 万吨。Halcyon 公司售卖自产胶和从第三方供应商购买的贸易胶给广泛的客户群，其中包括全球顶尖的轮胎制造商和百余家工业制造商。

中化国际是在中国上海证券交易所上市的公司，其前身来自于中国中化集团橡胶、塑料、化工品和储运业务，经过不断发展后，现有公司的核心业务为化工物流、橡胶、农化、分销等。橡胶产业是中化国际发展的重要方向，产业战略上坚持资源、营销并重，提升一体化和国际化运作能力，深化产业整合。而并购新加坡上市公司 Halcyon 将使得中化国际在东南亚天然橡胶的加工和销售能力得到巨大提升。

而据中化国际在发布的上市公司公告中对本次并购交易所做的解释，本次交易对于中化国际天然橡胶产业的发展有着极大的促进作用："近年来持续低迷的胶价正带来行业的加速整合和洗牌，公司将抓住行业整合机会，拓展资源版图，进一步巩固领先地位。……公司通过收购目标公司，并借此与现有的 GMG 和其他天然胶资产和业务进行整合，既实现产业整合又形成优势互补，进而提升对产业上下游的影响力和市场话语权。通过本次收购和整合，公司将成为全球最大的天然橡胶供应商……收购完成后，公司将保留目标公司的核心团队，提升跨国经营管理的专业化和市场化能力，最大程度发挥协同性。"[1]

因此，这笔交易对中化国际来说是以扩张产能、销售网络及全球存在的外延发展式交易，对其具有重大的战略意义。

交易架构

国际并购交易中交易构架搭建的问题非常重要，交易中往往买方会采用设立 SPV（Special Purpose Vehicle，特殊目的公司）的方式来进行交易。采用这种方式进行交易，一是考虑隔离开母公司的责任问题，特殊目的公司可以独立承担某些合约的责任（当然此时卖方往往会要求母公司提供担保履行交易合同下的义务）；二是考虑设立特殊目的公司所在国家和投资目的国之间的双边投资保护协议（Bilateral Investment Treaty，BIT），在以后出现投资目的国国有化征收的时候保留可以采用双边投资保护协议进行保护的救济方式；三是考虑在相关国家设立特殊目的公司可以使用双边税务协定（Bilateral Tax Treaties）的问题，在目标投资国和相关国家所签署的税务协定中，寻找优惠

---

1 参 2016 年 3 月 28 日中化国际上市公司公告，http://www.cninfo.com.cn/cninfo-new/disclosure/sse/bulletin_detail/true/1202085752?announceTime=2016-03-28。

税务的协定国去设立相关的特殊目的公司作为投资中间实体（Intermediate）。这种方式通常被叫做"Treaty Shopping"（税收协定寻找），以便最优化日后投资的税务负担。在设立相关的特殊目的公司之后，需要注意设立特殊目的公司所在国公司法的规定，在日后的运营中需要按照实体化的要求，在当地召开董事会等，以免被目标投资国认定为该特殊目的公司仅仅是为避税的需要而设立的，从而不能享受双边税务协定中规定的优惠税率。在设立交易架构的时候还需要考虑设立特殊目的公司的并购价款的结构问题。采取了进行并购的特殊目的公司是购买方直接全部用股权出资，还是采用股权加上债务的方式，如果是股权出资加债务的方式，需要考虑股权注资与债务的比例问题。第三是在并购的后续运营中采取其他的运营安排，比如日后的转移支付等，以最优化税务负担。

中化国际收购新加坡上市公司 Halcyon 公司的交易不仅仅是收购 Halcyon 公司，还包括了整合中化国际旗下的所有橡胶业务。交易完成之后，Halcyon 公司将成为中化国际旗下主要的橡胶产业平台，并保留在新加坡证券交易所的上市地位。因此，这笔对 Halcyon 公司的收购包括了如下三个步骤：

首先，中化国际的全资子公司中化国际（新加坡）公司用 0.75 新加坡元 / 股的对价以现金方式附条件收购新加坡上市公司 Halcyon 主要股东 30.07% 的股份，由于超过了 30% 的强制要约收购线，因此中化国际将展开对 Halcyon 公司的强制现金要约收购。中化国际对 Halcyon 公司的强制现金收购的条件之一是控制 Halcyon 公司，即收购 50% 以上的股份。而通过和 Halcyon 公司现有持有 62% 以上股权的几位股东的提前锁定股权收购的安排，中化国际将大概会持有超过 Halcyon 公司 53% 以上的股份。而这几位股东还承诺将在 Halcyon 公司的股东大会上赞成 GMG 公司换股收购以及收购中化国际除 GMG 公司以外的天然胶资产和业务的议案，以顺利完成这笔整合交易的下面两步。中化国际在并购交易的筹划阶段，就和 Halcyon 公司的大股东展开了积极友好的谈判，通过谈判事先锁定了大股东的支持。中国公司在境外上市公司并购中需要注意的是，在有些法域下的上市公司收购，对大股东的锁定安排分为软性和硬性两种，所谓的硬性锁定承诺是指不管有没有更高并购目标公司的报价出现，签署了锁定协议的股东都将股票卖给买方或者支持买方的交易；所谓的软性锁定承诺是指签署了锁定协议的股东在有第三方更高报价出现的时候，有权终止锁定协议而将股票卖给第三方。采用锁定安排的中国买方应当认真检查相关的法律法规下是否有相应的报告义务，或者对于计算收购的股权比例是否有影响。

其次，在完成对 Halcyon 公司强制现金要约收购之后，中化国际将控制这一新加坡上市公司。而中化国际在新加坡还持有一家新加坡上市公司 GMG 公司 51.1% 的股权，而 GMG 公司的主要业务也是天然橡胶，这家公司在喀麦隆和科特迪瓦均拥有橡胶种植园，在喀麦隆、科特迪瓦、印度尼西亚及泰国等地设有 12 家加工厂，最大年产能达 52.7 万吨。因此中化国际在这笔通盘并购交易中的下一步是将 GMG 公司与 Halcyon 公司进行整合，具体方式为：Halcyon 公司将对 GMG 公司发出自愿全面收购要约，通过增发新股与 GMG 公司进行换股，换股将以 GMG 公司 1 股换 Halcyon 公司 0.9333 股的对价进行，进而收购 GMG 公司大部分股权。收购完成后，若 GMG 公司不能满足新交所关于自由流通股份比例的要求，中化国际对于是否维持 GMG 的上市公司地位并不在意，GMG 公司可能因此退市。因此，如果在 Halcyon 公司对 GMG 公司的自愿全面收购要约中，能够受到持有 GMG 公司 90% 以上股份股东的支持，则可以采取前面所介绍的 "Squeeze Out" 机制而 100% 私有化 GMG 公司。

第三步，通过资产重组，中化国际将其除 GMG 公司以外的天然橡胶加工和营销业务装入境外新设的特殊目的（SPV）公司中。在上述第二步的换股完成后，Halcyon 公司将向中化国际增发新股为对价收购该特殊目的公司。

这样，中化国际通过上述三个步骤，完成了对 Halcyon 公司的控股权收购，同时实现占 Halcyon 公司的股比不少于 60%，并维持 Halcyon 公司在新加坡的上市地位。这个交易架构是并购交易团队精心设计的结果，既达到了将现有天然橡胶资产整合在一起的目的，又实现了对 Halcyon 公司的控股，在交易完成后中化国际将成为全球排名第一的橡胶生产商。并购、资产整合、全球冠军等目的都在这笔交易中一并实现了。

交易的条件

中化国际这笔新加坡上市公司的收购条件主要分为四类：

第一类，中国相关政府机构审批：商务部、国家发展和改革委员会、国家外汇管理局、国家税务总局、国家工商行政管理总局、国务院国有资产监督管理委员会。在和外国卖方谈判交易文件中的中国政府审批的时候，外国卖方往往会要求中国买方将所有具体的中国政府审批列出来，而有经验的中国买方往往希望加上"所有必要的中国政府审批"的笼统提法，从而给自己留下从交易中撤出的理论空间。但 2014 年以来，在中央政府只保留对敏感地区和国家的少数重大、敏感的境外投资项目的核准权限的背景下，外国卖方往往不太能够接受"所有必要的中国政府审批"[1]的提法。

第二类，国外相关政府机构审批：美国外商投资审查委员会（CFIUS）及相关反垄断监管部门。有些中国公司不理解为什么收购和美国无关企业也需要美国外商投资审查委员会的批准。其实这个很好解释：根据美国外商投资审查的相关法律法规，当一笔收购涉及"控制"美国资产的时候[2]，这笔交易

1　有经验的中国买方往往希望在交易文件中关于中国政府的审批用词上采用 "all necessary Chinese government approvals" 的用法，以便留下解释的空间。
2　美国法律下，对于"控制"一词特意做出了含糊的定义，使得政府拥有宽泛的自由裁量权。在判断是否存在"控制"时，美国政府不仅会审查交易完成后收购方的持股比例，还会考虑收购方是否有权影响关键决策。投资少量股权也有可能被认定为"控制"，特别是拥有否决权的情况下。

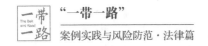

就有可能受到美国外商投资审查委员会的审查。

第三类，新加坡相关审批：新加坡证券交易所及新加坡证券业协会审批。

第四类，Halcyon 公司的债权人同意：一是 Halcyon 公司发行的中期票据债券持有人的同意。Halcyon 公司曾发行过中期票据，因交易带来控制权的变更，需要召开中期票据债券持有人会议并经多数与会债券持有人同意放弃对中期票据相关法律文件中的要求。二是 Halcyon 公司所借贷的银团贷款，需要银团同意 Halcyon 公司发生的变化及不追究因控股权发生变化而带来的对银团贷款文件中相关的陈述与保证变化。中国公司在融资的控制权变更需要注意，在获取债权人同意的情况下，把握好与债权人沟通的时间和方式非常重要：交易完成之前的沟通一般是不被允许的，因为这可能涉及保密和内幕信息的问题；但在交易宣布之后，及时和相关的金融机构进行沟通，尽量获取同意或者不触发提前还款是上策；如果相关金融机构要求提前还款，则需要沟通好再融资事项，并协调好时间。

交易的保障

在跨境并购交易中，有一些常用的技巧和方式来保障交易的顺利完成。在中化国际对 Halcyon 公司的并购中，主要采取了如下的保障措施来保障交易不受影响和顺利进行。

首先是交易过程的保密。交易信息的保密信息不泄露，对于交易的成功有较为重要的作用。在工作实务中，并购交易的工作人员应当做到如下 15 点：

（1）在使用工作邮件时，对不明来路的邮件和不明的网络链接，在确认安全之前，不轻易打开；

（2）在交易对手发来的邮件带有附件时，首先使用安全扫描软件进行扫描，不仅要预防黑客，对交易对手发来的邮件安全性，也需要先行扫描确认；

（3）在重大项目开始之前，制定相关的邮件发送规则、保密规则以及敏感信息泄露后的处理预案；

（4）对于包含敏感价格信息的法律文件或项目文件，在发送外部律师或其他顾问审查之前，需要做技术处理，敏感类信息要严格控制知悉范围，越少人知道越好[1]；

（5）在飞机上或公众场合不讨论项目信息，少用或不用手机讨论机密信息；

（6）工作邮件的登录密码，尽量设置复杂些，最好能不定期修改；

（7）离开工作台的时候，电脑一定设置为锁屏状态，需要密码才能解锁；

（8）尽量少用或不用手机收发高度敏感项目的邮件；

（9）使用项目代码，甚至专门设置项目邮箱或项目专用工作电话；

（10）每天下班的时候，将笔记本电脑锁好（笔者曾经听说过有一位律师在处理一桩敏感的美国证监会违规调查事件过程中放在公司办公桌上的电脑不翼而飞，诡异的是，这位律师所在楼层里的安全监控设备竟然没有找到一丝线索）；

（11）在国外谈判的时候，特别是在交易对手的办公室或交易对手顾问的办公室谈判过程中，不要讨论己方的底限等关键内容，不要在谈判桌上用中文讨论敏感问题（即使对方谈判者全是老外）；

（12）发送邮件之前，仔细检查收件人，特别是 Outlook 中的邮件自动联想功能可能会将敏感信息发到错误的接收人邮箱；

（13）任何情况下，不能通过个人邮件发送敏感信息；

1　比如报价文件中的价格，在要求外部律师或者财务顾问进行审查之前，一般应当将价格抹去。敏感的商业信息应当严格限制知悉的人数。

（14）国有企业的法律工作者和人员尤其要小心涉及国家保密信息的处理，否则会给公司和个人带来巨大的麻烦，甚至是无法想到的刑事责任；

（15）发现有保密信息或敏感信息泄露的可能时，立即上报，会同有关部门商量对策（涉及上市公司的时候，是否触发上市公司披露义务等，需要认真研究）。

其次是锁定 Halcyon 公司几名大股东的支持。Halcyon 公司是一家股权相对集中的上市公司，这家公司的七名主要股东，总共持有 Halcyon 公司 62.73% 的股份。触发强制性要约收购的股权比例，就是七名主要股东中的五名股东向中化国际出让了其所持有股份中的 30.07%。而七名主要股东还承诺在中化国际及现金收购 Halcyon 公司结束前，如果中化国际收购股份的比例低于 53.98%，七名主要股东中的多数股东承诺用自己手中所持有的股份，补足差额的部分。锁定主要股东的事先承诺保证了交易能够按照预想的方向进行，同时也在一定程度上避免了搅局的第三方出现。

再次是将后续整合交易与并购 Halcyon 公司的控制权相结合。中化国际对 Halcyon 公司的并购是以将 GMG 公司与 Halcyon 公司进行整合、将中化国际其他天然橡胶业务放入 Halcyon 公司平台为基础的。没有后面两步交易的完成，前面的并购 Halcyon 公司 53.98% 控制权就没有意义。中化国际事先要求 Halcyon 公司几大股东出具不可撤销的承诺，要求其在 Halcyon 公司的股东大会对 GMG 公司换股收购以及收购中化国际除 GMG 公司以外的天然胶资产和业务的议案做出不可撤销的支持承诺。62.73% 的股份足以保证交易的三步能够实现，中化国际的橡胶产业整合也一并在并购交易中实现。

第四是在条件中做到了明确。条件中明确了交易的后两步得到 Halcyon 公司股东大会批准是并购报价的条件，进一步确保了交易的顺利进行。另外，在政府审批中也对各类政府审批、第三方同意权等进行了明确的约定。比如在政府审批中，即对中国政府有关审批进行了详细的列明，对持有公司债券的所有人及银团贷款的同意权等均进行了确认。同时，中化国际也并未对Halcyon公司要求分手费，毕竟在锁定了大股东支持的情况下，分手费根本就无需考虑。中国企业在境外收购的时候，需要注意在目标公司要求反向分手费时，往往有如下的谈判点：

1. 反向分手费和哪些政府审批相挂钩

（1）中国政府审批。在中国政府进一步放松中国企业走出去审批的情况下，中国企业一般能够接受支付和中国政府审批相关的反向分手费。当然，这也是一个谈判点，在最近的交易中，洲际油气就成功将中国政府审批和反向分手费的支付脱钩。所以，中国企业并不一定需要一概而论地在交易文件中接受中国政府不批准交易就支付反向分手费的做法，而可以将其作为交易的谈判点或者换取交易对方对其他争论点的让步。

（2）反垄断审批。反向分手费是否和反垄断审批挂钩。中国企业往往在这一点上表现得较为慷慨，几乎都愿意承受反垄断审批的风险。究其实际原因，还是和中国企业现有的市场份额和并购目标公司份额相加并不足以产生减弱竞争的态势，使得中国企业比较有底气去承担反垄断审批的风险。

（3）外商投资审批／国家安全审批。在是否接受外商投资审批／国家安全审批和反向分手费支付相挂钩的问题上，中国企业分成了两个阵营。一是不接受外商投资审批／国家安全审批和反向分手费支付挂钩，比如中国化工并购先正达，海尔并购通用电气家电业务；二是愿意接受外商投资审批／国家安全审批和反向分手费挂钩，比如海航并购英迈。需要指出的是，外商投资审批／国家安全审批和反向分手费支付相挂钩并不是行业惯例，中国企业应当谨慎接受这样的反向分手费安排。

2. 反向分手费的比例

在十几年前反向分手费刚刚在市场上兴起的时候，中国企业往往要求反向分手费和分手费的数额相同，理由是公平。但近年来中国企业所接受的反向分手费，一般高于买方所支付的分手费额度，但也大概在市场所认可的区间幅度之内——尽管有的企业所同意的反向分手费在市场比例的高限基本上没有到离谱的程度。中国企业走出去所聘用的外部顾问对于市场惯例的介绍，也对其做出决定起到了一定作用。

中国企业在向境外卖方所支付反向分手费的比例，据笔者所见，大概在5% ~ 10%的股权交易价值区间。笔者所作过的一个巨型交易，反向分手费谈到了百分之二点几，算是在交易惯例中的低限。

3. 反向分手费的支付问题

以往对于中国大型国有企业来说，只要在交易文件中认可了分手费，并能提供母公司担保，境外卖方一般不会要求将反向分手费事先存入托管账户。但近来中国企业在境外交易中，越来越多的境外卖方要求在签署并购协议的同时或者之后一段时间，中国买方应当将反向分手费存入双方指定的托管账户之中。笔者也观察到，越来越多的中国企业也接受了境外卖方这一托管账户安排的要求。

4. 反向分手费除和政府审批挂钩之外，还和哪些事项相关

从中国企业的实践看，反向分手费支付的触发事项不一而足，还可因买方违反陈述、保证或者承诺；买方未能获得并购融资或者因买方股东会未能批准交易等而触发。

第五是对交易时间和节奏的要求。中化国际在报价中明确表明，如果在

2016 年 9 月 30 日之前，政府审批、股东大会批准、公司债券的所有人及银团贷款的同意权等条件未能满足并且交易双方不愿延长交易时间，则交易终止。这就从客观上避免了过长的交易时间使得中化国际的时间成本过高，可以及时取得终止选择权；同时在报价文件中也留有一定的灵活性，如果双方同意，也可以继续延长报价时间，等待先决条件的满足。

张伟华，法学硕士，毕业于北京大学民商法学专业，现就职于中海油法律部。2016 年被国务院国资委聘为首批"中央企业涉外法律人才库专家"，曾被 Legal500 评为亚太地区最佳公司法律顾问之一，著有《海外并购交易全程实务指南与案例分析》一书。

案例 9

从孟加拉油气投标项目谈国际油气联合投标协议事务

孟加拉国的天然气储量超过 27TCF（万亿立方英尺）[1]，而其潜在资源量则不可估量，被国际油气界称为"亚洲潜在的能源巨头"。长期以来，由于和印度、缅甸存在的海上边界争议，使得孟加拉国的油气勘探开发工作进展并不如预想中的那样迅速。在 2014 年印度接受国际海洋仲裁法庭关于孟加拉湾超过 20 万平方千米海域的归属权判决，该判决将争议海域中 76% 以上的部分判给孟加拉国。这一历史性判决将使得孟加拉国的油气发展即将进入新的发展阶段[2]，也为中国企业参与孟加拉国油气区块招标活动打下了良好的基础。

国际油气联合投标协议的必要性

在国际油气并购中，尤其是在资源国进行招标的情况下，国际油气的投资方往往会组成投标团（Consortium）参与到资源国或者油气资源售卖方的投标中去。在参与投标之前，投标团内部成员之间往往会签署一个联合研究

1　1 立方英尺 =0.028 317 立方米。

2　孟加拉湾（Bay of Bengal）沿海计有缅甸、孟加拉国、斯里兰卡和印度四个沿海国，在地理位置上属于印度洋东北部，面积约 220 万平方千米，内含丰富的石油与天然气。根据印度油气开发商的统计，印度单是位于孟加拉湾上最大的油气田 Dhirubhai，每日可生产天然气就高达 1236 百万立方英尺，此生产量即已高于缅甸沿海所有油气田每日开采区总和之 1090 百万立方英尺产量，由此可知孟加拉湾非生物资源蕴藏之丰。详细介绍参见戴宗翰、范建得：《国际海洋法法庭"孟加拉湾划界案"之研析——兼论南海岛礁划界之启示》，载《比较法研究》，2014 年。

及投标协议来规范彼此之间的权利和义务关系。比如，在中国企业走出去进行油气勘探开发生产的过程中，就有不少的公司之间采取联合投标的方式互相进行合作，2005 年中石油和中石化共同出资 14.2 亿美元，收购了加拿大因卡纳（EnCana）集团的安第斯石油公司（Andes Petroleum）；2009 年，中海油和中石化也曾合作向塔里斯曼（Talisman）收购其在特立尼达多巴哥的油气资产。

在国际油气跨境并购实务中，为何投资者愿意"抱团"在一起？分散勘探风险、投资风险、合并投资者技术实力、经验和能力等，都是可以数出来的原因。油气产业的高风险、高投入和高回报的特征，使得国际油气作业中抱团进行投标的情况成为常态。在实务中，中国投资者和西方投资者联合起来，参与油气资源国家或者油气资产售卖方的招标活动，在近些年来也时有所见[1]。而随着油气体制改革的深入进行，国有油气公司和国内的私人公司、国内的油气投资者之间都有可能联合起来进行参与油气资源国的资源获取活动。因此，国际油气跨境并购中的联合研究及投标协议也成了从事跨境油气并购人员所必须掌握的一个惯常协议。这个协议和读者经常见到的项目合作协议有一定的共通之处，既强调将合作事项、程序、方式等约定明确，又强调油气投标中的一些特殊事项。

孟加拉国油气资源情况简介

孟加拉国位于南亚地区，有较为丰富的天然气资源，是亚洲排名靠前的天然气生产国家。孟加拉盆地覆盖了孟加拉国绝大多数的领土，近年该盆地勘探力度不断加大，陆续有新的发现。许多大型西方油气和国家石油公司在

---

[1] 比如 2009 年，中海油与泰国国家石油公司在阿尔及利亚区块招标中联合进行投标并胜出；2010 年，中石油与壳牌就组成合资公司合作以超过 34 亿澳元的价格并购了澳洲煤层气上市公司 Arrow Energy。

孟加拉国进行石油作业，比如美国的雪佛龙公司（Chevron）、美国康菲国际石油有限公司（ConocoPhilips）、挪威国家石油公司（Statoil）、俄罗斯天然气工业公司（Gazprom）、印度石油天然气总公司（ONGC）等。由于孟加拉国同印度和缅甸存在多年的海域边界纠纷，因此对孟加拉国海上资源的开发较为滞后[1]。在印度和孟加拉国解决了孟加拉湾关于海域的争议之后，孟加拉国开始对海上的油气开采活动投入了巨大的关注。孟加拉国丰富廉价的劳动力、巨大的人口基数、吸引外商投资的政策、不断发展的基础设施水平、对能源的需求稳步上升等积极因素有效地推动了孟加拉国经济的发展，孟加拉国因此也被认为是亚洲最具经济发展活力的国家之一。而在"一带一路"政策的引导下，中国企业在南亚的开拓机遇，包括在孟加拉国油气领域的投资机会会更加现实。兼之孟加拉地处南亚次大陆东北部，位于中国、印度和东盟的交会处，是多方合作的桥梁与纽带，地理位置优越。再加上孟加拉国采取油气公开招标的政策，在评价投标者所投标过程中，主要考虑投资者所承诺的最低义务工作量、最低承诺工作花费（注：资源国政府之所以愿意将勘探、开发和生产油气资源的权利授予外国投资者，换来的是外国投资者在资源勘探期不同阶段义务工作量的承诺。外国投资者在参与投标的过程中，需要在标书中承诺不同阶段必须完成的二维地震、三维地震、钻井等工作和 / 或费用支出）等关键财税条款因素来决定将油气区块授予参与投标者。随着孟加拉经济加快发展，其国内能源短缺问题日益明显。孟加拉国将加快天然气的勘探开发作为其能源政策的基本立足点之一，因此对于中国企业来说，参与孟加拉国的油气勘探开发活动，大有可为。

---

1 2009 年 10 月孟加拉国拟针对三处海域出租给美国所属康纳菲利浦（Conco Phillips）及爱尔兰所属塔洛（Tullow）石油公司进行油气田开采，惟该三处海域引发缅甸及印度抗议为争端重叠海域，同时缅甸及印度发出通知要求两石油公司停止开采行为。另缅甸于 2011 年引进韩国大宇国际公司进行海底勘探，该公司并对外宣布完成缅甸 9000 万吨规模的油气田钻井和天然气勘探，并于 2013 年正式投入商业开采，其中一个油气田 Shwe 即位于孟加拉国争端水域上。

国际油气联合投标协议实务

本文将以孟加拉油气投标项目为例，介绍在油气投资项目中中国投资者如何谈判国际油气联合投标协议。

2016年年初，孟加拉国石油公司（BAPEX）启动招标程序，开始售卖相关油气区块的地质资料，要求参与投标的公司（在满足一定的技术及财务能力前提下）购买相关资料研究后进行投标。

中国A公司计划和另外两家投资者一起参与到孟加拉国的该次投标中去。谈判国际油气联合投标协议的问题摆上了台面。各家在参与孟加拉国投标之前，需要对自身是否满足孟加拉国石油公司要求参与投标公司的技术和财务能力进行对照。此时出现了一个实际问题：另外两家投资者中的一家系民营企业，单独看上去并不拥有参与招标要求的技术实力，但这家民营企业旗下有一家合资企业，曾经做过相关的油气项目，因此该民营企业决定把旗下的这个合资企业放到投标参与方中去，以便满足相关投标要求。在决定好了参与投标各方之后，各方开始进行如下联合投标问题的商议：

首先，参与投标的各方需要决定投标的区块。这几家公司派遣人员组成了项目组，准备确定各方对孟加拉国的哪些区块感兴趣，意图对相关区块的资料进行研究后决定以何种条款参与区块招标。项目组成员首先划出了选择投标区块的标准，比如储量大小、产量预期、区块经济回报、联合投标体作业能力等，在划出了上述标准之后，再对孟加拉国石油公司所提供的区块进行逐个分析，能够满足选择标准的区块再进入各方的详细评价考虑之中。

在选择了符合标准的区块之后，A公司和两家公司再次进行商议对符合标准的区块进行打分，选出各方认为分值最高的几个区块后，决定参与孟加拉国S区块、M区块和N区块[1]的投标研究工作。三方决定向孟加拉国石油公

---

1 区块名称仅为示意性，并不代表孟加拉国招标的真实区块名称。

司购买三个区块的基本资料以便决定参与哪些区块的投标工作。购买区块需要采用美元进行支付,由于甲公司账上并没有美元,因此 A 公司、乙公司支付了购买区块基本资料的费用,甲公司以各方约定的人民币对美元的比率对 A 公司和乙公司进行了支付。

区块评价标准示意

评价因素	因素占比 (%)	A 公司、甲公司、乙公司各自评分[2]	加权平均
潜在可能资源量	1	【A】、【甲】、【乙】	【】
预期产量	2	【A】、【甲】、【乙】	【】
合同条款	3	【A】、【甲】、【乙】	【】
投资承诺	4	【A】、【甲】、【乙】	【】
作业风险	5	【A】、【甲】、【乙】	【】
作业能力	6	【A】、【甲】、【乙】	【】
承包商可获得性	7	【A】、【甲】、【乙】	【】
当地人员、物资使用要求	8	【A】、【甲】、【乙】	【】
经济回报	9	【A】、【甲】、【乙】	【】
......	......	......	......

其次,参与联合研究和投标各方需要在协议中约定好各方的地位、角色和作用。哪一方应当牵头进行联合研究,参与各方是否组成联合研究小组,哪一方在投标成功之后充任作业者,各方参与项目的权益比例等,需要在联合研究及投标协议中约定清楚。由于 A 公司具有油气经验和背景,因此被投资各方选为联合体的牵头方,也是在投标成功后的区块作业者。国际油气的实践是联合投资油气的各方选出代表各方进行具体的石油作业的作业者(Operator),其他未进行作业的称为非作业者(Non-Operator),非作业者通过选任代表和作业者的代表组成作业委员会(Operating Committee),负责对作业者的石油作业进行监督和指导。

---

1 鉴于 A 公司、甲公司、乙公司的作业水平差距,A 公司、甲公司和乙公司各自打分所占的比重各自可以不同。

　　接下来，联合研究及投标的各方深入到细节的谈判之中，在协议中需要明确约定选定的投标区域、投标区域的研究及投标区域研究的预算。参与联合研究和投标的各方应当事先对潜在的投标区域进行明确约定并达成一致。在对投标区域达成一致的前提下，各方应当对投标区域的研究和研究的预算进行明确约定。各方一致要求，在 A 公司牵头对投标区域进行研究时，应当按照约定的研究工作范围及在研究工作预算范围内进行支出。在联合研究及投标协议的谈判中，A 公司要求有一定比例的超支空间（比如 10%），在超支空间范围内，无需参与联合研究和投标的其他方同意；超过超支空间的，需要得到其他参与方的事先同意。另外两个参与的投资者要求超支空间应当控制在预算的 5%，经过两轮谈判，三方达成一致：将 A 公司超支的比例空间限定在 8%。国际油气联合投标的实务中，对于牵头的作业者预算的控制是一个各方经常争论的谈判点：从非作业者的角度来看，作业者的支出和花费一定要在事先各方确定的范围之内，而从作业者的角度看，支出和花费需要有一定灵活空间。双方往往会在绝对控制和灵活之间达成一个百分比的妥协。

　　第四，各方开始谈判参与联合研究及投标的程序。一般来说，惯常的工作程序是由牵头方（往往也是最终充任作业者的一方）牵头对投标项目进行研究，参与联合研究和投标的其他方也可以派员（Secondee）到作业者的研究小组中，其他方的派员在牵头方的统一组织领导下工作；派员的费用支出应当包括在上述第二点的预算里，派员并不构成牵头方的雇员，但应当接受牵头方的领导及工作安排。在本实例中，参与投资的各方同意由 A 公司牵头进行研究，但参与投资的另外两方将派员到 A 公司成立的项目研究小组中去，同时约定，A 公司应当在孟加拉国投标申请日（Application Date）之前的一段日子（60 天）向参与联合研究及投标的各方提交投标区域的研究报告，研究报告所包括的内容应当符合各方的事先约定，并能达到使各方能做出决策的地步。在派员研究的过程中还出现了一个实务问题，A 公司要求甲乙公司派出的员工在赴孟加拉进行现场考察期间保险费用由原公司承担，甲乙公司同意了该要求。

各方在谈判中进一步同意，在向参与联合研究及投标的各方提交研究报告后，牵头方应当召开联合研究及投标的各方参与会议以便决定进行投标与否、投标区域、投标条款等事项。参与各方可在会议之前或者会议时提交自己认为合适并愿意参与投标的投标条款以便在会议上讨论。如果会上各方不能就投标条款达成一致，则将参与联合研究及投标的各方中一方提交的最具有竞争力的商务条款放入到投标申请中。

需要注意的是，在国际油气联合投标的惯例中，对所谓的商务条款（Commercial Terms）和最低重要条款（Minimum Material Provisions）有区分和约定。所谓的商务条款就是指资源国政府评标所评价的条款，一般来说，包括但不限于最低义务工作量（地震公里数、钻井数等）、分成比例、费用回收比例、签字费等。所谓的最低重要条款就是除商务条款之外，在和政府签署相关的赋权文件时所必须要求的合同条款，包括但不限于政府赋权文件的模式、经济稳定性条款[1]、收益汇出条款等。有些投资者对于风险控制有较高的要求，比如在资源国石油合同缺乏经济稳定性条款的时候不愿意签署合同。因此，在联合研究及投标各方参与的情况下，考虑各方的最低重要条款很重要，这往往会决定最终投标的参与方。比如，如果资源国政府要求油气资源取得的收入不能直接汇出境外而需要在资源国的银行内存一段时间，这样的要求可能对于某些投资者来说就是完全无法接受的条款。往往在谈判之前，牵头谈判方手里会有这样一个表：

---

[1] 经济稳定性条款是国际油气投资中重要的条款之一，其目的在于投资者和油气资源国签署合同之后，如果资源国的法律法规政策发生改变而使得投资者在合同中的经济利益改变之后，投资者有权和资源国重新谈判合同条款，以便将经济利益恢复到签署合同之时。经济稳定性条款有不同写法及类型，常见的有如下几类：（一）稳定法律条款，即将合同签署日的法律法规固定下来，在产品分成合同签署后的法律法规的变动不适用与该产品分成合同；（二）不得修改条款，非经资源国与外国投资者双方同意，不得修改产品分成合同的任何条款；（三）重新沟通条款，如果新的法律法规带来了外国投资者经济性的变化，则需要重新谈判修改产品分成合同，以使外国投资者的经济回报回复到原有的程度；（四）立法条款，签署产品分成合同后，该产品分成合同即提交资源国议会通过，形成法令；（五）分配条款，如果有法律法规改变影响到外国投资者的利益，则由国家石油公司承担相应的损失。

投标各方条款接受示意

接受方	商务条款	接收方	最低重要条款
A公司勘探期3口井、1亿美元可接受 甲、乙公司勘探期2口井、8000万美元可接受	最低义务工作量	A公司、甲公司、乙公司必须要保留经济稳定性条款	经济稳定性
A公司、甲公司可接受产量的60% 乙公司可接受产量的65%	费用回收比例	A公司、甲公司、乙公司必须要国际仲裁	当地仲裁
A公司、甲公司、乙公司可接受不超过1000万美元签字费	签字费	A公司、甲公司、乙公司可接受国内义务油不超过10%产量，折价不超过20%	国内义务油
……	……	……	……

　　在牵头方召开会议后的一段时间内，参与联合研究及投标的各方将确认其是否在商务条款（一致同意的情况下）或最具竞争力的商务条款下参与一个或多个区域的投标。未能及时给予确认的一方将被视为不参与资源国的投标。

　　在项目一开始，A公司和另外两家投资者（甲公司和乙公司）就参与项目的比例进行了约定。A公司所占比例为50%，甲公司和乙公司所占比例为30%和20%。在A公司牵头对招标材料进行研究之后，提出了在其中一个区块S勘探期钻探2口探井，进行3000千米二维地震，500千米三维地震的最低投标工作量，估计费用在5000万美元。乙公司认为在S区块的最低投标工作量和费用都超出了自身承受能力，因此决定不再在S区块参与三家公司的联合投标活动，但保留参与其他区块投标的权利。A公司和甲公司决定按照两者原有选择的5：3对100%进行调整，因此在乙公司退出S区块的投标之后，A公司选择在S区块的投标中占有62.5%的比例，而甲公司选择在投标中占有37.5%的比例。由于A公司提出在N区块的投标义务工作量为在勘探期打一口钻井，1000千米二维地震，预计最低义务花费为1500万美元，因此A公司、甲公司和乙公司三家一致决定参与N区块的投标工作，原有约定的参与比例维持最初约定，仍为A公司50%，甲公司和乙公司分别为

30% 和 20%。

一般来说，在联合投标协议中，会对此种情况进行规定：如果不是所有参与联合研究及投标的各方愿意参加资源国的投标，则选择参与投标的其他各方应当选择：①事先约定的参与比例；②去除不参与方，按原有约定比例除以所有参与方参与比例确定比例；③按上述②计算出的比例加上所有参与方加起来和 100% 所差的全部或者部分比例。若选择参与方未能及时通知作业者其选择的比例，则默认按照上述②进行计算；若在规定时间内，各方选择的比例加起来无法达到 100%，则各方均不参加投标区域内的投标。

第五，事先选定的作业者如果选择不参与所有的投标项目，则在其未选择参与的投标项目中，需要由其他参与者以一定的方式选出其未参与的投标项目中的作业者。事先选定的作业者应当将相关投标区块的资料移交给其未参与的投标项目中的作业者。

A 公司在牵头研究完 S 区块、M 区块和 N 区块之后，认为 M 区块的潜在资源量达不到其公司内部对于项目评审的要求决定将不参与 M 区块的投标工作，而甲公司和乙公司认为 M 区块符合自身实际，决定参与 M 区块投标。因此，甲乙两家公司经过讨论，决定两家再寻找另外一家公司参与 M 区块投标。经过多方询问和商谈，有一家对油气投资感兴趣的丙公司愿意加入到 M 区块的投标工作中来，但丙公司以往并无油气作业经验。由于甲、乙、丙三家公司的油气作业经验并不足以管理 M 区块的油气作业，三家公司决定继续寻找有油气作业能力的合作伙伴参与 M 区块的投标工作。最终，三家公司寻找到一家有经验的 B 公司，B 公司承担 M 区块中标后的油气作业。但 B 公司要求在 M 区块中占有至少 40% 的参与权益，其他三家各占 20% 权益。四家公司经过讨论，就上述参与权益达成了一致。在四家公司选出了 B 公司将充任作业者之后，未参加 M 区块投标的 A 公司将原始的研究材料等交给了 B 公司。在国际油气交易中，尽管有的情况下，作业者不一定在相关的作业区块中拥有权益，但作业者持有权益且在区块中担任作业者的公司往往在区块中会持有较高比例的权益是更为常见的实践惯例，这也是参与油气投资的各方利益绑定的一种方式。

第六，在不是所有参与联合研究及投标的各方愿意参加资源国投标的情况下，参与各方有权将相关的资料披露给一个诚信的潜在投标参与方，前提是该潜在投标参与方同意：①接受资料后如果决定不参与，不得与其他参与方在资源国的投标中进行竞争；②承担保密义务；③决定加入投标后，需要遵守联合研究及投标协议之规定。[1]

参与联合研究及投标的各方在投标前决定减少投标商务条款的商业投入，则其应当向未同意原有投标商务条款的未参与方提供再次参与的机会。

在甲、乙公司寻找丙公司和 B 公司参与到 M 区块的投标工作中，丙公司和 B 公司都签署了上述的"禁止竞争"承诺。即如果丙公司和 B 公司在和甲、乙公司签署协议之后，如果未能最终参与到孟加拉国 M 区块投标中去，则丙公司和 B 公司不应当另行参与 M 区块的投标。这是在国际油气联合投标协议中需要注意的风险控制的重要条款。

第七，如果资源国政府要求参与投标的各方修改其提交的商务条款，则参与各方应当尽量达成一致，以便对该商务条款进行修改以满足资源国政府之需求。如果各方达不成一致而有部分投标方愿意提供更优之商务条款给资源国政府，则其他不愿意接受方视为退出投标申请。

在 M 区块的联合投标中，甲公司、乙公司、丙公司和 B 公司同意按照勘探期钻探 1 口探井，采集 1000 千米二维地震和 500 千米三维地震的投标义务工作量向孟加拉政府进行 M 区块的投标。孟加拉政府认为四家公司联合投标的义务工作量过低，要求将 M 区块的义务工作量提升到勘探期钻探 2 口探井，采集 2000 千米二维地震和 1000 千米三维地震资料。甲公司、丙公司和 B 公

1　关于这一点，可参看国际石油谈判者协会（Association of International Petroleum Negotiators，AIPN）的标准合同 MODEL FORM INTERNATIONAL STUDY AND BID GROUP AGREEMENT。笔者系 AIPN 标准合同起草委员会委员。

司认为政府的要求可以接受，但乙公司认为政府要求的义务工作量过多，不愿意接受。在乙方无法接受资源国政府要求的义务工作量的情况下，其被视为退出联合投标。

第八，在参与投标各方的投标为资源国所接受且开始进行相关石油合同谈判的情况下，作业者应当牵头与资源国政府进行合同谈判。其他参与方是否有权参与谈判、参与谈判的地位（观察员或者直接参与谈判）等是此时的谈判点。作业者应当将政府认可的商务条款和最低重要条款体现在与资源国所签署的石油合同中。各方在签署石油合同之后，应当尽量在一定时间内完成联合作业协议的谈判。谈判费用的承担，也是一个谈判点，一般来说分两种方式，一种是各方按照参与权益承担作业者所发生的谈判费用；另一种方式是将谈判费用也放入到整个参与联合研究及投标的预算中去。参与投标各方应当及时向作业者支付相关费用，如果对费用有争议，应当采取"先付款，后解决争议"的方式，否则，应当按照合约的规定进行计息。如果在一定期限内未能及时地补正，则未支付款项的一方将有可能丧失在投标中的参与权益。参与投标各方有权对联合研究及投标所发生的费用进行审计。和大多数的联合作业协议约定一样，该审计的权利在发生后的一定时间内进行，如果未能在一定期间内提出异议，则已经发生的费用将视为正确无误。

第九，在联合参与研究及投标后，除了联合行动之外，参与的任何一方及其关联公司不得另行参与资源国的投标活动。如果该参与方或其关联公司通过其他方式获得了资源国投标区域内的相关权益，则该等权益应当按照协议中规定的各方参与权益分配给各方。在按照协议的相关规定退出或者视为退出之后，退出方应当在何等期限内不得参与资源国的投标合同也是一个谈判点。此条款对于参与联合研究及投标的各方来说，是一个独家合作的绑定，是否需要在协议中放入该等条款以及具体的限制方式、期限和事项，需要参与各方谈判议定。

第十，联合参与研究及投标各方是否有权自行退出联合投标。原则上，联合研究及投标协议采取的是和联合作业协议中针对退出（withdrawal）的方式是允许。退出一方需要对退出之前所发生的费用、责任和债务按照协议的规定进行负责。退出后剩余各方的比例将按照本文签署的方式在剩余各方之间进行分配。一般来说，在作业者代表参与投标的各方向资源国政府提交投标报价之后，参与各方不得再行撤出。也有的会在协议中留下灵活性，比如如果资源国政府单方改变了投标程序或者资源国政府在一定期限内未能接受该等投标报价，则参与方有权退出。需要注意的是，在此等情况下的退出，其他各方一般会要求退出方获得资源国政府的同意或者谅解。

第十一，鉴于反腐责任的重大和所谓的伙伴责任，在联合研究及投标协议中长篇的关于反腐的陈述与保证、承诺及免责条款并不鲜见。特别是有西方公司参与的情况下，中国的合作参与方往往会见到长达几页甚至十几页和反腐有关的条款。参与联合研究和投标的各方应当从实际出发，对反腐责任进行必要、适合但不过分的约定。本文后面将对这个问题做进一步的详细论述。

第十二，终止事项。投标方案为资源国政府所拒绝；石油合同达成且参与各方签署了联合作业协议；参与各方均选择退出联合投标；参与各方在一定期限（谈判确定）内拒绝提交任何投标方案等。

国际联合投标关于使用中介公司风险控制的问题

和在"一带一路"其他国家参与政府招标的情况类似，在孟加拉国进行投标也需要考虑聘用当地中介公司进行项目获取。而在使用中介公司的过程中，尤其需要注意反腐的风险防范问题。特别是在美国、英国或者其他发达国家的证券市场上上市或者有营业收入的公司更应当关注反腐的风险防范问题，违反了域外反腐法律法规带来的风险是巨大的。比如美国政府在其反海外腐败法下的罚款前十名中，有8家公司是非美国公司，排名前两位的分别是德国的西门子和法国的阿尔斯通，分别被罚款 8 亿美元和 7.72 亿美元。

在进行海外并购活动中，反腐败也是中国公司一直关注的风险点，特别是对中介公司的反腐败风险控制，是海外并购活动风险控制的一个重要方面。中国的油气公司，或者其他行业公司，在走向海外的过程中，不可避免地要和中介公司打交道。此处的中介，不是指在海外并购时所聘用的各类财务、税务、法律、公关或人力资源顾问，而主要是指中国企业在走出海外的时候所聘用的在资源国寻求项目机会、进行商务拓展或者提供后勤服务的中介公司。这些中介公司可能注册在资源国，也可能注册在离岸国。但不管其注册在何处，这些中介公司都有不少的商业能量，甚至能在海外并购机会的拓展中、为"走出去"的中国公司在当地的市场开拓、人脉积累、当地社区关系等方面起到不小的帮助作用。

跨国企业，尤其是在全球进行作业的油气企业，日益面临反腐败的调查及指控。美国的反海外腐败法、欧盟的反腐败指引、英国的反腐败法、各国际组织相关的反贪腐指引及资源国日益严峻的反腐败立法，使跨国公司面临更为严峻的反腐合规环境。比如所谓的继承者责任条款、伙伴责任条款，使得在进行交易时，即使自身未从事贪腐行为，而资产的上家或者合作伙伴有了贪腐行为，贪腐责任也可能会殃及与从事贪腐行为公司进行交易或者合作的公司。而全球性的执法机构加强执法及惩处，每年大量关于贪腐的罚款及刑事责任，使得跨国公司日益加强对员工及自身商业行为反贪腐合规的要求。比如作为中国公司在境外购买了油气资产或者持有油气资产的公司，而这些公司在中国公司未购买之前犯下了腐败行为而未被识别，那么买来之后被发现，最终受损失的将会是中国买家。

资源国的中介公司由于自身的背景关系复杂，从事的活动及行为往往游走在灰色地带，但又在商业上能对外部投资者起到很大的帮助作用。中介公司的使用，既不能因噎废食，也不能坐视风险听之任之，如何在商业与法律上找到一个平衡点，是从事海外并购的中国公司所必须要解决的问题。

　　根据笔者的经验，在海外并购中正确地使用中介公司和做好风险控制，需要注意以下事项：

　　首先，与中介公司打交道，必须确保所打交道的商业性质。如果从中介聘用协议的角度看，无论聘用协议的目的是为了寻求项目机会，还是拓展商业，其本质属性只能是商业性质，超越商业性质的中介聘用协议不能签，也不应该签。比如有的合同中就明确写到"为了在某国赢得 ×× 项目，特聘用 × 公司提供服务"等这样的中介协议是不行的。

　　其次，需要对中介公司进行必要的合规和身份的尽职调查。正常履行公司的 KYC（know your client，知悉你的交易对手）的程序，对中介按照程序进行商业身份、控股架构、从事行业、过往商业记录等的调查，确保公司打交道的对象：一没有过往的不良记录；二没有值得怀疑的商业行为；三有从事商业行为的能力及相关资质。这一步尽职调查的程序非常关键，往往是在接受执法机构调查或者处罚时强有力的免责或减轻责任的论点。在这种情况下，"超越合理商业怀疑"的衡量标准就显得很重要了。在有些情况下，往往还需要聘用当地的情报顾问对中介公司进行更为深入的调查。

　　第三，和中介公司签署聘用协议本身必须符合市场化标准及相关惯例。比如聘用协议是由双方法律人员进行商谈所缔结，聘用中介公司所给予的报酬符合市场惯例，聘用中介公司从事的工作有详尽的商业化描述，聘用的中介公司是否在避税天堂注册设立。例如一个设立在英属维尔京群岛或者开曼群岛的特殊目的公司充当中介，仅仅向中国公司提供项目机会介绍，但却收受报酬 2000 万美元，同时还对采出的油气资源享有 5% 的干股，此种中介协议可能会被视为不符合市场标准，同时有贪腐的嫌疑。

　　第四，聘用协议中必须要求中介对反腐败、反贪污等做出详尽的陈述与保证。许多国际化组织[1]对反贪腐的陈述与保证有详尽的标准制式条款，此处

---

[1]　比如国际商会（ICC，International Chamber of Commerce）所制定的反腐败条款，可参见 http://www.iccwbo.org/advocacy-codes-and-rules/areas-of-work/corporate-responsibility-and-anti-corruption/buisness-ethics-documents/icc-anti-corruption-clause/。

不详细介绍。反贪腐的陈述与保证一般应包括：①不违反相应的反腐败法律法规；②不违反相应的国际组织行为准则；③不违反有关的行业准则；④未从事过贪腐行为及贿赂行为；⑤对反贪腐有一套自身风险控制的内部行为准则等。

第五，在聘用协议中必须要求中介公司作出承诺。承诺主要包括：①因被聘用取得的收入不得用于任何非法目的；②不得从事任何贪腐行为，包括任何对官员、官员有关的人员等进行的不法支付行为等。对于中国公司来说，承诺的事项要全面、精细，不能怕麻烦而随便写上两条。

第六，在中介公司的聘用协议中保留客户审计和监督的权利。客户应该要求在履行聘用协议过程中，有权对中介的费用走向进行审计，以确保其行为的合规；同时客户还应当保有监督权，对中介公司在执行事务时予以适当的控制。同时，客户应当要求中介公司在一定期限内出具在相关中介协议项下遵守相关反腐义务的保证书。

第七，对中介违反陈述与保证或承诺时，要求保障（Indemnify）的机制。尽量不要采用传统的在违反陈述及保证或承诺时，索赔损害赔偿的方法。尽管普通法在实践中，对采用保障机制保障违反陈述与保证或承诺条款时，可能会视为损害赔偿之诉，但鉴于保障的特性，使用保障仍然比采用损害赔偿更好。普通法下的保障条款较为复杂，且传统上大陆法系没有对应的概念，本文将不深入讨论保障机制，仅提请读者注意此种情况下，应当由了解相关机制的专业人员进行把关，以便将责任落到实处。在进行海外业务拓展的时候，强调聘用有经验的外部顾问和当地顾问进行把关和风险控制，这是中国公司必须做到的。

第八，对中介聘用协议的管辖法和争议解决方式，尽量采用中立国的法律和国际仲裁进行争议解决。采用当地法管辖，当地法院或仲裁机构进行争议解决明显不是一个好的办法，即使同意当地法律管辖，仲裁也不要放到当地去进行，指定国际机构仲裁，比放在当地仲裁的公正性和风险小很多，否则风险控制的敞口较大。

　　第九，需要注意中介协议中的反贪腐条款带来的责任承担落实的问题。大多数的中介公司可能都是注册在 BVI 或者 Cayman 群岛上的空壳公司。如果签署协议的中介公司是空壳公司，需要考虑要求对方提供股东担保。至少需要在形式上多一层可以追责的保障。中国公司在境外进行交易的时候，合约的"可执行性"一定要尤其注意，否则即使签署了合同，但在合同一方没有太多实体资产的情况下，出了问题也很难进行有效的追索。

　　第十，中介聘用过程中注意不要轻易向中介公司许诺"独家"合作或者独家聘用。有些当地的中介公司往往吹得天花乱坠，乱做不可信的保证。如果将某个项目机会"独家"放在当地中介头上，往往会给商务机会的开发带来意想不到的障碍或者难题，保持商业上的灵活性永远是值得在海外进行业务开发人员关注的事项之一。笔者就曾经见过有的中国企业在非洲进行业务开拓的时候，将独家合作权给予了当地的中介公司，在合作一段时间之后才发现这家当地公司并没有当初承诺的资源和实力。但想要解约却非常困难，当地中介公司要求一笔数额极大的分手费，而如果不能解约就无法绕过当地公司从事业务，给自己在当地业务开展带来了很大困难。

　　第十一，在使用中介公司的过程中，客户最好能保持随时的任意解约权。这样在合规风险或者潜在合规风险有苗头出现的时候，可以随时解约；或者至少在有证据证明中介有可能有非合规行为时，客户有任意解约权。笔者曾经参与过一个中东油气资源丰富国家的投标，该国的产品分成合同模板中赫然有一条专门讲中介公司：原则上不允许聘用中介，如果聘用中介，必须向资源国和国家石油公司在投标的时候披露，如果不披露，则有可能导致中标后被废标并追究相关责任。从事海外并购的人员，需要对该等严格责任条款非常小心，应及时提醒相关的决策人员，并做出有利于公司的安排，保护好公司的利益。

　　如何在参与海外招标或者并购交易中使用好中介公司，是所有走向海外的中国公司所必须应对的一个大课题，对于西方公司来说，对贪腐行为的怀疑可能使交易终止。笔者曾见到西方一公司在进行某项目谈判时，因为对出让方一个中介协议的性质有疑虑而要求绝对无上限的保障使交易谈崩的例子。中国企业如何把握对中介公司的使用及相关风险控制的度，还需要不断地进行学习与积累。这也是中国企业走向海外，开拓市场所应当重点关注的风险控制点之一。

国际油气联合投标协议谈判要点总结

在中国企业走向海外进行油气项目或者其他合作项目过程中，免不了要和中国公司、外国公司等一起进行联合投标，笔者特意将需要在谈判沟通中重点考虑的要点总结如下：

谈判中需重点考虑的要点

谈判事项	考量点	市场惯例
参与联合投标各方	满足招标方的财务和技术实力要求	落实是否投标团一方满足要求即可，还是所有投标方均需满足要求，考虑在一方投标方无法达到时的灵活处理方式
牵头方/作业者	各方的作业经验，对作业地的熟悉程度，技术、资金、人才比较	最有作业经验者、成本效率更高的一方充当作业者；可以有联合作业的灵活安排
权益比例	各方的实力、谈判情况	谈判确定
共同研究	研究方式，是否允许派员	牵头方/作业者牵头进行研究工作；可考虑接受其他方的派员，派员需接受牵头方/作业者的工作领导；牵头方/作业者一般不对派员的薪酬、保险等负责
研究后结果	不参与招标方权益的分配，无法进行权益分配的结果	不参与招标方的权益全部分配给参与方；不参与招标方不得以任何形式再行参与招标
研究费用支出	费用支出计划事先达成一致，是否允许超支，超支的比例和范围	在预算、费用达成一致的情况下进行；在实现允许的比例内可以超支

（续表）

谈判事项	考量点	市场惯例
商务条款／最低重要条款	各方立场，协调一致	商务条款重点考虑最低义务工作量、最低费用支出、分成比例、费用回收比例、签字费等；最低重要条款重点考虑经济稳定性条款、纠纷解决方式、外汇管制、资源国限制等
中介／业务开发公司聘用	反贪腐责任风险，商业行为，对中介／业务开发公司进行尽职调查	注意在尽职调查、交易文本等方面进行风险控制；超越"合理商业怀疑"；保持商业灵活性
谈判	谈判牵头方，谈判费用	由牵头方／作业者牵头与投标方进行谈判；非作业者观察员地位（在投标方允许的情况下）；谈判费用按照参与权益比例承担
联合作业协议	采用模板，何时达成	模板视作业地点采用 AAPL、CAPL、OGUK 或者 AIPN1；可以在谈判联合投标协议时达成，也可以在赢标之后
退出	退出时间，退出结果	在招标方接受之前允许退出；退出后不得以任何形式参与招标；退出之前的费用、责任按照权益比例承担
管辖法与争议解决方式	参与各方情况	均系中国公司参与，中国法、仲裁或者法院；由中国方和外国公司参与，英国法、仲裁；由中国方、当地公司参与，首选英国法、仲裁

张伟华，法学硕士，毕业于北京大学民商法学专业，现就职于中海油法律部。2016 年被国务院国资委聘为首批"中央企业涉外法律人才库专家"，曾被 Legal 500 评为亚太地区最佳公司法律顾问之一。

---

1 关于联合作业协议，世界上主要有如下几个通行版本：① AIPN JOA（Association of International Petroleum Negotiators, 国际石油谈判者协会）；② AAPL JOA（American Association of Professional Landmen, 美国职业租地人协会）；③ CAPL JOA(Canadian Association of Professional Landmen, 加拿大职业租地人协会)；④ OGUK JOA(OIL and GAS UK, 英国油气协会)。

第三章

苏联加盟共和国法系国家

综 述

苏联加盟共和国法系国家投资风险

　　苏维埃社会主义共和国联盟（简称苏联）是指 1922—1991 年由 4 ~ 16 个主权共和国组成的联邦制国家。苏联的解体导致了一些国家（简称后苏联国家）的独立。

　　后苏联国家一般分为以下五个主要部分：①俄罗斯（即俄罗斯联邦）与白俄罗斯；②波罗的海国家：拉脱维亚、立陶宛与爱沙尼亚；③东欧：乌克兰、摩尔多瓦；④高加索：格鲁吉亚、亚美尼亚与阿塞拜疆；⑤中亚：哈萨克斯坦、吉尔吉斯斯坦、塔吉克斯坦、乌兹别克斯坦与土库曼斯坦。

　　后苏联国家之间基于地理和文化因素同属一组。同样的因素也决定了这些国家立法的特点。

　　截至 2015 年上半年，后苏联国家人口超过 2.93 亿。这些人大多数都说比较流利的俄语，他们的社会生活和商务活动跟俄语和俄罗斯文化有很深的关联。后苏联国家基本上也说民族语言，唯一的例外是白俄罗斯，俄语是其大部分居民的语言。除了白俄罗斯以外，俄语在哈萨克斯坦和吉尔吉斯斯坦也作为一种官方语言。

　　了解这些国家立法的特征，可以使投资者更有效地开展业务并清楚地了解可能的法律风险。

后苏联法律制度和后苏联法律制度国家

苏联法律制度的特征

后苏联国家的法律制度于苏联解体后开始形成。很多后苏联国家的法律制度本身决定了法律制度的进一步发展。首先,在苏联的法律体系中,法律的渊源、法律的结构与法律的方法和实践,在很大程度上都类似于罗马—日耳曼法系。但是外部特征的相似性却没有符合苏联法律制度的内在内容。苏联法律制度的特点是结构笨重、市场经济条件下的无效性,还有最重要的是公众的法律意识较低。

区域法律制度发展的未来

在后苏联国家法律发展过程中,国际法和欧洲法的重要性日益突出。特别是人权法律框架的显著加强以及立法符合国际标准。立法发展的主要方向之一是使立法符合国际经济组织的规定,如世界贸易组织、上海合作组织、欧亚经济联盟。一些后苏联国家希望加入欧盟,这也是决定其法律制度发展方向的一个重要因素。为此,波罗的海国家已经采取重要措施,力图成为欧盟正式成员。

俄罗斯法律制度依然对大多数后苏联的国家有重要影响。这是由于这些国家有着共同的历史,这些国家和人民之间有着共同的政治、经济和人口关系。后苏联国家所形成的法律制度主要区别在于,在社会生活中法律的作用不太重要,而且公民社会机制的作用也不太重要,这些作用都是建立在社会生活主体的独立性和积极性基础上。这仍然是苏联的历史遗留所致。

法律的渊源

后苏联国家法律制度渊源的体系是由与罗马—日耳曼法律制度统一的立法行为所导致的。更高的法律效力使宪法在所有这些国家都得到了认可。各国议会批准的立法是下一层法律的渊源。之后是国家机构的立法行为。规范性法律制度还包括地方自治条例。

这些国家的法律制度一般不认为法院的判决是一种法律的渊源。这些国家的宪法遵循法院判决只服从法律的原则，而不遵循另一个法院曾经做出的裁决。然而，这并不影响上级法院裁决对于其他法院有没有真正权威的问题。如果最高法院对某些案件做出裁决，解释如何适用某项法律，下级法院通常会遵循这种做法。否则，下级法院判决会在最高法院被撤销。

根据大多数后苏联国家的宪法，普遍受到认可的国际法和国际条约的原则和规范也作为其法律渊源，成为法律制度的一个组成部分。在某些法律制度中，特别是在乌克兰，2006 年后欧洲人权法院的裁决是可以作为先例的，并在该国是强制性的。

从实践的角度来看，找到这些国家的上述法律渊源相当简单。尤其是在欧盟成员国、俄罗斯、乌克兰、白俄罗斯与哈萨克斯坦。在许多国家还有更多功能性的商业法律数据库。在通常情况下，可以用民族语言，也可以用俄语。英文的法律制度比较有限，但每年都会有一些增进。

波罗的海国家的法律制度

拉脱维亚、爱沙尼亚、立陶宛实际上加入了罗马—日耳曼法律体系。证据就是这些国家完全融入欧盟。这应该是在加入苏联前的历史背景推动的。例如，拉脱维亚的法律制度是在过去 2 个世纪中受各种法律文化的影响而形成的，主要是德国、俄罗斯帝国和苏联的法律文化影响。德国法典化得到发展，是以古代罗马法原则为基础制定了立法法典。其中一些立法到 19 世纪还具有法律效力。

在这些国家的领土上，目前充分实施了欧盟立法，国家立法符合欧洲委员会的决定。由于波罗的海国家与其他俄语国家保持着相同的语言和文化的共性，波罗的海国家成为一个吸引投资的中心以及重要的银行和经济中心。

与这些国家的企业家、银行的交流，给我留下了愉快的记忆。高标准的合规性造就了一些国际公认最高水平的交易和项目。

与欧盟有关的国家

过去的十年中，特别是 2014 年，在所有后苏联国家中，有两个国家在积极接近欧盟的行动中表现得尤为突出。

首先是摩尔多瓦，其公民相当积极地与罗马尼亚（欧盟成员）统一思想。近年来，摩尔多瓦最重要的立法已符合欧盟立法。其国家管理程序的高度完善使得 2015 年摩尔多瓦公民欧盟游免签证得以启动。

在我的实践中，这种变化的最重要的例子是加强了商标的保护，尤其是在摩尔多瓦以外注册的商标。在此之前，为了勒索钱财，有不正当注册外国供应商商标的情况发生，而且比较常见，但现在这么做很困难，甚至已是不可能的了。摩尔多瓦极有可能成为欧盟的正式成员。

其次是乌克兰。新成立的乌克兰当局为了统一立法接近欧洲标准，正在进行连续而充分的快速改革。要实现这一目标的绝对障碍是乌克兰东部困难的经济形势和正在发生的冲突。尽管如此，变化正在迅速地发生。不久以后，国际合作伙伴和投资者会赞同这些变化的实际内容。与摩尔多瓦不同的是，乌克兰与俄罗斯有着更为紧密的关系，并且在欧盟也没有这样的亲密伙伴。在这方面，执行新的法律制度的过程更慢。目前有利的变化发生在公共行政、税收、海关法规方面。在我看来，与俄罗斯的水平相比的话，乌克兰的经济自由程度越来越高。也就是说，能为相对较弱的国家提供更多的商业发展机会。

统一关税联盟与高加索国家

以罗马—日耳曼法律为导向并且以加入罗马—日耳曼法律体系为改革方向的国家包括俄罗斯、哈萨克斯坦、白俄罗斯、亚美尼亚和格鲁吉亚。虽然这些国家法律制度的外在形式与罗马—日耳曼法律制度并没有很大不同，但是有很多原因不允许把这些国家的法律制度归因于上述法律制度，特别是在司法领域以及在公共管理与经济活动的实践。无论如何，应注意到在立法方面改善金融和经济活动领域的重大进展。统一关税联盟发挥了特殊的作用。

作为在俄罗斯及其周边国家执业多年的一名律师，我可以得出结论，许多立法领域（特别是民法）在这些国家的内容非常相似。尤其是，在这些国家都无需任何额外的翻译，并可以合法地使用俄文文件。

俄罗斯、白俄罗斯和哈萨克斯坦之间关税壁垒的缺失，实际上创造了一个共同的商品和金融市场。这个事实使得这些国家在企业监管领域的立法更加完善。事实上大企业可以利用一个国家的特点，选择在那里进行核心业务，例如在税收方面的特点。这种竞争的一个显著的例子是在设立公司的简易化评级中，白俄罗斯排第十二，新加坡和加拿大分别是第十和第十一。

另一个重要的例子是俄罗斯民事立法的改革，这导致了在许多方面的公司立法接近于最佳西方实践。特别提出的是管理协议，现在可以由有限责任公司的参与者签署。高加索国家、亚美尼亚与格鲁吉亚都没有取得如此显著的成就。然而，在适当的筹备改革之后，亚美尼亚有望成为关税联盟的成员。我们还应该提到在国际上得到公认的格鲁吉亚，在打击腐败的斗争中取得的进展。

我认为，国际竞争的挑战将为进一步改善这些国家的立法创造条件。

中亚国家

穆斯林占多数的后苏联国家法律制度（其中的乌兹别克斯坦、塔吉克斯坦、吉尔吉斯斯坦、土库曼斯坦与阿塞拜疆）正式以罗马—日耳曼法为引导。伊斯兰法律本质是一种声明，但确实不影响这些国家的法律制度的功能。

这些国家成为一组的原因是这些国家的大多数人口都是穆斯林，而伊斯兰法作为伊斯兰共同体的权力，可以规范穆斯林生活的不同方面。这主要表现在法律意识的起源、法律意识和法律文化方面。不过需要指出在该组不同的国家中，情况是不同的。哈萨克斯坦，不考虑其地理位置，法律规定的质量有根本的不同，并未划入本组。比伊斯兰法影响更大的是官员的决定，法律和司法为商业提供的保障很薄弱。许多问题和冲突都不是通过法律程序解决的，而是通过非正式的谈判和接触解决的。

由于对法律制度的低需求，这些国家的发展相当缓慢，并且没有形成一致的立法。也许最特别的是土库曼斯坦，因为土库曼斯坦是这些国家中最封闭的。事实上，这个国家法律的作用是总统意志的实现。当然，在这种情况下，法律并不重要，居于次要地位。

后苏联法制国家投资的机遇与风险

后苏联国家的投资与商业活动的规定

没有民事法律制度的发展，市场经济的运行是不可能的。苏联监管民事关系的改革是 1986 年的自我雇佣合法化。1988 年新合作社法律通过。因此，私有制和私有企业的合法化是在 1990 年年底发生的。后苏联国家面临建立自己新经济立法的需要，这些立法将确保这些国家的新经济系统的运行。

民事法律制度改革的结果，是已完成法典汇编，利用了欧洲国家经验并结合其自身传统的特色。俄罗斯联邦民法典、1998 年的白俄罗斯共和国民法典、2003 年的乌克兰共和国民法典，连同商业法典一起，奠定了乌克兰经济管理的基础，并规范了商业关系。

这些国家的民事法律基于相似的原则：契约自由；保护财产；不干涉私人事务；拒绝前行政管理制度的原则。

与民事立法类似的系统为学说汇纂派，类似的民事法律制度序列，建立、变更和终止民事权利和义务顺序，违约行为的法律责任以及免除此法律责任的条件，所有权的概念和内容，以及许多其他关键要求和立法行为的决定都是相同的。几乎所有后苏联国家，外国投资的法律制度与国内投资的法律制度相同，甚至更有利可图。这些国家中没有一个对外国企业的设立和外国董事有限制性规定。此外，一般来说，按照法律规定公司注册手续不需要很长时间，也没规定必须公司法定代表人或经理本人到场办理。不过，应该考虑到要求的规定期限和公司注册的条件也许得不到完全遵守。此类现象可能与腐败或国家机关工作效率低下有关。

不同国家投资规定的机遇与风险

后苏联国家的基本特征应包括其共同的文化空间以及共同的商业准则。如果某家外国企业在其中一个属于后苏联国家的境内有开展业务方面的成功经验，那么该公司的成功经验也可以运用于其他后苏联国家。正是由于这一原因，国际公司通常把在后苏联国家的经营活动作为一个单独的区域划分出来。

在该区域境内从事经营活动的主要风险如下：

（1）国家政权机构的高度腐败；

（2）所有权的较弱保障程度以及法律制度的较低发展水平；

（3）法律的复杂性，诸如许多部门机关层级制定的法规；

（4）国家政策决定制定的不透明性，政策制定缺乏长远发展计划，国家机构及其负责人决策的不可预测性；

（5）国家公职人员较弱的职业能力；

（6）商业经营方面的语言障碍；

（7）商务关系方面的素养较低，公司之间的互信程度较低。

在该区域境内从事经营活动的主要优势如下：

（1）商业经营的高盈利率，许多经济领域方面的低竞争；

（3）相对而言较低的税负以及更多税收优化方面的可能性；

（3）商业经营方面的低费用，低劳动力成本；

（4）易于获得自然资源。

许多国家在国际直接投资领域已经采取了相当有效的立法措施。

例如，哈萨克斯坦2003年通过了投资法，这项法律收集了与投资有关的规定，并通过向在哈萨克斯坦经营的投资者提供担保，建立了类似的外国和国内投资的法律制度。因此，根据哈萨克斯坦投资法第4条规定，哈萨克斯坦对投资者的权利和利益，以及政府当局的法律与哈萨克斯坦的立法不一致时，适用政府当局的法律而导致的损失进行索赔的权利提供了充分和无条件的保护，确保投资者和哈萨克斯坦国家机构之间的合同条件的稳定性。为了消除对哈萨克斯坦的经济投资所需要获得的各种政府机构的许可证和批准，2015年12月1日哈萨克斯坦完成了新"一站式服务"的构建。

白俄罗斯2001年通过了投资法，该投资法是一套管理复杂投资问题的法律规范。应该指出这是在后苏联地区这一领域唯一的法律。投资法典规定了白俄罗斯投资活动的一般法律条件，并建立了其激励机制和政府支持，还保证了投资者在白俄罗斯的权益保护。投资法保护外国投资者的财产权利，给他们不少于国内企业家的有利的经营环境，也为他们在税收、关税和货币方面的优势建立了特别优惠政策。

在乌克兰，关于投资活动问题的主要法律规定是《乌克兰共和国投资活动法》。根据该法第9条规定投资活动主体之间的关系的主要文件是一种特殊契约。关于投资活动的乌克兰法律，以及白俄罗斯和哈萨克斯坦的立法中，特别关注对投资活动主体权利的保障。

1999年7月9日的联邦法《关于在俄罗斯境内的国外投资》，确立了向外国投资者提供在俄罗斯联邦境内进行投资及其因投资所获得的收入和利润、在俄境内开展企业活动的基本权利保障。

具体来说，该法规定：

（1）外国投资者开展业务活动和使用投资所得利润的法律制度优惠不能少于向本国俄罗斯投资者提供的法律制度；

（2）向在俄罗斯联邦境内的外国投资者提供全面的无条件的权利和利益保护。这种保护由俄罗斯联邦法、其他联邦法律和俄罗斯联邦的相关法律法规以及俄罗斯联邦签署的国际条约来保障；

（3）因国家机关或上述机构的公职人员的不法行为（或不作为）给外国投资者造成损失的，外国投资者有权索赔；

（4）外国投资者有权在俄罗斯联邦境内以俄罗斯联邦法律不禁止的任何形式进行投资；

（5）在例外情况下和依据联邦法律或俄罗斯联邦的国际条约之规定，外国投资者或有外资参加的商业组织的财产不应被强行剥夺，包括收归国有和征用；

（6）外国投资者因在俄罗斯联邦境内开展投资和企业活动而引起的纠纷，依据俄罗斯联邦的国际条约和联邦法律，通过法庭或仲裁庭或国际仲裁（仲裁法庭）来解决；

（7）俄罗斯联邦宪法规定，普遍公认的国际法原则和准则及俄罗斯联邦国际条约是俄罗斯联邦法律体系的组成部分。如果俄罗斯联邦国际条约确立了不同于法律所规定的规则，则适用国际条约规则。

在研究中，几乎所有国家都采用了类似的立法行为。当然，在波罗的海国家的投资者有特别的优势，他们可以在欧洲经济区的框架内得到额外的好处。详细了解立法变化，让企业获得更多好处。同时动态而有规律地不断变化的立法，增加了法律援助的成本，以及产生错误时造成的负面的法律后果。

后苏联国家采用的法律制度相当现代化，而且满足了全球经济的需求。最重要的是，这些国家法律制度为争取外国投资而不断发展。对于那些已经对罗马—日耳曼法系有经验的投资者很容易理解这些国家的法律工作的组织原理。额外的复杂性可能是语言障碍和腐败。但是这些可以通过聘用专业顾问来避免。

公司法务部门和律师事务所为了在后苏联国家进行有效工作，不应局限于法律顾问的工作范围，还需要律师积极参与到实际商谈决定的过程中去，需要对商务有很深刻的理解，所提出的法律条文才会具有效力，才能提供确切的保障。这和不够健全的法律制度有着一定的关系，法律制度往往受到很多非法律因素干扰。正因为如此，在不考虑实际情况的条件下，就后苏联国家的相关法律问题而进行咨询解答，往往会不实用并且不适用。

ILYA CHERNYSHEV，俄罗斯律师，毕业于俄罗斯秋明大学法学院。曾担任俄罗斯政府和商业组织的法律顾问，并任圣彼得堡法律服务公司首席执行官。

案例 10

法务、税筹视角下的中国投资
俄罗斯公司注册

进入 21 世纪以来，越来越多的中国企业，将触角伸入到了海外。俄罗斯，这个中国的传统伙伴，也正在成为中国企业海外投资的热点。作为以境外投资为主要执业领域的法律人，我们和当地国的律师一起，为多家中资企业在俄罗斯的投资，提供了法律服务。

历史上，无论是在政治上还是在经济事务上，俄罗斯都是中国的重要伙伴。但是，这种伙伴关系更多的是体现在政府之间和大公司之间。与此同时，大部分商业交易仅限于进出口贸易。外商直接投资只占很小的比重。究其原因在于语言方面的障碍以及俄罗斯错综复杂的法律规定。只有在俄罗斯远东地区（海参崴、哈巴罗夫斯克，即：伯力城）的中国商人能够相对自由而舒适地得益于俄罗斯的经济环境。但是在莫斯科、圣彼得堡和其他中心城市却并非如此。

俄罗斯，这个与我们很近的伙伴，在法律和投资层面，我们大部分的客户，对这头北极熊却极为陌生。这种陌生，直接导致企业投资风险的增加。

本文选取了 2014 年的一个关于公司注册的典型案例。公司注册，看似简单，确是企业在境外投资的起点，也是至关重要的一步。如果我们将境外投资比喻为一项工程建设，那么，注册公司这个环节，就是整个工程的地基。这家公司，我们的客户，决定利用俄罗斯货币贬值时机，在俄罗斯设立办公室。

在与客户的接触中，我们发现，很多中国客户认为，注册公司，就是拿到一张登记证书。这个案例中的客户也是这么认为的。真的有这么简单吗？答案当然是否定的。我们认为，注册公司是一个系统工作，在很多方面，需要提示客户注意。在本文中，我们将主要涉及法律问题、基本的税务规定和在公司设立过程中（结合最新的立法修订）可能遇到的困难。

最重要的首次会议

在委托我们之前，我们的客户去俄罗斯考察过两次。每次都被各种不同的报价和不一致的信息所困扰。通过朋友推荐，他们得到了我们的联系方式。很不幸，其他人之前给的报价看起来都定价过高。我们经常遇到这种情况。信息的不对称和语言不通，给一些事务所提供了赚取高额利润的可能性。

我们相信，完整的法律服务流程的起点，不应该从报价开始，而是应该从深入地了解客户的实际商业需求开始。双方之间都应该清楚地知道他们要做什么以及为什么要这样做。

俄罗斯的法律与中国的法律存在相当重大的差别，因此，我们的首次会议从俄罗斯立法的基本信息开始。在俄罗斯注册和经营公司的法律基础是由《俄罗斯联邦民法典》《法律实体和个体经营政府注册》联邦法及有关某些类型的法律实体的法律组成。这些法律对于俄罗斯居民和外国居民的效力是相同的。这一点令我们的客户感到惊讶，因为他们很确定，在中国，外国投资者要受到更严格的特殊法规的约束。

但是在俄罗斯绝对不是这样的。俄罗斯司法区域对外国投资者的主要优势在于，公司的参与者和股东，以及公司日常管理机构的成员都可以是外国人和外国实体，并且在实际操作中没有任何限制。法律对所有权的保证，对权利、义务、税收的规定，同样适用于俄罗斯人的公司和外国人的公司。此外，公司注册的程序也是相同的。在俄罗斯设立公司，并不要求有任何俄罗斯人股东。对某些领域商业活动的牌照、通知和批准方面的限制性要求，既适用于俄罗斯人也适用于外国实体。

在俄罗斯，公司注册不需要政府机构的特别前置审批程序或者许可。得到这些信息以后，我们的客户变得平静下来，他们认识到这并非一个不寻常的程序，也并非像他们之前认为的那样复杂。

新公司的法律形式研究

首次会议之后我们仍然需要后续的工作。公司的创办人必须就一些特别事项做出决定。首要的问题就是：公司的法律形式。与中国类似，在俄罗斯有两种常见的法律形式：有限责任公司（Limited Liability Companies）和股份公司（Joint Stock Companies）。

两种公司的区别在于：有限责任公司，根据立法，股东持有的股份，不视为证券。相反，股份公司的股份，就被视为证券。在俄罗斯，证券受到更严格的限制和监管。在这一点上，与中国的公司法，是存在一定差别的。

外国公司经常使用有限责任公司的形式在俄罗斯运作其全资子公司的业务。原因当然首先是，对于有限责任公司，法律监管更加宽松。另外，股份公司在注册和后续维护上的费用更高。再有，股份公司若违反证券领域的法律规定，面临被国家主管机关惩罚的风险更高。我们的客户也做出了这样的选择。我们告诉客户，通常计划将公司上市或者投资大型设施（企业、工厂）时，才会选择股份公司的形式。

一般说来，一个股东（自然人或法律实体）可以建立一个有限责任公司或股份公司。但是，在俄罗斯，独资的法律实体不能单独再设立另一个有限责任公司或股份公司；换句话说，独资的法律实体无法拥有独资子公司。这种限制也同样适用于外国股东。这一点和中国是相同的。

公司名称研究

我们通过网络来进行这项查询。俄罗斯税务服务机关有专门的网站，我们可以在这个网站上查询公司名称。俄罗斯对公司名称的要求很简单。公司的正式名称必须用俄语明确写出来，必须包含公司法律形式的说明。例如，×××（公司名称）有限责任公司。此外，公司可以用外语，包括英语，注明公司名称。最困难的就是将原始的中文公司名称翻译成和谐悦耳的俄语。不过有时候中国企业不太在乎这点。我们常常发现，一些中资企业对应的俄语名称可能不太和谐，甚至是滑稽、引人发笑的。我们在服务中国客户时，会常常提醒他们。一个地道的俄语名称，还是很重要的。

关于子公司的名称，具有代表性的做法是母公司名称的直译，再加上注册地名称。

未经特别许可"俄罗斯""俄罗斯的"这样的词不能用于公司名称，但是这种限制不适用于外国公司。有些法律实体在公司名称中使用这些词的中文拼音"ER-LUO-SI"，也不被禁止。

公司业务活动种类研究

在俄罗斯，注册的公司可以从事任何领域的经营活动。但是，经济活动有特殊的分类标准。我们的工作是询问客户公司可能要从事的经济活动，然后按照分类标准，整理、撰写出经济活动代码列表。而后，这些代码在公司向政府申请注册时需要详细说明。这实际上和中国的工商部门规定的经营范围类似。中国客户对这些问题感到沮丧。但是我们向他们解释，这些经济活动代码并不影响公司所属的税收体系和税率。而且，这些代码是可以变更的。

理解法定资本、支付方法和支付程序

下一个惊讶之处是关于法定资本事宜。与中国的不同就是有限责任公司的法定注册资本相对数额较小，应该是至少 10 000 卢布（大约 1000 元人民币，按照写作本文时的汇率，下同）。实践中很多公司注册都采用这样的规模。

在我们的案子中，我们的客户也采取了缴纳较少的注册资本的方式。公司创办人在公司注册日之前，用现金全额支付了法定注册资本。全额缴付法定注册资本是很必要的。否则，除了可能的惩罚外，在未来，也会限制公司股权的处置（出售公司）。如果公司有数名股东，未能实缴的股东可能会被公司取消股东身份。但是这样的风险，企业家们通常并不知晓。因为它的影响可能会在公司成立之后很久才会显现。因此最好一开始就全额缴纳注册资本。

从法律的角度严格来说，如果未能在规定期限内缴付法定注册资本，那么股份直接转为公司的财产。也就是说，在未实际缴纳法定注册资本的情况下，公司股东的身份，在没有任何通知的情况下，可能就被依法取消了。

上述这个结论被无数法庭的判决所证明（例如：俄罗斯联邦最高仲裁庭 2008 年 5 月 12 日在 № A09–4208/07–5 案件的 № 5530/08 裁决，或者 2007 年 9 月 25 日俄罗斯联邦西伯利亚区仲裁庭在 № A45–3280/ 2007–33/147 案件的 № F04–6683/2007 声明）。在这些案例里，法庭确认了在这种情况下，并不需要法庭做出终止股东身份的裁决。不支付注册资本，就没有股权所有权。如果仅支付了部分对价，则仅取得对应部分的股权所有权。

为了证明对股权拥有所有权，被告仅需向法庭提供其向认可的账户支付款项的收据。但是之前有谁会想到呢！有时会发生实际的支付凭证丢失或者时间久远而被遗忘的情况。因此最好的方式就是将全款支付到银行，并且必须单独保存收据。

理解公司治理结构

大多数中国客户，在公司治理方面的需求非常简单。一些客户只是安排了一名董事。还有一些客户，甚至告诉我们，请我们看着办。俄罗斯法律为完善公司治理结构提供了详细的法律依据。因此，作为律师，我们会告知客户多种公司管理机构设置的可能性。

以董事为例：外籍公民担任这些职务并没有立法上的限制，因此中国公民可以担任俄罗斯公司董事。这在法律合规上是没有问题的。另外，董事的职能，我们也建议进行个性化的规定。再有，在实际操作中，董事的管理职能不仅仅可以由自然人承担，事实上，可以由公司，甚至是外国公司来行使。

再以股东的设置为例：在每个案子里，创办人需要审慎考虑公司的股权设置。首先，以股东的国籍为例，在我们代理的一个案子中，客户选择由中国公民，也是中国母公司的一名股东来作为俄罗斯公司的股东。该名中国公民不在俄罗斯居住。因此，他签署的文件，往往需要使馆认证，这需要花费相当长的时间和费用。在后来的实际经营中，这个公司面临很大的困难，很多需要这位中国股东签署的文件，需要一系列的公证和认证才生效。这大大降低了公司经营和决策的效率。

其次，股东的人数，也是需要详细考虑的问题。以独资法律实体为例，根据法律规定，独资法律实体不能单独成为另一个有限责任公司的股东，这项限制同样适用于外国参与者。因此，如果企业有对外投资的长期考虑，我们通常不建议客户采取独资法律实体的方式来注册公司。另一方面，独资法律实体的优势是，由个人设立公司使适用简易税收系统（以下详述）成为可能。

税务筹划

税务筹划是企业境外投资需要面对的重要问题之一。这个决定一定要深思熟虑。因为它决定着公司要缴纳税款的数额以及纳税申报的频率。可以说，企业在境外投资，税务筹划至关重要。但是，我们遗憾地看到，大部分中国企业，缺乏在俄罗斯进行有效税务筹划的能力。

目前在俄罗斯，对公司实行三种税收体系：

一般税收体系是被默认使用的基本体系

这种税收体系并不总是有优势，特别是在公司运营之初。作为这种税收体系的一部分，包括以下三种税：①所得税。税率是收入和支出之间差额的20%。②财产税。适用于不动产的情形。③增值税。商品或服务的销售额的18%减去支付给供应商的 VAT 费用。对一些类型的商品和服务，可以适用减免后的税率 10%。

在大部分情况下，增值税是决定使用或者不使用一般税收体系的主要原因。增值税涉及比较难的税务申报，企业需要保持所有的发票整齐有序，并且按季度向税务主管机构提交报告。如果公司的经营活动不包括批发贸易，并且在公司的客户中没有适用 VAT 的大型公司，那么关注特殊税收体系是非常合理的。

我们的客户并未计划在第一年通过俄罗斯子公司来运作大额交易，大额交易还是通过中国公司进行。因此他们并不需要使用增值税体系的资格。

简易税收体系

简易税收体系非常适合我们客户的情形。简易税收体系方便，有优势，因为公司不必纳三种税，而是只纳一种税。公司应按季度缴纳税款，提交给税务主管机构的报表也只需一年提交一次。

选择简易税收体系，有必要在两种税收对象中选择一种：

以收入为基础：税率设定为 1% ~ 6%；

以收入减去支出为基础：取决于不同区域，经济活动的类型以及通过这些经济活动所获得的收入额，税率在 5% ~ 15%。

如果公司有少量的支出，至少收入的 60% 或者支出难以用文件证明，那么选择"以收入为基础"是更有益的。非常适合提供咨询服务的公司，例如，不动产租赁，等等。

"以收入减去支出为基础"在以下条件下更有益：

大额支出，超过收入的 70% ~ 80%；费用能够在税前列支，而且这些费用将会经常发生。对于贸易类活动，使用"以收入减去支出为基础"更加有益。在一些地区，法律规定了特殊的税率。例如，2015 年在莫斯科，"以收入减去支出为基础"的税率是 15%，在圣彼得堡的税率是 7%，在斯维尔德洛夫斯克地区是 7%。

这些情形使用简易纳税系统有一些限制：有特殊限制的经营活动，年收入超过 79 740 000 卢布（大约 800 万人民币），公司注册资本的 25% 属于另外一个公司。

这种最普通的税收体系通常在中小型公司中使用。

相关收入的统一税

这种税制只适用于俄罗斯税法列表中的一些特定类型的经营活动。此税制最吸引人的地方在于税额是固定的，与公司的实际所得无关。不过不幸的是，这种税制只适用于某些经营活动。

税制的选择是一件严肃而重要的事情。如果选错了税制，那么经营活动就不如预期的那样有利可图。有一点必须记住，如果是往俄罗斯联邦进口货物，一般说来，选择一般税收体系更有利。理由在于采用这种税制将可能考虑增值税的数额，而增值税的缴付与随后的购买者购买货物有关。在适用简易税收体

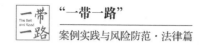

系的情况下，在清关时必须支付增值税，之后没有可能降低这些费用。

从俄罗斯出口货物的话，采用一般税收体系也更有利。因为在这种情况下，出口商有权获得清关后出口货物价格 18% 的增值税的退税。

在早期阶段使用一般税收体系的主要问题，在于公司有义务组织足够专业的会计通过与联邦税收服务机构沟通的电子文件管理系统，进行日常纳税申报提交。这些活动在非常早期的时候就应该进行。通常从公司注册之日，到公司开始有效经营活动期间可能会有相当长的时间。如果公司股东并不在意这些义务，他们并未提交"零"申报，公司可能受到相当数额的行政罚款以及发生银行账户被暂停的情况。

另外与联邦税收服务政策有关的问题是，得到商业经营需要的现金和面对税务机关针对无实际经营的公司作为交易方的审查。前者要求增加交易的透明度和降低现金支付的可能性，后者要求对潜在的反方进行更细致的监察。

寻找公司注册地址

选择公司地址有两种方法：

（1）租用办公室。由于事实上法律实体尚未成立，因此初期的合同是由公司创办人或他的授权代表签署。同时，房屋所有人要出具提供此地址的书面证明。

（2）使用虚拟地址服务。有很多公司提供这方面的服务。但是，由于注册机构更严格的规定以及银行开立账户的要求，有可能这些地址未能通过有关真实性的核实。

文件准备

经历了一系列的法律调查，管理层就上述全部问题也做出了决定。接下来，我们需要准备注册有限责任公司的全套文件。这些文件通常包括：

（1）两份公司章程（由创办者签署）；

（2）四份成立有限责任公司的决定（由创办者签署）；

（3）填写完成的注册公司申请表（R11001）；

（4）公司注册州税缴付收据（大约 400 元人民币）；

（5）使用简易纳税系统申请；

（6）出租办公室的房主出具的提供地址的证明文件。

签署 R11001 表证明

如果申请人向注册主管机关提交申请文件，并且亲自提供身份文件，那么由公证机关出具公证文件并不是必需的。但是，大部分情况下，这些申请人，包括股东、董事、监事等，在提交文件的时候，不会全部在俄罗斯境内。这种情况下，一系列的翻译、公证和认证就是必需的了。

R11001 表上申请人的签名需要俄罗斯联邦领事馆或者经外国公证后再由领事馆认证。这是什么意思？意思是创办人并不需要亲自来到俄罗斯，虽然之前他们建议如此。很少法律顾问提到这点，因为他们想让客户亲自来到俄罗斯，希望把他们带到崭新而又不熟悉的环境里，向他们提供更昂贵或者不寻常的服务。

向税务机关提交公司注册文件

为完成这个步骤，我们帮助企业准备以下文件：

（1）公证过的公司创办人签署的 R11001 表；

（2）两份公司章程；

（3）州税缴纳收据；

（4）使用简易税收体系申请；

（5）成立有限责任公司的决定；

（6）附翻译文件的创办人护照复印件；

（7）出租办公室的房主出具的提供地址的证明文件。

这些文件都是通过快递向税务机关提交的。

完成注册流程

在提交下述文件后 3 ~ 5 天，企业就可以获得公司注册文件了。这些文件包括：

（1）政府注册证；

（2）公司注册摘录；

（3）税务登记证；

（4）盖有税务机关注册印章的公司章程。

这些文件会被自动送到公司法定地址。

之后，公司制作圆形印章（现在是自愿的，但是最好还是使用）。关于公司印章的制作并没有特殊的限制，容易且便宜。

比想象得更容易、更安全

正如你们看到的那样，帮助我们的中国客户在俄罗斯注册公司，相对简单。正确的组织安排程序，以及从一开始创办人对程序的全面理解，避免了许多潜在的问题。

注册完成后，公司立即开设了银行账户，开始了业务运营。值得注意的是，俄罗斯的银行账户并不是多货币的，公司应针对每一种货币的支付开设独立的银行账户。俄罗斯也实施外汇管制。对于交易额超过 5 万美元的交易，政府进行审查。

需要提示的是，俄罗斯公司的一项重要优势在于所有公司都有权开展外贸活动，而不必获得专门的许可。这为企业的跨国经营提供了相当的便利。

另外，公司注册完成后，还需要解决的一个重要问题就是，为外派员工准备适当的签证文件。

总之，我们认为，企业应当严格遵守俄罗斯法律和相关法定程序和手续。在这个前提下，俄罗斯政府为外国企业提供安全和稳定的营商环境。作为专门服务企业境外投资的法律人，我们祝福中国企业在俄罗斯及周边国家的投资取得更大的成功。

[ILYA CHERNYSHEV，俄罗斯律师，毕业于俄罗斯秋明大学法学院。曾担任俄罗斯政府和商业组织的法律顾问，并任圣彼得堡法律服务公司首席执行官。]

案例 11

浙江新洲集团在俄投资木兴林业有限公司破产案

俄罗斯地跨亚欧大陆，地大物博。其中，森林资源十分丰富，是世界上森林资源第一大国。

俄罗斯的森林资源主要集中在远东西伯利亚地区，其森林覆盖率可达45%，木材蓄积量达204亿立方米。但其利用率并不高，实际年采伐量均未超过许可采伐量，这也营造了对俄罗斯林业投资的巨大吸引力。

2003年，中俄两国政府签订的《中俄森林资源开发利用合作长期规划》开始实施。正在筹划转战资源领域的浙江新洲集团，乘潮而下，跨境投资俄罗斯森林资源。当年，黑龙江省政府邀请新洲集团考察俄罗斯，并且推荐了哈巴罗夫斯克木兴林业有限公司旗下的林场。

新洲集团与黑龙江国有企业辰能贸易有限公司联手组建了黑龙江新洲材源木业有限责任公司，作为项目收购平台，新洲占股70%，黑龙江辰能占股30%。

2003年12月25日，黑龙江新洲材源木业有限责任公司（以下简称"新洲木业"）分别与哈巴罗夫斯克边疆区国资局、俄罗斯霍尔金格林木出口公司签订收购协议，以股权转让形式收购了俄罗斯哈巴罗夫斯克木兴林业有限公司（以下简称"木兴公司"）的100%股权，获得该公司旗下林场24.7万公顷，经营权49年，每年许可采伐量18万立方米。这成为当时浙江与黑龙江两省境外投资的最大项目，也是中俄经贸合作重大项目之一，并曾为两国舆论所瞩目。

但是，政府的支持背景和良好的发展平台并没有使该投资项目免于破产的厄运。

全心投入 前景光明

从 2004 年开始到 2006 年年底，新洲木业投资 1 亿多元人民币，在木兴林场修建了办公楼、职工宿舍楼、油库、机修车间、车辆修理车间、储木场、造材生产线等基础设施，购买了运材车、集材机、装载机等大型设备近200 台。虽然林地股权收购价为 150 万美金，但经过三年的投入，合计已近两个多亿。

此外，为了减少项目投资风险，新洲集团于 2006 年向我国唯一承办出口信用保险业务的政策性保险公司中国出口信用保险公司（以下简称"中信保"）购买了海外投资保险，投保了保额为 5000 万元的"海外投资（债权）保险单"等险种，在东道国政治风险、征收、汇兑三方面均加了安全锁。2007 年 1 月 4 日，新洲集团为此支付保险费 496.02 万元人民币。

值得欣慰的是，前期的艰辛投入得到了回报，随着项目开采量的增大和国际原木价格的急剧上升，该项目前景预期乐观，营利指日可待。

从 2003 年到 2007 年，项目市场估值从已有的 70 亿元人民币飙升至 150 亿元人民币。

根据计划，2007 年，林场计划提前四个月，即在 8 月开始采伐，预计2007 年可以完成年采原木 18 万立方米，加工板材 5 万立方米，赢利 3000 万元人民币，公司可以进入良性循环。

与此同时，从 2006 年起，国际原木价格急剧上升，由于木兴公司林地出产的 95% 是白松，是生产漂白纸浆的最好原料，价格上涨很快。当时预计这片林场，将在未来 49 年内每年提供 24 万立方米的木材，这约 1200 万立方米的木材，将产生数十亿的利润。

树大招风 遭遇困难

项目前景看好，却也同样带来了麻烦。

哈巴罗夫斯克边疆区，这样大片的白松林地很少，俄罗斯哈巴罗夫斯克森林工业部几次找借口提出收回木兴林场，但都被新洲林业公司据理力争回绝了。

2006 年年底，俄罗斯远东林业集团提出以 360 万美金的价格收购木兴公司的林地，被拒。

2007 年 3 月 7 日，受俄罗斯另一林场租用的一家运输公司的货车，在运货途中被俄罗斯交警拦截检查，其中一名司机李元生的护照签证，上面显示是木兴林场办理。根据俄罗斯法规，木兴林场的司机为别家林场运输木材，属于盗采盗伐行为，李元生当即被俄交警扣留。后经俄方查明，李元生并不是木兴公司的员工，这张护照签证上所谓木兴公司负责人的签名，是有人假冒的。

2007 年 3 月 29 日，在事先无任何书面通知情况下，哈巴罗夫斯克边疆区检察院以涉嫌盗采盗伐为由，查封了木兴公司的全部资产。

4 月 13 日，检察院搜查了木兴林场的办公楼，抄走公司的财务和生产文件。

5 月 26 日，拉左区内务局执行哈巴罗夫斯克边疆区检察院的委托，对木兴公司储木场的木材进行"保护"，木材无法继续运出，经营活动被迫停止。之后，木兴公司资金链断裂，被迫将中国工人遣送回国。

6 月 25 日，木兴公司将哈巴罗夫斯克边疆区检察院告到法院，要求确认检察院行为违法。8 月 28 日，诉讼请求被法院驳回。同一天，州政府部门把木兴林场 23 557.72 立方米木材以低于正常价格三分之一的价格卖给俄罗斯一家公司。

7 月 23 日，哈巴罗夫斯克边疆区自然资源部木兴林管所公函传达，决定提前终止在中方收购之前就与木兴公司签订的林地资源租赁合同。理由是四条：①木兴公司未支付森林资源使用费；②未履行合同规定的森林合理使用和森林耕种义务；③违反俄罗斯联邦防火安全条例；④在进行木材砍伐时违反了森林管理的要求。

8月9日，哈巴罗夫斯克边疆区自然资源部木兴林管所向哈巴罗夫斯克边疆区仲裁法院起诉木兴林业有限责任公司，请求解除森林资源租赁合同。2008年5月16日，哈巴罗夫斯克边疆区仲裁法院作出解除合同的判决。

9月18日，俄罗斯税务局进驻木兴林场查税，10天后以木兴公司欠税款、滞纳金和罚款1 514 577卢布为由，向哈巴罗夫斯克边疆区仲裁法院递交木兴公司破产申请。2007年10月31日，仲裁法院裁定欠缴税款为1 503 776卢布，并启动对木兴公司的监督程序。2008年9月4日，仲裁法院判决木兴公司破产。

保险索赔 无果而终

此后，新洲集团向中信保提出索赔，但历经5年，中信保以提交证据不足为由，未予理赔。中信保采信俄罗斯方面的指控，认为木兴公司在俄罗斯经营过程中违法操作导致项目破产。

中信保浙江分公司于2009年2月5日出具给新洲集团的《关于新洲集团投资俄罗斯木兴林场项目索赔申请的回函》中说明，根据第三方律师机构的调查，"木兴林场被查封导致的损失已确定发生，但被保险人未能提供足够证据证明其发生的损失属保单责任范围内"。中信保方面认为，新洲集团没能提供足够的证据，证明俄罗斯当地政府部门实施了征收行为并导致木兴公司的财产控制权和经营权被剥夺。

万般无奈下，新洲集团向北京市仲裁委递交申请仲裁书，请求裁决中信保赔偿海外投资（债券）保险赔偿金1.114 4亿元人民币。此案于2012年9

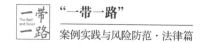

月 12 日开庭，但新洲集团在即将最终裁决前，于 12 月 25 日自行申请撤回全部仲裁请求。

此后不久，最高人民法院于 2013 年 4 月 12 日通过《最高人民法院关于审理出口信用保险合同纠纷案件适用相关法律问题的批复》，就出口信用保险的法律适用做出解释：对出口信用保险合同的法律适用问题，保险法没有做出明确规定。鉴于出口信用保险的特殊性，人民法院审理出口信用保险合同纠纷案件，可以参照适用保险法的相关规定；出口信用保险合同另有约定的，从其约定。

吸取教训 维权启示

对于木兴公司被破产，比较流行的说法是该公司资产被俄罗斯利益集团看中，之后就利用法律程序进行巧取豪夺，直至破产。但是，作为律师，笔者觉得有几个比较重要的问题被忽视了。

木兴公司不幸遭遇的起因是当地检察院，但是，该公司的资产最终被处置是基于破产程序，而对于 2008 年 4 月 9 日的破产判决，我们可以看到，新洲集团方面并没有进行足够的抗争，至少没有这方面的司法文书证明。

根据俄罗斯法律，在仲裁法院的诉讼程序中，如果其合法权益由于该判决而受到了侵害，即使不是当事人，案外的第三人依然可以对判决结果提起复审或者上诉。所以，新洲集团或者木兴公司的股东应该有权利对上述破产判决提出异议。

另外，根据俄罗斯法律和司法实践，新洲集团或者其他利害关系人可以提出诉讼保全措施，要求中止木兴公司的破产程序并禁止当地税务机关进行注销登记。这些法律手段，都可以起到延缓破产程序的作用，争取时间维护投资人的权利。

在查阅俄罗斯最高仲裁法院的判决数据库之后，笔者并没有发现新洲集

团或者木兴公司股东对破产判决的任何复审或者上诉案件信息。我们只看到
一份黑龙江新洲材源木业公司参与的诉讼裁判文书，该公司作为被告，被木
兴公司起诉要求支付货款 672 716.33 美元。

尽管新洲集团一再强调与当地检察院的案件中的程序问题，但破产案件
才是最重要的，因为只有在破产过程中可以处置木兴公司的全部资产，这应
该才是关注的重点。从目前的司法文书来看，新洲集团没有充分利用俄罗斯
法律所提供的全部可能性去阻止破产程序以充分维护木兴公司的合法权益，
那么，日后如果新洲集团再试图通过保险获得赔偿或者通过投资仲裁获得赔
偿时，这都会是一个严重的障碍。

此外，值得注意的是，在木兴公司的破产过程中，有一些有意思的数
字。俄罗斯税务局起诉木兴公司的欠税数额是 1 514 577 卢布，法院宣布破
产时确认的登记债权是 7 782 068.8 卢布，都不算多。俄罗斯税务局确认的
破产管理人的报酬是每月 1 万卢布，后来债权人 2008 年 6 月 24 日开会决议
把报酬提高到每月 10 万卢布，法院也在 2008 年 8 月 7 日决定批准了，但俄
罗斯税务局对此表示反对，认为这样的做法侵害债权人利益，提起上诉。对
此，复审法院在 2008 年 10 月 22 日裁定中最终认定可以每月 10 万卢布，为
什么？因为破产管理人提出文件证明，木兴公司的财产很多，建筑物价
值 12 483 000 卢布，设施价值 19 786 000 卢布，设备价值 1 500 000 卢布，汽
车价值 400 000 卢布，所以，每个月才 10 万卢布，富富有余。但是，问题来
了！既然木兴公司有这么多财产，那么还存在资不抵债的依据吗？还有破产
的必要吗？这些数字只是复审法院裁定中披露的，应该还有其他债权，包括
此后木兴公司向其母公司提出的支付货款请求。

与此同时，木兴公司破产管理人在处置其资产时，也有不少麻烦，比
如，木兴公司的一些交通工具是以对注册资本的实物出资的方式进口的，当
地海关就禁止其处理，所以不得不与海关就此对簿公堂。俄罗斯税务局后来
也曾经起诉撤换破产管理人，但几经诉讼，也没有成功。所以，由此可见，

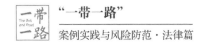

俄罗斯各部门联手来操作这个事情的说法似乎有待确定。

从俄罗斯相关立法的角度，在对俄罗斯进行林业开发投资时，中国企业应当注意以下几个方面的法律问题：

提高合同履约意识

根据《俄罗斯联邦森林法典》第8条规定，森林资源林地归联邦所有，其他类型土地的林地所有权形式则由土地立法确定。因而，木兴公司是凭借与俄罗斯自然资源部门签署的林地资源长期租赁合同来进行作业的。但新洲集团并没有按照合同约定承担合同义务，最终导致法院判决租赁合同解除。

根据第 A73-139-2008 号判决书内容，木兴公司应每年分别按下列日期和比例进行租金支付：2月15日支付15%、3月15日支付10%、4月15日支付10%、6月15日支付10%、7月15日支付10%、9月15日支付15%、11月15日支付15%和12月15日支付15%，至庭审日，木兴公司欠缴2007年全年租金2 026 258卢布以及2008年的部分租金。租赁合同第11.1.5条约定，一年中连续或3个月以上未缴纳租金是解除合同的依据。然而，庭审时，木兴公司代理人并未否认欠缴租金的情况。

此外，租赁合同第11.1.4条约定，承租人连续（2次以上）违反森林立法是解除合同的依据。为此，申请人提供了十余份确认书和行政违法处罚书，证明木兴公司在合同有效期内未履行合同规定的森林合理使用和森林耕种义务，违背森林砍伐许可证的规定进行作业，违反俄罗斯联邦防火安全条例。判决书中也没有显示木兴公司代理人对此提出反驳意见。

由于中国文化中形成的人情社会传统理念，中国商人通常会认为，建立良好的合作伙伴关系比起教条地恪守合同条款往往更有利于保障合同的顺利执行，所以履约意识一直是中国企业的软肋。但我们要清醒地认识到，如果我们不按约定履行合同义务，就相当于把决定合作关系的主动权完全置于相对方的控制之下，相对方完全可以根据自己的需要来决定何时"合法地"

结束合作关系，随时抽身，而所有的违约责任则都是由违反合同义务的一方承担。

遵守法律规定和社会义务

俄罗斯对外资的相关立法特点是有张有弛，一方面为了吸引外国投资，相关立法规定给予外资一些优惠，例如经济特区、自由港、地区性投资项目等一些特定优惠政策以及外资实物资本进口等普遍性的优惠政策，多表现为关税、税收的优惠形式；另一方面为了保障本国经济安全，立法又做出了一些限制外资的规定，如对银行、保险、通信、大众传媒、博彩、战略性产业等领域的外资进入以及外国主体对特定土地的所有权方面均设置了一定限制，形成了以《俄罗斯联邦外国投资法》《俄罗斯联邦外国公民法律地位法》为总纲，并结合《俄罗斯联邦有关外资进入对国防和国家安全具有战略性意义行业程序法》《俄罗斯联邦土地法典》《俄罗斯联邦经济特区法》《俄罗斯联邦税法典》《俄罗斯联邦有限责任公司法》等一系列专门性立法构成的复杂体系。但并未免除外资企业按照相关立法应对俄罗斯社会、安全及自然环境等应承担的法律义务。

木兴公司在经营过程中违反了关于俄罗斯森林砍伐和恢复方面的法律规定义务，违反了消防安全规定等法律法规，进而成为了租赁合同被解除的理由之一。另外，木兴公司未履行支付税款的义务，因而税务机关向仲裁法院提起了对于木兴公司的破产诉讼，最终公司被判决破产，也正是基于破产程序，木兴公司财产才被合法处置。

根据《俄罗斯联邦破产法》第6条和第7条的相关规定可知，破产案件应由仲裁法院受理，税务机关作为国家权力机关，如果自其发出欠税补缴通知日起算的30天内欠税人逾期未缴，则税务机关便有权对欠税人提起破产诉讼，也就是说，税务局发出的欠税补缴通知就相当于对欠税人提起破产诉讼的警告。

按照《俄罗斯联邦破产法》的第 33 条第 2 款规定，除俄罗斯联邦法律另有规定外，如果企业法人欠款数额在 30 万卢布以上，且逾期支付 3 个月以上，则仲裁法院受理对于该欠款企业的破产诉讼申请。根据《俄罗斯联邦破产法》的第 3 条第 2 款所述，如果企业逾期 3 个月以上未履行税务等强制性征收款，则该企业被认定为无支付能力。

税务机关于 2007 年 9 月 28 日作出关于认定木兴公司破产的诉讼申请，并追缴 1 514 577 卢布欠税款。对此，仲裁法院于 2007 年 10 月 31 日作出第 A73-10035/2007 号裁定书，根据裁定书内容，税务机关提供了欠税补缴通知书和木兴公司逾期未缴纳欠税款的证明，木兴公司代理人未提出相反证据，因而仲裁法院裁定承认 1 503 776 卢布的欠缴税款，启动对木兴公司的监督程序，并任命临时管理人。此间经过债权人登记等一系列工作，经查明，木兴公司对外欠款总额为 7 782 068.80 卢布，而该公司自 2006 年起处于亏损状态，因此仲裁法院于 2008 年 4 月 9 日做出木兴公司破产的判决。

根据《俄罗斯联邦税法典》第 46 条和第 47 条规定的内容，如果税务机关所掌握的欠税企业银行账户或电子资金余额不足以支付欠缴税款，则税务机关有权追索欠税企业财产来补偿欠税款，并就此向强制执行机关发出书面通知，由强制执行机关按照《强制执行法》执行。强制手段则包括冻结财产、资金、有价证券并将其封存。强制执行机关在收到税务局通知后，会书面通知欠税人，欠税人还有机会在 5 个工作日内补缴欠款。根据 2007 年 10 月 31 日的裁定书内容，可知本案例中税务机关使用了这一权力。

由此可见，木兴公司违法操作以及事后未能及时补救，错过了避免损失的最佳时机。

敢于合法维权

根据《俄罗斯联邦外国投资法》第 5 条第 2 款规定，对于因国家机关、地方自治机关或其工作人员的非法行为（不作为）而给外国投资者造成的损失，外国投资者有权根据俄联邦民事法要求赔偿。

根据《俄罗斯联邦破产法》第49条第4款规定的内容，可以对仲裁法院做出的启动监督程序的裁定提出上诉，但上诉不中止裁定的执行。

根据《俄罗斯联邦仲裁程序法》第180条、257条相关规定，在没有被提起复审的情况下一审判决于做出之日起一个月后生效。案件当事人及本法所规定的其他人员有权对尚未生效的一审判决提起复审。

但是，根据俄罗斯仲裁法院网址上公示的关于本案所有的判决书及裁定书，木兴公司既没有在租赁合同案和破产案的庭审过程中提出任何反驳理由或者证据，也未对判决结果提出复审要求。由此可以看出，中国企业合法维权能力实在堪忧。

根据实践经验，俄罗斯仲裁法院具有一定的审判独立性。当中国企业认为俄罗斯行政机关或检查监督机关做出的决定不合理或存在违法现象时，应该及时运用俄罗斯立法规定的救济方式来寻求解决途径，而不应该单单依赖于政府团体的软性调解。

从本案例可以看出，中国企业缺少合理运用投资国法律救济手段的能力，缺乏在诉讼过程中据理力争的理念。也正是由于新洲集团在俄罗斯维权不力，导致向中信保索赔无果。可见，依靠法律维护合法权利是投资海外的中国企业必须增强的意识。

周广俊，北京市信达立律师事务所主任。毕业于莫斯科大学法律系，长年从事对俄法律服务工作，现为中华全国律师协会外事委员会委员、中国国家经济贸易仲裁委员会委员、俄罗斯联邦司法部注册外国律师、俄罗斯仲裁协会会员。

第四章

伊斯兰法系国家

综　述

伊斯兰法系国家投资风险

　　丝绸之路自古以来就穿越世界上主要的伊斯兰区域。在现代"丝绸之路经济带"和"21世纪海上丝绸之路"沿线上，从中亚五国[1]到西亚多国[2]，西至欧洲的塞浦路斯、希腊和北非的埃及，南至南亚八国[3]及印度尼西亚、马来西亚和文莱等，"一带一路"沿途有约30个国家尊奉伊斯兰教为国教，或者其国内多数居民信奉伊斯兰教。我们称这些国家为伊斯兰国家。

　　伊斯兰国家的法律制度与其政治、经济和文化一样受到伊斯兰文明的深刻影响，有着独有的特点。本章将概括介绍伊斯兰法系，分析伊斯兰国家法律的共性和特性，旨在为有意走出国门，在相关国家开展投资合作的读者厘清思路，并从法律角度做出风险提示，提出指导意见。

伊斯兰法系和伊斯兰法系国家

　　伊斯兰国家有着特殊的历史和文化传统，这些有着共同传统的国家的法律基本特征，形成了其独立的法系——伊斯兰法系。伊斯兰法系基本上属于法制史上的概念，是指中世纪信奉伊斯兰教的，以伊斯兰教法作为共同基本

1　哈萨克斯坦、乌兹别克斯坦、土库曼斯坦、塔吉克斯坦和吉尔吉斯斯坦。
2　伊朗、伊拉克、土耳其、叙利亚、约旦、黎巴嫩、以色列、巴勒斯坦、沙特阿拉伯、也门、阿曼、阿联酋、卡塔尔、科威特和巴林。
3　印度、巴基斯坦、孟加拉国、阿富汗、斯里兰卡、马尔代夫、尼泊尔和不丹。

法律制度的阿拉伯各国和其他一些伊斯兰国家的法律的总称，又称阿拉伯法系或穆斯林法系。

伊斯兰法系以伊斯兰教法为基础，由多个以伊斯兰教法为基本法律的国家组成。

伊斯兰教法，中文音译沙里亚，字面意思为通向饮水池的道路，是以伊斯兰教教义为基本准则的宗教法律体系，在穆斯林黄金时代的2世纪和3世纪形成体系。完全和无条件服从安拉（神）的旨意是伊斯兰教的基本信条，因此，伊斯兰教法是安拉对穆斯林社会旨意的表达，构成了穆斯林义不容辞的宗教信仰义务。[1]伊斯兰教法兼具宗教和道德规范性质，对穆斯林日常生活和行为做出法律规定，内容极为广泛，其私法比重大于公法。

伊斯兰教法以《古兰经》和圣训为主要渊源（也就是法的体现形式）。古兰又翻译为可兰，意为"真理""启示""光"等。《古兰经》具有最高宪章性质，是伊斯兰法系的最基本法律渊源，同时又是信徒的生活准则。《古兰经》中涉及法律的经文80余节，涉及了解决社会问题的个案与判例，确立了"法度自安拉意志出"或"安拉的法度"的神圣立法思想，一切与其立法精神和原则以及具体规定相违背的法律都不具备效力。

先知穆罕默德的言行即圣训，阿拉伯语为哈底斯（Hadith）和逊奈（Sunna），即记述和传闻（哈底斯）以及行为和道路（逊奈）。圣训是对《古兰经》的重要补充。

次要渊源包括教法学和其他渊源。教法学通过对《古兰经》和圣训的研究，发现其中教法原则和精神，解释其基本含义，推导出新的法律规则，主要方法是公议和类比。其他渊源则包括政府行政命令、各地习惯和外来法律等。

伊斯兰教法可分为向安拉的行礼仪的义务和针对个人的义务。前者是穆

1　大英百科全书，作者为 Noel James Coulson。最后更新日期为 2014 年 3 月 11 日。http://global.britannica.com/topic/Shariah#toc68925.

斯林的首要义务，即信仰安拉。每一个穆斯林必须执行 5 种善功，即念功、拜功、斋功、朝功和课功。对于后者，传统伊斯兰教法的主要内容包括[1]：

（1）刑法。攻击他人者，从杀害到伤人，采取与犯罪人罪行相同方式报复以做惩罚。保留了血亲复仇制度，但若被害者近亲属同意，可缴纳赎罪金。伊斯兰法认为肉体刑印象最深，最能起到儆戒作用，因而广泛采用。

对于 6 种犯罪采取固定的惩罚措施：背教、叛乱和拦路抢劫等重罪处以死刑；偷窃罪砍手；已婚通奸者用石头砸死，未婚通奸则处以鞭挞 100 下；诬告妇女失贞罚 80 鞭；酗酒罪罚 80 鞭。上述 6 种之外的犯罪，执法者或法院有对定罪和量刑的自由裁量权。[2]

（2）交易法。交易行为能力的判断取决于对其"谨慎的辨识"，一般取决于生理成熟。法律有如下推定：12 岁以下的男孩和 9 岁以下的女孩视为未达到生理成熟；达到 15 岁的自然人视为已达到生理成熟。未达生理成熟的自然人必须得到其监护人认可才能做成交易。

基本的交易类型包括：买卖、租赁、赠予和借贷。但是伊斯兰教法严厉禁止利息，禁止赌博性质的交易，规定已宣誓确认的诺言必须实践，食言者应以施舍赎罪。因欺诈、错误、强迫而缔结的契约无效。

（3）家庭法。婚姻是一种契约，妇女不是缔约当事人，而是契约的标的物，必须由监护人代为订立。男方必须交聘金，一夫可娶妻四人。血统近亲、乳母近亲禁止结婚。一方行为淫荡、宗教信仰不同等也禁止结婚。妻子应尊敬和服从丈夫，只有在极少数情况下，如丈夫不赡养妻子，妻子才可以请求离婚。休妻制盛行。妇女应披长衫，除丈夫、父母、子女、兄弟、姐妹等外，在人前不能显露身体和面容，不能轻易和男人直接交谈。

1　部分文字引自互动百科相关词条：http://www.baike.com/wiki/ 伊斯兰法系。
2　大英百科全书，作者为 Noel James Coulson。最后更新日期为 2014 年 3 月 11 日。http://global.britannica.com/topic/Shariah#toc68925.

（4）继承法。非穆斯林不能继承穆斯林的财产，除近亲属（包括妇女）外，盟友也可继承。每一继承人都有应得一定份额，若有其他继承人，这种份额依比例递减。立遗嘱人只能处分其财产的1/3。

（5）土地所有权。土地是安拉的财产，只有先知的继承人哈里发才有权支配，阿拉伯贵族和普通自由人只享有占有权。麦加城及其邻近地区是圣地，非穆斯林不得在该地居住。

（6）程序和证据。传统上，伊斯兰教法由法院的单独法官执行，对于不同的法律问题，法官可以听取专业法学家的观点。法院不分层级，没有上诉制度。由办事员组织法庭程序。在很大程度上，传统审判程序只是法院的自我操作。在决定了哪一方负有举证责任后，法官仅仅负责完成已确定的法律程序，即证据是否已提供，是否已宣誓和下结论。

因为伊斯兰法系国家都以伊斯兰教法为法律基础，所以伊斯兰教法的特征也是伊斯兰法系的特征。伊斯兰教法的特征主要有[1]：

（1）立法神圣。伊斯兰教法的立法基础为《古兰经》和圣训，立法者只能是安拉和他的使者穆罕默德，对于《古兰经》和圣训明文规定的律例，任何人只能遵循不得更改；没有明文规定的，才允许教法学家根据《古兰经》和圣训的精神和原则，从事律例的推演和说明。

（2）内容广泛。伊斯兰教法是将教规和法制结合起来的世界法系，也是把道德和法律紧密结合的一种宗教法，具有不同于一般法律制度的广泛内容。

（3）执法灵活。当个人利益与集体利益发生冲突时，首先注重集体利益；

1　伊斯兰法系的特征参考了百度百科《伊斯兰教法学》，网址为 http://baike.baidu.com/link?url=zYTzKZYipAcT YujxK047fwSGIwLNMf1ZaZvebsqVYnRclU_EpTjdwbtMPAHb6pRoVK72fbswCC42sswZkGpu9。

当两个人的利益冲突时，则首先注重受害更大者的利益。建立在次要渊源基础上的法规律例，可以因人、因时、因地、因事灵活运用，但这种灵活性不能超出教法基本原则和宗旨的范围。

随着 19 世纪西方文化对伊斯兰国家的影响，伊斯兰教法昔日的特殊地位在许多国家已不复存在，尤其在民事与商业交易和刑法方面，伊斯兰国家的法律发生了巨大变革。许多伊斯兰国家完成了一系列法律移植和法制改革，这使得伊斯兰法系成为东方三大法系（伊斯兰法系、印度法系和中华法系）中唯一存活至今的法系。

作为变革的结果，众多伊斯兰国家放弃了传统的刑法和普通民法，取而代之的是全新的欧洲的世俗法律制度。即使在仍全面适用伊斯兰教法的阿拉伯半岛，从 20 世纪起也明显对其教法的应用进行了限制，尤其在家庭法和继承法方面。如巴基斯坦，家庭法已经有了新的成文法。而有的国家则已经完全放弃了传统的伊斯兰教法。

概括地说，传统伊斯兰法系国家在法律变革后形成以下三类[1]：

第一类，现代伊斯兰法系国家，至今仍然把伊斯兰教法作为本国基本法律制度。在"一带一路"沿线，属于这类的国家主要是阿拉伯半岛的沙特阿拉伯、也门、阿曼、卡塔尔、巴林、科威特以及伊朗、阿富汗和马尔代夫。这些国家的法律制度虽然进行了部分改革，但是并没有从根本上动摇传统伊斯兰教法。因此，这些国家至今依然属于伊斯兰法系成员。

第二类，非伊斯兰教法国家。虽然历史上曾经长时间奉行过伊斯兰教法，但在近代以来的改革中已经彻底放弃了伊斯兰教法，代之以从其他法系引进的法律制度。在"一带一路"沿线，属于这类的典型国家是土耳其。土耳其在 1926 年全面放弃了教法，而采用了瑞士的家庭法。土耳其现今已不属于伊

---

[1] 三种类型的划分参考了论文《伊斯兰法系——法律现代化的艰难抉择》，作者不详。

斯兰法系成员国，成为了大陆法系的成员。

第三类，混合法系国家。这些国家介于前两类之间，伊斯兰教法只在家庭和继承等个别领域继续有效，其他法律领域中占主导地位的是从西方引进的世俗法律。现在的伊斯兰国家大多数属于这种类型。这类国家所适用的是混合型法律制度，即传统的法律与从西方引进的法律相混合，或者是大陆法与伊斯兰教法相混合，或者是普通法与伊斯兰教法相混合，或者是大陆法、普通法与伊斯兰教法相混合。例如，叙利亚法律主要属于大陆法系，但又属于伊斯兰法系。在"一带一路"沿线，较为典型的国家有巴基斯坦、孟加拉国、伊拉克、黎巴嫩、阿联酋、叙利亚、埃及、马来西亚、印度尼西亚等。应该指出的是，巴基斯坦在伊斯兰教法复兴的运动中恢复了许多传统的法律制度，开始呈现出传统法律制度排斥外来世俗法律制度的趋势。但是从总体上看，这些国家的法律仍然呈现出混合的特征，同时仍然持有一定的保留态度。

投资伊斯兰法系国家的机遇与风险

"一带一路"倡议提出以来，建设项目工作取得了重大进展，实现了良好开局。一批在建重点项目取得早期收获，一批重点项目合作协议顺利签署。我国在"一带一路"沿线国家的合作项目已涉及了基础设施、能源资源、产能合作、信息通信、环境保护、社会事业、人文交流、金融合作等众多领域。

"一带一路"沿线上的伊斯兰法系国家集聚了全球主要能源资源，供应潜力巨大。而我国能源资源市场消费增长迅猛，因此在能源资源合作方面，可以形成良好的互补。在基础设施建设、公共服务产品、社会民生保障等方面，伊斯兰法系国家都有一定的需求，我国企业因此面临着良好的投资机遇。在 2015 年，我国企业在对"一带一路"沿线国家的直接投资、工程承包和服务承包等方面，已经取得了不错的成绩，与沿线国家的合作前景充满期待。

在迎接机遇的同时，同样要认识到可能面对的各种风险。"一带一路"沿线区域呈现多文明交汇、多力量交织等特点，军事、政治、宗教等比较复杂。这些复杂形势将直接影响到投资者的收益、资金安全甚至人身安全。因此，投资者在投资前必须仔细了解当地的投资环境是否安全、法律是否健全、市场秩序是否合理，市场化程度是否足够。同时，要在风险评估与化解、有序竞争和争议解决等方面做好准备，对拟投资国家做到充分了解。

以下从法律角度，根据上文对伊斯兰法系国家的分类，举例介绍几个代表国家，以点带面，让投资者对在进行投资、开展商务过程中应重点关注的法律问题有所了解。

第一类国家，即现代伊斯兰法系国家。这些国家以伊斯兰教法为主要法律制度，法院对定罪和量刑有相对较大的自由裁量权。

以沙特阿拉伯（以下简称"沙特"）为例，沙特法律以伊斯兰教法为主要法律渊源，辅以法令、部长决定和沙特政府颁发的法律法规。沙特法律参照伊斯兰教法进行解释，并可根据伊斯兰教法进行增补。当沙特法律与伊斯兰教法不一致时，以伊斯兰教法为准。

沙特的司法系统由神职人员把控，没有标准化判例法和法院裁决，法官可"创制"进行判决，灵活性较大，判决在很大程度上取决于法官和地区。其复杂烦琐的法律制度让外国投资者难以驾驭。此外，沙特阿拉伯法院诉讼程序往往时间较长，司法判决和国际仲裁的执行力较薄弱，法院往往不愿执行外国裁决。外国人在与沙特国民法律纠纷中处于劣势地位。因此，庭外和解往往是外国投资者倾向的方式。[1]

沙特与贸易相关的机构有沙特商工部（负责企业注册、进出口商品检验

---

1 《国家风险分析报告》(2014)，中国出口信用保险公司，第124页。

检疫、进口商品许可审批等）、沙特商工总会（管理并服务沙特私有企业）、沙特标准局（制定标准、进口商品认证等）、沙特海关等。涉及贸易的法规有《商业代理规定及实施细则》《商业竞争法》《外国投资法》《公司法》《反借壳条例》《商业注册法》《公司法》《关税法》等。

沙特投资主管部门是沙特投资总局[1]，投资总局官方网站发布有外商禁止投资目录。外商投资的方式包括以合资或独资方式在沙特设立公司、工厂或开设办事处，与本国公司一样受《公司法》约束。投资活动必须获得由投资总局颁发的投资执照。外国投资者可以通过出售股份或企业结算等方式向沙特境外汇出利润。

企业缴纳雇员工资总额 2.5% 的宗教税，20% 的企业所得税，无个人所得税、营业税、印花税和增值税。

此外，在沙特设立企业后还要重点关注《劳工法》《所得税法》《商标法》等相关法律。

虽然沙特国内面临青年失业率高、邻国动荡等问题，值得我国海外投资者提高警惕，但总体来说，沙特政治经济形势较稳定，法律体系也保持相对平稳。

作为"海合会"[2] 成员国，沙特与卡塔尔、科威特等其他成员国有着类似的特征，不仅能源丰富，而且投资开放程度较高，与中国的经贸往来密切，总体风险较低。[3] 同样，属于准发达国家的巴林，其开放性和市场化程度都比较高。而伊朗、也门、阿曼和阿富汗等国家从经济风险、政治风险、社会风险以及大国博弈风险等角度衡量，投资必须谨慎。

第二类，是完全不属于伊斯兰法系的国家，这里不过多涉及。要提示注

1　SAGIA：www.sagia.gov.sa。
2　海湾阿拉伯国家合作委员会。
3　《"一带一路"海外投资风险评价：中亚 - 西亚经济走廊》，作者：民生证券研究院执行院长管清友，民生证券研究院咨询部张媛、伍艳艳、田铭。

意的是由于伊斯兰教在这些国家里仍属于占据统治地位或重要地位的意识形态，因而伊斯兰教法对穆斯林以及处于该国境内人的行为依然具有不同程度的约束力。

第三类，混合法系国家。以阿联酋为例。阿联酋于 1996 年正式确认了永久宪法。阿联酋同时具有联邦法律、酋长国法律和伊斯兰教法。阿联酋法律以伊斯兰教法为基础，世俗法律也可作为立法和判案的依据。阿联酋联邦与地方均有不同法律，法庭分为世俗法庭和伊斯兰教法法庭。后者主要处理有关家庭、婚姻和儿童的案件和部分刑事犯罪。阿布扎比、沙迦、阿治曼、乌姆盖万、富查伊拉设有联邦司法机构，各酋长国酋长仅可在本国内进行民事审判。大案要案需移交联邦法院。最高司法机构是联邦最高法院，负责对涉及宪法问题、酋长国之间或酋长国与联邦的争议、高级官员犯罪行为做出判决。[1]

阿联酋实施自由经济政策，对外贸易进出口自由，并设立了众多具有贸易优惠政策的自由区。阿联酋经济部具有制定经贸政策，制定经贸相关法律法规，管理外资，吸引外资等职能。阿联酋联邦工商会（FCCI）负责协调各酋长国工商会之间的关系。各酋长国工商会具有管理本酋长国私人公司，负责公司登记注册，发放营业执照和工商会会员证书等职能。阿联酋贸易相关的现行法律包括《商业公司法》《商业代理法》《保险法》《投资法》《商标法》等。

在阿联酋可以建立 7 类公司：普通合伙公司、有限合伙公司、合资公司、公开合股公司、非公开合股公司、有限责任公司和合股经营公司。需要注意的是，根据阿联酋《商业公司法》的规定，除在自由区（自由区内的公司可由外商 100% 所有）内设立公司或经相关部长与部门协商并报请内阁批准后允许作为例外处理的公司，一般来讲，外国公司不得在阿联酋境内直接从事经营活动。只有通过阿联酋公民或由阿联酋公民完全所有的企业法人作为保

---

1 《国家风险分析报告》(2014)，中国出口信用保险公司，第 23 页。

人或代理，外国公司方可从阿联酋经济部取得营业执照。[1]

阿联酋联邦不征收企业所得税、营业税和个人所得税等，只对一般商品征收 5% 的进口关税。各酋长国有可能会根据自身情况征收相应税费。

此外，在阿联酋雇佣员工要充分了解并遵守《劳工法》等相关法律法规。

中国出口信用保险公司在《国家风险分析报告》（2014）中认为，从法律完备性、执法成本和退出成本三个方面考察，2014 年阿联酋的法律风险较小，法律环境在逐步改善，外国投资者利益受到更多保护，其法律风险展望为稳定。

又如巴基斯坦。巴基斯坦所有的立法和司法判决都需要经过联邦伊斯兰宗教法院的审查，以确保其同伊斯兰教义不冲突。2008 年以来，巴基斯坦政府试图为伊斯兰金融建立一个现代的法律构架。除正式的司法机构外，在联邦直辖部落区和北部的部分地区仍有非官方的法院体系存在，这些都是伊斯兰教义和部落居民的做法。[2] 因此，除判例法外，伊斯兰教法对巴基斯坦的法律有着深刻的影响，其法律制度较为复杂。由于伊斯兰教法的复杂性可能影响外国投资，中国出口信用保险公司在《国家风险分析报告》（2014）中，考察了巴基斯坦的法律完备性、执法成本和退出成本三个方面后，将法律风险展望评为负面。

因此，投资第三类国家时要注意伊斯兰教法的特殊性和司法程序的复杂性。建议外国投资者在投资前做好法律调研工作，聘请专业人士或与当地机构合作，以咨询相关法律事宜。

除以上分析，还需要注意的是，虽然伊斯兰教法是属人法，所有穆斯林都应遵守，一般来说对非穆斯林不具约束力。但是，由于当代的主权国家都具有明显的地域性，即属地主义，也就是说，处于主权国家之内的人都被要

1　商务部：《对外投资合作国别（地区）指南——阿联酋（2015 年版）》，第 40 页。
2　《国家风险分析报告》(2014)，中国出口信用保险公司，第 34 页。

求遵守所在国的法律。因此，无论是否信仰伊斯兰教，身在伊斯兰教国家，都必须严格遵守所在国的法律和宗教规定。另外，一些伊斯兰法系国家签署了国际条约，在一些领域也同时遵守国际法。例如，阿曼宪法规定伊斯兰教为国教，伊斯兰教法是立法的基础，婚姻和家庭方面的法律与伊斯兰教法一致。同时阿曼也签署了联合国通过的法律，特别是一些有关保护人权，以及反对一切形式的对妇女歧视以及保障儿童权利的公约。在民事和刑事法律方面也承诺符合国际法要求。

伊斯兰国家有着辉煌的历史和文明，只有尊重其文明，才能更好地合作、互利共赢；只有遵守其法律，才能保证企业的合法存续和工作人员的权益，避免不必要的损失，从而实现"走出去"的目的。希望通过上述分析，能为相关投资者提供一些帮助。

以上仅为法律概况分析，不形成对投资者的具体投资引导。

王丹宇，黑龙江大学国际经济法学士，德国奥斯纳布吕克大学民法硕士，现就职于大型跨国集团海外法务支持部。

案例 12

在巴基斯坦法院"民告官"

　　巴基斯坦位于中国西南，与中国新疆相邻。在 88 万平方千米的狭长国土上，生活着 1.9 亿人口。2015 年 3 月中国三部委发布的"一带一路"行动计划中提出建设中巴经济走廊。从瓜达尔港到新疆走陆路最多需要 2 个小时，而原来从瓜达尔港走海路到上海需要 6 天时间。中巴经济走廊发展潜力巨大，有一位巴基斯坦议员认为，中巴经济走廊可以使中巴贸易额在 2014 年的 160 亿美元基础上增长 3 ~ 4 倍。

　　我们所服务的集团公司，于 2002 年开启巴基斯坦市场，在该国设立公司，从中国进口产品并在当地国销售。众所周知，中国企业信奉和为贵、和气生财，遇到纠纷时总是试图找到和解的办法。但是，公司从 2009 年起，却主动发起了多个行政诉讼。

　　作为专攻国际业务的涉外律师，我们也较少有机会在海外参与行政诉讼。本篇文章，我们向您介绍我们亲历的海外"民告官"案件。更令人激动的是，我们参与的是该国最高法院审理的行政诉讼案件。同时，与我们合作的当地国律师，更是国际超级大咖。

纠纷导致 SECP 质询

　　由于分销商纠纷导致投诉，从 2006 年 5 月 8 日起，巴基斯坦主管公司注

215

册和管理的机构巴基斯坦证券交易委员会（Securities & Exchange Commission of Pakistan，简称 SECP）开始多次发来质询通知（show cause notice）。

SECP 由巴基斯坦议会于 1997 年通过的证券交易委员会法案创立，总部坐落于首都伊斯兰堡，是财务独立、具有行政权力的依法律设立的公司（注：这和中国人挂在嘴边常说的"依法设立"可不是一个意思。巴基斯坦公司有 3 种，"依法设立"是其中的一种）。法律授予它行政权力，负责管理公司、资本市场和保险公司、非银行金融机构和私营养老金等。其最高管理机构是委员会（Commission），下设审计监督董事会、上诉机构、国际审计与合规、秘书处四个部门。SECP 不但主管公司设立，还主管公司年报等日常管理，包括公司 Form A（股东和董事名单）和 Form 29（管理人员和董事变更）的年度报告。这两个报告很重要，如果这两个报告不获得该委员会批准，股东分红将无法汇出境外。可见，它的职权类似于中国的工商局，加上证监会、保监会和银监会的部分职权。

质询通知是什么呢？行政机关怀疑有不当行为，就会发质询通知，要求嫌疑人解释。解释先是书面形式，必要时要求当面解释。如果解释不能令该机关信服，则机关就可以采取向法院起诉等进一步措施。下面这段话能表明 show cause notice 的性质（摘自 2006 年 5 月 8 日 SECP 给公司的第一封 show cause notice）：

Therefore, the chief executive and all the directors of the Company are hereby called upon in terms of the said provisions of law to appear before the undersigned personally or through an authorized person as provided under Section 476（3）... of the Company Rules，1985 on 22-05-2006 at 10 : 00 AM and show cause as to why legal action as provided under the law should not be initiated against the Chief Exccutive and all the Directors of the Company.

5 月 21 日，公司书面答复 SECP，否认相关指责，并要求 SECP 提供证据。8 月 25 日，SECP 提供了一份投诉。该投诉来自巴基斯坦穆斯林联盟青年派西北边省联合秘书 Inamullah Khan 先生，日期是 2006 年 8 月 9 日。这封投诉信让 SECP 难以自圆其说，因为早在 5 月 8 日其就称有投诉，而拿出来的投诉信日期却是 3 个月以后的。并且，更重要的是，该组织查无此人。更滑稽的事是，这些被公司揭破后，SECP 改变立场说他们对公司采取的行为是根据宪法 suo motu 原则做出的（而不是根据投诉材料！），这让我方律师在 2009 年 1 月 24 日的诉讼中抓住，称 SECP 的行为具有恶意。值得一提的是，在巴基斯坦，SECP 没有权力关闭一家公司。要想关闭公司，它得向法院提出申请，由法院判决。SECP 多次向公司发质询通知，就是要求公司出面解释。

前总统做代理律师

瓦西姆·萨扎德先生出生于法官家庭，1961 年以优异成绩毕业于巴基斯坦最高学府旁遮普大学，后荣获罗德奖并就读于英国牛津大学，于 1966 年获得法学奖，1967 年获得牛津大学民法学士学位和文学硕士学位。在伦敦期间，萨扎德先生获得了行政法的最高地位，并且取得诉讼律师资格，此外还任学生会主席。回国后，萨扎德先生长期在公共服务领域从事法律职业和教学工作。1985 年，萨扎德先生以法律专业人员的身份当选为巴基斯坦参议员。1988 年起任参议院议长，并于 1993 年任代总统。

我们第一次见到这位德高望重的法律前辈是在他的办公室。我们简单介绍了自己后，萨扎德先生即抓住了我们共同的经历：我在 20 世纪 80 年代末在中国驻巴基斯坦大使馆商务参赞处任外交官。萨扎德先生问我当时的大使是谁，我介绍了两位大使，一位是田丁同志，另一位是周刚同志。于是我们和萨扎德先生你一句我一句地回忆起田大使的往事，以及田大使陪同巴基斯坦代表团访问中国的情况。这段经历竟然帮助我们在第一次见这位前辈时就找到了叙旧的话题，拉近了我们的距离，为日后的合作减少了沟通方面的距离感。

诉讼文书有理有据

　　2007 年起萨扎德律师代理公司案件，与 SECP 做了多次交锋，但 SECP 固执己见地坚持对公司的纠缠。2009 年 1 月 24 日，萨扎德律师代理公司向巴基斯坦首都伊斯兰堡高等法院起诉，以如下理由控告 SECP：①过去 3 年中没有具体指责，而以 3 年后并且查无此人的投诉做基础，被我方指出破绽后 SECP 又改称其是根据 suo motu 的宪法原则质询公司。其立场自相矛盾，表明 SECP 的行为系出于恶意。②SECP 指责公司商业模式违法，却不能指出违反什么法。③在没有指出公司违法事实、违反何种法律的情况下，SECP 即要求公司证明自己合法，这种要求是证明不存在的事（prove negative），是没法证明的。④根据最高法院 Nasir Jamal 案，最高法院确立了各种 proceeding 都要遵守自然法，无论司法还是行政程序。而 SECP 既当法官又当控诉人的角色，违反了自然法原则。⑤SECP 组成违法因此没有管辖权。根据 1997 年 SECP 法案第 5 条，SECP 应该由 5～7 名委员组成，而事实上它只有 2 名委员，因此其组成不合法。据此，要求法院：①宣布根据巴基斯坦《公司法》第 309 条和第 305 条发出的质询通知无法律效力；②宣布 SECP 的行为无法律效力；③认定 SECP 的行为系恶意；和④指令证券交易委员会停止骚扰申请人，使申请人可以依照公司章程和巴基斯坦法律规定自由运营。同时向法院申请了暂缓令（stay order），停止执行证券交易委员会的质询通知。

　　2013 年 4 月 11 日，伊斯兰堡高等法院做出判决，驳回公司于 2009 年的申请，其主要理由是公司可以根据《证券交易委员会法案》第 33 条向证监会申诉。2013 年 6 月 1 日，公司向巴基斯坦最高法院提出上诉，请求推翻高等法院的判决和证券交易委员会的命令。2013 年 12 月 3 日，最高法院开庭，法官认为根据证券交易委员会法第 5 条，SECP 应该由不少于 5 名不超过 7

名委员组成，而在 SECP 进行处罚时，只有 2 名委员。法官援引最高法院在 Ashraf Tiwana 案判决中确立的原则，财政法不可以修改证券交易委员会法案，坚持证券交易委员会必须有完整的委员会才能实施处罚，因此证券交易委员会的处罚无效，并对公司的上诉予以立案。

暂缓令（stay order）的法律意义是，从暂缓令发出之日起，相关的行政命令不能执行，而不是废除该行政命令。公司由于 2009 年向伊斯兰堡高等法院起诉并获得暂缓令，其得以在长达 4 年的诉讼时间里，直到伊斯兰堡高等法院判决驳回申请之日，不受干扰地进行运营。

上诉至最高法院

对于 2009 年 1 月 24 日公司控告 SECP 的案件，伊斯兰堡高等法院于 2013 年 4 月 11 日做出了判决。判决没有提及哪一方有理，而是指出双方的问题可以自行解决，建议公司根据 SECP 法案第 33 条向 SECP 内部的上诉机构起诉。公司随即向 SECP 上诉机构起诉，但该机构表示其无管辖权。于是，公司于 2013 年 6 月 1 日向巴基斯坦最高法院上诉，要求撤销伊斯兰堡高等法院的前述判决。2013 年 12 月 3 日，最高法院对上诉予以立案，理由是法官认为根据证券交易委员会法第 5 条，SECP 应该由不少于 5 名不超过 7 名委员组成。法官援引 Ashraf Tiwana 案，财政法不可以修改证券交易委员会法案，坚持证券交易委员会必须有完整的委员会才能实施处罚，因此证券交易委员会的处罚无效。2016 年 5 月 5 日，公司胜诉：最高法院裁定撤销伊斯兰堡高等法院 2013 年 4 月 11 日的判决，将案件发回伊斯兰堡高等法院进行审理。在 2016 年 6 月 15 日的开庭中，法庭正式将两个案子合并审理，并且准许我方律师在一周内提交修改后的诉讼申请。

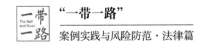

最高法院在巴基斯坦社会的地位

　　巴基斯坦最高法院，位于首都伊斯兰堡，是巴基斯坦司法系统等级最高的法院，也是法律和宪法争议的最后裁决者。除常设于伊斯兰堡的法庭外，还有几个分支法院审理案件。最高法院根据宪法享有法律（de jure）权力。经过几个军人当政时期和宪法暂停阶段，最高法院也自己建立了对军方的事实（de facto）审查权力。

　　最高法院拥有对所有高等法院的上诉审管辖权（包括各省高等法院、地区法院和特别法院）以及对几类案件的一审管辖权。最高法院由1名首席大法官和16名高级法官组成，这些法官都由总统经商总理意见后任命。一旦获得任命，法官们将任满特定的期限，之后就退休，除非他们被最高司法委员会在收到总统关于法官不当行为的意见后撤职。

　　法律权力指最高法院根据法律享有的权力，虽然它可以在实践中不行使这些权力。巴基斯坦最高法院有明确的法律权力来禁止总统保留权力的行使。例如，《巴基斯坦伊斯兰共和国宪法》第2条第3款：巴基斯坦联邦，第58项，总统可以解散下议院（导致新选举），但是，总统这项权力须经最高法院批准。最高法院还有权通过宣布违宪来推翻总统命令和国会立法。

　　《巴基斯坦伊斯兰共和国宪法》规定的法院的事实权力只能结合巴基斯坦的政治历史来理解。历史上，巴基斯坦军方夺取过权力，宣布军管并暂停实施宪法。虽然军方干涉政府，法院得以保持机构完整，并且面对军管保持了某种级别的权威。因1970年孟加拉国首席大法官哈默德·拉赫曼发表了哈默德·拉赫曼委员会报告，调查了东巴基斯坦的失败和失去，从此，最高法院的事实权力大大加强。此外，最高法院使1977年军事政变合法化，并在1999年穆沙拉夫将军干政期间，下令只允许军管3年。法院审理了前总理谢里夫腐败和劫机案，认定其有罪并判处终身监禁。随后，穆沙拉夫于2002年4月主持了全民公决，并于10月举行大选。这次大选实质上使巴基斯坦重回民主时代。最高法院监督了大选和权力从总统转移给总理。最高法院的权力在 2004 年阿齐兹任总理期间得到了进一步加强。阿齐兹的经济政策和反腐败增加了最高法院在政府中的地位。

可见，巴基斯坦最高法院对总统和议会有所制约，并维护宪法不受总统和议会的违反。在军方势力影响较大导致军人干政时有发生的巴基斯坦，独立以来共发生 5 次军人干政，有一半的时间是军人统治。最高法院在某种程度上维持了政府更迭期间国家的稳定和政府的有序过渡，同时也对军方干政的程度形成了一定的制约。这就是为什么虽然最高法院的规则受到争议，但是它对巴基斯坦人民和精英给予了强大支持，成为国家最受尊敬的机构。即便是在军管时期，也保持了对政治的某些影响。这种情况，令笔者联想到现代君主国家的情形。在某些君主国家，当国家出现宪法规定以外的非正常权力更迭时，君主起到维持国家统一和秩序的作用，并看护国家完成政权交接。而在巴基斯坦，最高法院事实上起到了这个作用。

综上，我们得出结论，巴基斯坦是法治国家。这就是公司得以从事诉讼的法律环境。

反贪局（NAB）加入对公司的行动

SECP 由于自身不够强大，于是把国家反贪局（National Accountability Bureau，以下简称 NAB）拉入了对抗公司的行动。NAB 是巴基斯坦最高反贪机构，负责以全面觉悟、预防和执法来消除腐败。其根据《1999 年国家反贪总统令》运行，总部位于伊斯兰堡并在四个省的省府城市和拉瓦尔品第设有分支机构。其负责管辖前述总统令规定的所有犯罪（offenses）。NAB 处理案件分为投诉、质询、调查、起诉到反贪法院共 4 个阶段。NAB 本质上属于政府机构，拥有较大执法权，包括进入质询阶段后将受质询人关押 45 ～ 90 天的权力，期间不得保释。面对 NAB，有罪的当事人有 3 种选择：①自愿还款（VR）。当事人按照双方认可的犯罪数额向 NAB 还款，还款后当事人即获得免除责任。VR 不算定罪，不承担犯罪的相应后果。②协商认罪（plea bargain）。进入调查阶段后，被告通过协商认罪可以获得判处较轻的罪行。通过协商认罪，被告虽然获得轻判，但仍然属于犯罪，承担 10 ~ 15 年不得担任管理职务等犯罪后果。③直面诉讼，可能被处以多至与犯罪数额等量的罚金，甚至坐牢。

前面这一段话，通俗地说，NAB 不同于 SECP。后者是有行政职权的公司，但是没有执法权。后者要想强行关掉一家公司，它没有权力亲自动手，而是需要请求法院进行。其对人员也没有执行权。而 NAB 则不同，它是依据总统令设立并运行的机关，有执法权。它可以直接针对人员采取措施，从质询阶段的强制措施（关押 45 ~ 90 日）到向反贪法院起诉。举个例子说，连总理和部长都怕 NAB，最近，信德省几名部长因惧怕 NAB 调查逃到国外去了。

由于 SECP 没有执法权，所以 SECP 就把 NAB 请到了前台，向 NAB 介绍了情况。依照 NAB 的职权，可以对被告人进行刑事起诉，公司的管理人员，包括董事、经理等，将被追究刑事责任。甚至在质询阶段前述人员即可以被关押。根据当地律师的意见，公司决定写一封信给 NAB，表示愿意采取自愿返还的态度，并和 NAB 一道查清问题。因此，NAB 对公司的行动有所缓解。

SECP 接连发难

还没等最高法院对案件做出判决，SECP 又于 2016 年 4 月再次采取行动，向伊斯兰堡高级法院申请关闭公司。萨扎德律师再次代理此案。根据萨扎德律师制定的诉讼战略，我们将推进最高法院尽可能早判决，以阻止 SECP 向高级法院申请关闭公司案件的诉讼程序。此战略已经得到了 2016 年 5 月 5 日最高法院裁定的验证：SECP 请求关闭公司案件的审理虽然在最高院裁定之前即已开始，但最高院裁定使得其听证推迟。高等法院决定两个案件将由同一个法官审理，而我们期待最高院发回案件的审理进展和结果将对关闭公司案件起决定作用。

此外，SECP 还通过给产品检验机构写信，阻止产品销售许可的签发。此外还联合联邦调查局对公司施压。2015 年 9 月 11 日，巴基斯坦联邦调查局（FIA）和药品管理局根据 FIR（First Information Report）突袭公司卡拉奇分公司两个专卖店。突袭队由媒体伴随，其中有 Abb-Tak 电视频道，并突袭了公司在卡拉奇的经营场地，夺取了 10 种进口产品。

9 月 30 日，公司向信德省高等法院（High Court of Sindh）提交申请状（Writ Petition），申请撤销 FIR，并于 2015 年 10 月 5 日提交申请状，申请宣告地方司法官和警官的命令非法且无授权。

这里涉及一个很重要的机构，就是联邦调查局（FIA）。联邦调查局有些神秘，其网站上的自我介绍非常简单。但是，联邦调查局的权威武器 FIR 却被巴基斯坦社会广泛知晓。联邦调查局持 FIR 就可以强行调查，甚至采取将人员收押的措施。药品管理局自身没有执法权，所以它联合联邦调查局对企业进行突袭，因为后者具有执法权。

面对 FIR，企业人员有被收押调查的风险。巴基斯坦社会对 FIR 有不同声音，认为 FIR 经常侵犯公民的人身权利，导致公民未经审判即被限制人身自由。但是，至少在目前，FIR 是威胁公司雇员人身安全的因素。因此，公司向信德省高等法院申请 stay order 并获批准。高等法院批准文件明确表示，FIR 不得执行。

经验总结

以上介绍的对 SECP、产品检验机构和联邦调查局的诉讼，提供了几点经验：

（1）在行政机关采取极端执法措施时，为保护公司和人员安全，可以借助法院来保全公司和人员免受未经审判的损害。在巴基斯坦，法院是社会正义的最后保证。

（2）这里谈及的案件都是"民告官"。控告政府机关，在巴基斯坦没有专门的行政法院，而是向高等法院申请 writ。其他程序方面问题均适用民事诉讼程序。法院决定是否立案，主要看当事人是否有冤屈。

（3）巴基斯坦法院没有明确的审理期限，所以结案时间没有保证，一个案子拖上几年很常见。

所以，如果在问题和矛盾产生之初就解决掉，是最省时省力的。

希望本文介绍的巴基斯坦法院系统、部分行政机关及其对公司构成的挑战以及公司的诉讼应对措施对走向海外的中国公司具有借鉴和参考意义。在本文的结尾，我们要强调，巴基斯坦是中国的友好邻邦，即使是强悍的执法机构如 NAB，也在关键时刻考虑中巴友谊。这一点，与"一带一路"涉及的许多国家是不同的。

最后，作为法律人，我们理解，本文中所述的行政机关行为，是各司其职的结果，并非与中国人和中国企业过不去。

贺文彪，北京大学法律系学士，美利坚大学华盛顿法学院硕士，纽约州执业律师。主要工作经历：对外经济贸易部条法司和摩托罗拉公司法律部。

案例 13

伊朗油气并购事务指南

伊朗作为世界油气的超级力量，即将重新登上国际舞台。2015 年 7 月 20日，联合国安理会一致批准伊朗与中国、美国、俄罗斯、英国、法国和德国六国在 7 月 14 日达成的长达 159 页的伊朗核协议[1]——伊朗以限制其核活动来换取国际社会对其制裁的解除。根据伊朗核协议，在至少 10 年内伊朗只能发展有限的核计划，只能启用现有离心机的三分之一，浓缩铀的浓度必须低于 4%。同时，伊朗还承诺在今后 15 年内将浓缩铀的储量减少到 300 千克以下。伊朗将不谋求制造核武器并缩减伊朗核计划规模，国际社会将对伊朗加强监督，允许伊朗保留民用发展目的的核计划。如果伊朗没有按照协议规定行事，则之前对伊朗的所有制裁将自动恢复。

在联合国安理会批准这一历史性协议之后，伊朗重回国际原油生产市场的速度将明显加快。伊朗有着巨大的石油资源，其被证实的储量就高达 1500亿桶油当量，而且开采成本极低，大约在每桶 10 美元。因此，在伊朗重回国际原油生产市场的当口，国际油气公司和各国国家石油公司均将投资伊朗油气市场当作一个非常重要的机会。伊朗政府也在努力寻求国际油气投资者的进入，以便能尽快将其油气产量提升。2015 年 11 月伊朗召开德黑兰石油大会，伊方宣布将推出包含 52 个开发区块和 18 个勘探区块的招标项目。其中，52个开发区块含 29 个油田（其中 21 个陆上、8 个海上）和 23 个气田（其中 18

1　伊朗核协议，即伊朗与六国签署的 Joint Comprehensive Plan of Action（JCPOA，《联合全面行动计划》）。

个陆上、5 个海上），总计原油可采储量约 391 亿桶，可采天然气储量约 255 万亿立方英尺[1]。

2016 年作为对伊朗解除制裁的元年[2]，中国投资者应当抓住机会，乘着"一带一路"政策的东风，积极参与到伊朗油气产量重建的工作中去。

油气并购基础知识介绍

国际油气并购可以按照不同方式进行分类。从取得油气资源的角度看，可以分为两种类型：一种是原始取得，即投资者从资源国手中以获取矿证、签署合同、服务合同等方式取得油气资产；另一种是继受取得，是投资者从已有油气资产者手中取得勘探、开发或者在产资产。因此，从资源国手中直接获取油气资产的方式，也可以归到油气并购的大类中去。

国际油气石油合同的财税体制一般分为两个大类，一为矿税制（Royalty system），二为产品分成合同（Production Sharing Contract，有些国家叫 PSA，Production Sharing Agreement）。在矿税制下，基本上财税架构已经被国家的法律法规所确定，国家所颁发给外国投资者的矿证，除了具体地理区域不同或者适用于特殊待遇的前沿地质区域之外，大多数条款是类似的。尽管在国际油气界并未严格区分 Permit（矿证类）和 Concession（许可类），但从理论的角度，矿税制具体可以分为 Permit 和 Concession 两类，Concession 比起 Permit 来说，有更大一些的谈判空间。矿税制在发达国家运用较多，比如英国、澳大利亚、挪威等国家。从商务经济的角度看，两种财税体制并无本质区别，无非是资源国与外国投资者之间，如何划分产出产品利益的问题。从

1　参见李志刚、姜明军、刘卫东等：《后制裁时代的伊朗油气投资前景展望》，载《国际石油经济》，2016 年第 3 期。
2　中国企业需要注意的是，对伊朗制裁的解除并不是全部解除。比如，从美国制裁的角度看，美国自然人和实体仍禁止与伊朗及其政府从事任何交易。同时，通过美国金融机构实施的涉及伊朗的美元交易仍然不被允许。而对于非美国实体来说，也需要注意美国法在某些情况下的"长臂"适用——非美国实体不得故意规避美国对伊朗制裁或促成美国货物或服务的对伊出口。而从欧盟的角度看，大多数制裁已经松绑，在欧洲的实体可以向伊朗供应相关的设备、材料和技术以及提供运输、保险和银行金融等服务，伊朗也可向欧洲进行油气出口和成品油进口，此前因欧盟制裁而被冻结的资产和资金能够重新获得使用。

法律的角度看，两者具有重大区别 [1]。在矿税制下，国家向外国投资者颁发探矿证或者采矿证［有些情况下资源国政府在与外国投资者签署矿权特许协议（Concession Agreement）中规定外国投资者需缴纳的相关税费，有时候会将当地伙伴（Local partner）的要求也一并放入矿权特许协议之中］，外国投资者需要向资源国缴纳各类税费，资源国不参与石油作业，并不参与油气产品的分成，不享受油气开发生产销售的直接利益；在产品分成合同下，外国投资者不拥有矿权（这是产品分成合同在发展中国家更为广泛使用的原因之一），而通过与资源国政府或者国家石油公司签署协议的方式，投入资金、技术对合同规定的区域进行勘探，获得油气的商业性发现后，用分取油气产品的方式获得投资回收及相应利润，外国投资者收入来源是资源国政府或者国家石油公司给予的产品分成，系合同权益，资源国政府或者国家石油公司参与石油作业，对石油作业有直接的控制与管理，享受油气开发生产销售的直接利益。产品分成合同自 1967 年发源于印度尼西亚以来，在油气资源国得到了广泛的使用，是国际石油界一类重要的合同，全世界现在至少有 40 个国家在使用产品分成合同。在上述国际油气两大类之下，又发展出了服务合同。服务合同一般是油气资源较为丰富的国家，比如伊拉克、伊朗等使用的一类合同，其主要特点是外国投资者投入资金、技术进行油田开发生产，产量由国家享有，外国投资者根据合同的规定获得成本回收及相应报酬，前述的成本回收及相应报酬可以油气产品的实物予以给付。有一些老旧油田的开发，也采用服务合同的形式，比如 ERC（Enhancing Recovery Contract，增加采收率合同），在老旧油田的基础产量之上，增产部分可以让外国投资者或者承包商取得报酬及回收成本。服务合同之下，除一般服务合同外，还有一类叫做风险服务合同，外国投资者或者承包商需要承担一定风险，比如油气田未有经济性产量或者老旧油气田未能达到增产的幅度，则外国投资者将承担不能取得报酬的风险。在伊朗、伊拉克和科威特等中东国家，服务合同较为常见。其他石油合同的方式包括以合资（Joint Venture）方式设立持有矿证。

---

1 比如伊朗的宪法就明文规定国家在包括油气业的专营权要受到尊重，因此在宪法中禁止外国公司享有矿权。

油气原始取得并购交易应当注意的几个趋势

在油气原始取得的并购交易中，中国的投资者应当注意如下的几个趋势，才能在并购中进行更加准确的判断，把控好风险。

资源国对其石油合同的谈判意愿越来越小

资源国往往聘用国际律所或者专业机构，对其标准格式的产品分成合同进行对比、研究、修订，并适时对其标准产品分成合同进行更新，对于投标的外国投资者来说，资源国政府对产品分成合同的谈判意愿不是非常强烈。特别对于石油储量资源前景好的国家，除了产品分成合同中的工作量和经济性条款可谈外，石油合同基本上是一个"take it or leave it"（要么接受，要么不谈）的状态，但对于资源状态没有那么好的国家，石油合同的许多具体条款还是可谈的。笔者曾经有一次在一个资源丰富的中东国家和其国家石油公司的人员谈判，尽管有理有节指出了其标准石油合同逻辑上的一些漏洞，但该国秉行"take it or leave it"的态度，虽然对方人员认同其合同的逻辑问题，但还是坚持不做任何改动。

石油合同的条款有对外国投资者更加严格的趋势

在以往由政府提供的石油合同初稿上，一般都会有所谓的经济稳定性条款（Economic Stability clause，意即在签署石油合同后，如果资源国出现法律变动，使得外国投资者在合同项下的经济利益受到严重影响，则资源国将和外国投资者重新谈判合同条款，使外国投资者的经济利益恢复到签署石油合同时的水平），但在近年的一些石油合同初稿中，往往提供给外国投资者的第一稿就删去了经济稳定性条款；有些石油合同还加强了石油作业使用物资和人员本地化的要求，提升了本地化的比例要求；有些石油合同要求不寻求国际机构仲裁，只能在本国仲裁机构进行仲裁等。

石油合同进一步体现了资源国加强合规性要求的趋势

比如对反贪腐的合规要求，有的国家的石油合同中要求外国投资者做出没有使用资源国当地公司或其他相关公司作为中介的陈述与保证，违反陈述与保证将被取消或终止合同；有的国家石油合同要求外国投资者做出大量的未违反反贿赂及反贪腐法律法规政策的陈述与保证。再比如，对环保责任加强的合规要求，有的国家在石油合同中直接对弃置义务（Decommission/Abandonment Obligation，油气作业完成后对相关设备的处理，以满足环保要求的义务）做出了明确约定。

石油合同越来越体现资源国政府加强对油气作业的控制趋势

比如，即使在勘探期内的联合管理委员会对油气作业的重大事项达不成一致，也需要由资源国政府决定的规定；比如，收紧对外国投资者自行采办的限度，油气设备的采办计划必须经政府预先批准的规定。

石油合同对资源国政府优先购买权行使的扩张

以往资源国政府优先购买权的行使条件往往仅仅局限于石油合同下权益的转让，如果外国投资者将持有石油合同下权益的公司直接转让，资源国政府便往往不能行使优先购买权；但近来几乎所有资源国政府优先购买权的触发条件都包括了并购、Change of Control（COC，即持有合同权益的公司控制权变更）、任何形式的重组等。

石油合同体现了国家石油公司参与的灵活性

以往的石油合同往往是外国投资者在勘探阶段独立作业，国家石油公司仅仅在有商业性发现后才参与，但最近有些国家的标准石油合同中出现了国家石油公司可在勘探期就参与作业的选择权。

需要注意的是，由于油价在低位徘徊，资源国政府在和外国投资者进行谈判的时候，也表现出了相应的灵活度。投资者应当抓住这样的机会，把握好谈判筹码，争取取得更大的利益。

伊朗石油监管体系及合同体系

伊朗石油工业由伊朗石油部进行监管。伊朗石油部同时控制着伊朗国家石油公司（National Iranian Oil Company，NIOC）。伊朗国内还有国有天然气公司、伊朗国有化工公司、伊朗海上石油公司和伊朗炼油及销售公司，这些公司都由伊朗石油部所控制。在伊朗 20 世纪 70 年代的革命之后，伊朗将全部石油资产收归国有。在 1987 年伊朗的石油法中，伊朗政府明确宣布外国投资在伊朗油气业是非法的，仅仅允许伊朗石油部和国有公司签署合同。由于法律上的限制，直到 1998 年，伊朗政府没有和任何外国投资人签署过石油合同。在 20 世纪 90 年代末期，伊朗开始利用石油法中规定的"允许签署合同"的灵活性，使用所谓的"回购合同"（Buy-Back Contract）来吸引外国投资者。而回购合同将油价风险和产量风险、成本风险交由外国投资者来承担[1]，同时又限定外国投资者的回报[2]。因此回购合同对于伊朗来说并不是一个非常成功的吸引外资的油气政策[3]。再加上联合国、欧盟和美国对伊朗的制裁，外国公司在伊朗油气业的投资一直没有得到很大发展。很多外国公司试水回购合同之后，发现伊朗的回购合同回报率低，成本回收困难等问题，再加上在国际制裁大背景下，很多外国公司撤离了伊朗油气开发市场。直到核协议签署之后，伊朗才得到了最近 20 多年来最佳的发展其油气工业的机会。

而在伊朗政府决定制裁解除后大力恢复油气产量的同时，为了增强对国外投资人的吸引力，伊朗政府决定对以往的回购合同进行修改，从而准备引

---

1 比如，伊朗的回购合同规定，项目必须在合同规定年限内建成投产，然后外国投资者需要将项目移交给伊朗国家石油公司后，才能进入商业回收期。而由于伊朗国家石油公司的严格要求，使得外国投资者在移交项目时就要花费很长时间，使得商业回收期的时间进一步向后推移。

2 外国投资者的投资成本回收只能按当期油气销售收入的一定比例回收，有最高比例的限制。而资本超支的风险和投资成本回收之前需要经过伊朗政府确认，使得在伊朗油气产业投资的外国投资者承受了极大的投资风险。

3 总的来说，造成这样的原因有如下几个：①伊朗宪法规定的限制条件造成法律框架不适应性。伊朗政府一直把宪法第 81 条的禁止"向外国公司让步"解释为采用产品分成合同的法律障碍。虽然伊朗政府一直认识到回购合同的局限性并试图修改回购合同的模式，但是合同风险和利益的比例仍然不能让外国投资者满意。②伊朗政府的政出多门也是影响外国投资者投资的另一个重要因素。虽然根据法律规定，伊朗石油部和伊朗国家石油公司是实际的对外洽谈者，但政府的许多部门都在其间插手影响决策。③伊朗国内相关部门要求增加当地公司的工作份额的压力使得石油作业的难度更为增大。

入更为优越条款的伊朗石油合同（Iranian Petroleum Contract，IPC）。尽管伊朗政府一直没有将全文的伊朗石油合同向市场公布，但根据其已经公布的相关信息，伊朗石油合同和原有的回购合同的主要区别如下表所示：

伊朗石油合同和回购合同的主要区别

主要条款	回购合同	伊朗石油合同
外国投资者投资油气产业的范围	所有项目采取统一标准合同。外国投资者只能在油气勘探和开发阶段充当作业者；而一旦进入生产阶段，伊朗国家石油公司就将接替作业并使用油田的收入来支付外国投资人按照合同规定的酬劳	将考虑油价及项目的具体情况，外国投资者能够参与油气勘探、开发和生产阶段的活动。外国投资者需要和伊朗国家石油公司或者伊朗国家石油公司旗下的子公司成立合资公司来进行上述石油作业
合同期限	通常为5～7年，给予外国投资者非常有限的时间去回收其投资，风险较大，外国投资者有可能无法全部回收投资	合同期限可到25年，允许外国投资者对投资进行全部回收。如果外国投资者的投资在合同期限内未能得到回收，而未能得到回收是超出外国投资者所能控制的原因，合同期限还可以得到5年延期
外国投资者的资本开支和成本回收[1]	在回购合同签署的时候，资本开支回收的上限就已经确定，因此外国投资者需要承担资本开支超支的风险	固定资本开支回收上限将不是伊朗石油合同的特点，石油合同将要求外国投资者和伊朗国家石油公司的合资公司制订油气田的总体开发计划、年度工作计划和预算。由于工作计划和预算可以在特定情况下进行调整，增加的灵活性将有助于保证外国投资者的费用回收

---

[1] 注意，成本回收是石油合同中最重要的谈判条款之一。成本回收的范围、比例多少，各类费用支出是否计息、分成比例多少，决定着资源国与外国合同者在产品分成合同架构下各自拿走油气产品的比例，涉及双方的核心利益，因此每一个百分比的争夺都非常激烈。当然，在有些国家产品分成合同的财税体制（Fiscal Regime）中，对资本化的投资还有一定的奖励（uplift），可以将高于资本化投资一定比例（比如50%）用于回收（Cost recovery）或者抵税。对于回收，外国合同者往往希望其在资源国所有的勘探成本都在发现的油气田里回收，但资源国往往会采用回收篱笆圈（Ring fence）的概念，意即只有在发现油气田里支出的勘探、开发、生产费用才能在该油气田里回收，其他的不允许；再比如，外国合同者希望一旦有油气产出，则用越高比例来回收以往的投资越好，但资源国政府希望此时政府应该参与高比例的分成，所以油气产出的一定比例用于外国合同者回收成本，其余的比例需要用来分成，这样能够保证油气产出后，资源国政府就能从油气产品中获得分成。比如印度尼西亚（世界上第一个采用产品分成合同的国家）的头份油概念（First Tranche），在商业性发现开发进入生产后，生产出来的头份油（产量的15%）即开始用来在资源国和外国合同者之间进行分成。产品分成一般采用阶梯式比例（Sliding Scale）的方式，在不同油气产量规模下，资源国政府与外国合同者的分成比例不同。产品分成合同下分成的方式，一般来说是将油气的作业产量分为几部分，一部分用来缴纳矿费（Royalty），一部分用来费用回收（Cost Recovery），剩下的另一部分 Profit Oil 用来在资源国政府和外国合同者之间按产品分成合同规定进行分配。注意，为了控制外国合同者的暴利，资源国政府往往还会要求在不同的油价下采用不同的分成比例。

（续表）

主要条款	回购合同	伊朗石油合同
外国投资者的报酬	回购合同对外国投资者从产出的每桶油气中获得利润的上限，无论油价上涨了多大幅度同样，如果外国投资者的资本开支超过了其签署合同时的预期，超出部分将无法得到补偿 在回购合同下，外国投资者对伊朗的油气资源没有任何所有权益，当然也就无权计算储量和产量	外国投资者在伊朗石油合同下获得的报酬也是按照产量每桶进行计算，但在石油合同下对外国投资者参与复杂项目有激励机制。另外，如果油价发生变化，伊朗石油合同将允许对固定费用报酬进行修改。尽管外国投资者不能对伊朗的油气储量享有所有权，但伊朗石油合同将规定在产出油气的交付点外国投资者将拥有产出油气的所有权并有权自由将该等油气出口[1]
管辖法和争议解决方式	伊朗本地法律作为回购合同的管辖法；国际仲裁作为争议解决方式。但是，根据伊朗宪法[2]和相关民事程序，在涉及公众资产的争议提交仲裁之前，需要获得相关的许可	管辖法将仍然采用伊朗本地法律，争议解决方式尚未明确

伊朗油气投资风险点及伊朗石油合同可能的谈判要点

尽管伊朗尚未公布其石油合同的全文，根据以往从资源国政府获取油气资产的经验，至少在如下一些方面需要注意：

伊朗油气投资的风险问题

伊朗制裁的解除并不是全面性和永久性的，而是有条件和暂时性的。在特定领域和特定范围下，欧盟和美国的相关制裁对伊仍然有效。在一定条件下被取消的制裁仍然可以恢复原状。对于在伊朗进行的外国投资者来说，密切监控对伊朗执行《联合全面行动计划》的情况和主要国家（美国、欧盟、加拿大等）对伊朗制裁的进展，及时了解相关的政治气候对于投资伊朗非常重要。

---

1 从法律角度上看，伊朗石油合同在此处做了极为重大的改动。原有的回购合同只是将所谓的报酬给外国投资者，而石油合同则直接承认了外国合同者对于产出的油气在交付点之后享有所有权。

2 伊朗《宪法》在其第139条规定：涉及国家和政府财产的诉讼和解与仲裁提起，需要经其内阁的批准，而在其中一方当事人是外国人的情况下，还需经国会批准。

需要注意的是，由于在历史上伊朗社会对在石油领域吸收国外资金的观念一直持反感态度，使得伊朗社会对外国投资者侵占和破坏伊朗国家利益的偏见仍然会给项目执行过程中带来各种各样的问题，这一点值得所有投资伊朗油气业者注意。尽管伊朗曾经采用过回购合同的方式，但该方式已经被证明了对吸引外国投资是不成功的。而伊朗石油合同迟迟未能出台，也在另一个侧面反映了伊朗政府要对原有合同模式做出巨大变化所面临的困难。

当然，经过了 20 多年关于回购合同的时间，伊朗政府也认识到其现有模式和国际惯例不符合，资源国和外国投资者所签署的合同应当基于"双赢"理念、各方的利益应当得到协调考虑等情况。国际社会预期对伊朗油气投资的政府风险在一定程度上会因为伊朗政府对待投资的态度而有所改善。

伊朗新石油合同的原则

尽管伊朗的新石油合同愿意在原有的回购合同模式上进行较大幅度的改变，但仍然需要认识到伊朗新石油合同的如下几个原则：

1. 伊朗政府仍然对地下矿藏拥有绝对和唯一的所有权

由于伊朗宪法的规定，国家对于地下矿藏拥有绝对及唯一的所有权，因此外国投资者不能对于地下油气资源拥有所有权。在以往的回购合同中，外国投资者是以合同的形式获得"报酬"，因此符合伊朗宪法的规定。而新伊朗石油合同对于油气矿藏所有权的问题仍然非常明确：外国投资者无法获得伊朗境内油气矿藏所有权，但对于产出的油气所有权立场有所松动，外国投资者将在油气产出后的交付点对油气拥有所有权。

2. 保护国家利益

在新的伊朗石油合同中，保证国家利益也是一个重要的主题。无论是从外国投资者和伊朗国家石油公司设立合资公司进行作业，还是要求外国投资者转让先进技术和管理技能、石油作业的国际化标准要求、财务透明和高效作业等，都体现了对伊朗国家利益的保护。新的伊朗石油合同需要在吸引投资和维护国家利益方面进行平衡，但国家利益的保护无疑是合同中的核心主题。

3. 灵活性

新的伊朗石油合同为了吸引外国投资者，将增加其灵活性。新的石油合同将用于多种不同的油气作业：处于勘探期的油气资产，勘探开发一体化作业，与邻国存在跨境的油气区块资产，在高风险地区和深水地区的勘探、开发和生产作业、产量提升作业等，而不同作业风险的石油项目将采取不同的财税条款（Fiscal Terms）。在石油合同的期限方面，也将视项目的具体情况进行灵活处理，比如在勘探阶段，将对勘探期的期限灵活安排，在石油合同的期限内未能回收投资的外国投资者有一定的延期灵性等。在项目的开发上，也存在一定的灵活性，比如开发计划的可调整性，用年度工作计划和预算来代替以往固定的成本回收，在油价变动的情况下考虑回报灵活性，不同油气项目给予不同的报酬，决策机制将得到改革，油气增产项目的合同期限更为灵活，合作形式也更为灵活。提升灵活性的目的，一是纠正以往回购合同模式下存在的问题和教训，二是给外国投资者以更大的信心。

伊朗投资油气的架构及税务问题

在海外油气并购过程中，均需要认真考虑投资的框架问题和税务问题，以便在一开始就打下好的基础。在伊朗进行油气投资之前，也需要对架构和税务问题进行设计。和其他国际油气的并购项目类似，在伊朗投资油气的架构及税务问题也应当主要从以下几个方面去考虑：一是考虑隔离开母公司的责任问题，特殊目的公司可以独立承担某些合约的责任（当然此时资源国政府往往会要求母公司提供担保履行交易合同下的义务）；二是考虑设立特殊目的公司所在国家和投资目的国之间的双边投资保护协议（Bilateral Investment

Treaty，BIT），在以后投资目的国出现国有化征收的时候保留可以采用双边投资保护协议进行保护的救济方式；三是考虑在相关国家设立特殊目的公司可以使用双边税务协定（Bilateral Tax Treaties）的问题，在资源国和相关国家所签署的税务协定中，寻找优惠税务的协定国去设立相关的特殊目的公司作为投资中间实体（Intermediate）。这种方式通常被叫做"Treaty Shopping"（税收协定寻找），以便最优化日后投资的税务负担。在设立相关的特殊目的公司之后，需要注意设立特殊目的公司所在国公司法的规定，在日后的运营中需要按照实体化的要求，在当地召开董事会等，以免被目标投资国认定为该特殊目的公司仅仅是为避税的需要而设立的，从而不能享受双边税务协定中规定的优惠税率；四是日后处置的问题，如果日后需要处置在资源国的资产，需要考虑到灵活性的问题，因此，在控股公司之下设立何种架构以方便日后的处置需要在交易的一开始就进行考虑；五是融资和成本抵扣的问题。设立的架构要方便融资和税务抵扣，在税务抵扣的时候应当对当地所要求的股权投资和债务比（Equity–Debt Ratio）进行确认。[1]

伊朗石油合同谈判可能存在的重大问题点

1. 本地化／本地雇员要求（Local content ／Local employment）

资源国政府往往要求外国投资者在油气作业时优先使用本地材料、设备和人员。对于外国投资者来说，风险在于不合格的材料设备及人员。但是，随着各资源国本地化越来越深入，本地化要求是所有进行海外并购的油气公司需要面对和正视的一个严重问题。对于国际油气公司来说，本地化要求不

1　从项目公司的角度来看，需要考虑全部用股权（Equity）出资，还是采用股权加上债务（Debt）的方式，如果是股权出资加负债的方式，需要考虑股权注资与债务的比例问题。此时的借贷，主要是投资者内部按照市场利率对特殊目的公司所进行的借贷，在考虑股权注资与债务的比例的时候需要注意目标资产／目标公司所在国公司法下的 Thin Capitalization rule（资本弱化规则，即是指企业和企业的投资者为了最大化自身利益或其他目的，在融资和投资方式的选择上，降低股本的比重，提高贷款的比重而造成的企业负债与所有者权益的比率超过一定限额。从跨境并购交易的现实说，增大特殊目的公司的借贷比例，可以在特殊目的公司完成并购交易后有利润出现时抵扣贷款利息，从而达到降低企业所得税的目的）。

仅仅是对人员及服务质量带来了挑战，也是对其全球的采购网络、采购成本带来了新的挑战。此条款的谈判要点在于本地化的条件需要约定明确，是否要明确只有达到一定条件最低标准，外国投资者才有使用本地化人员或者服务的义务。而有的资源国，外国投资者使用服务商、聘用人员有比例和人员的特殊要求和限制，需要认真对待，事先做好安排与筹划。

2. 弃置义务 （Abandonment/Decommissioning）

随着各国环保法律法规的发展，对油气作业的弃置义务规定也越来越详尽和繁重，在石油作业开始后某一时点就需要外国作业者建立弃置基金或者提供相关弃置义务履行担保的要求屡见不鲜，石油合同中对弃置的程序性规定也越来越详细，从事海外并购的公司应当仔细评估产品分成合同下弃置义务所带来的风险，并将其放入到项目进入时的经济评价研究中进行考虑，评估好项目的经济回报。并购人员还需要注意的是，在产品分成合同中所规定的弃置义务应当和资源国有关弃置的法律法规结合研究，以避免漏项。

3. 经济稳定性条款 （Economic stability clause）

经济稳定性条款有不同写法及类型，常见的有如下几类：①稳定法律条款，即将合同签署日的法律法规固定下来，在产品分成合同签署后的法律法规的变动不适用于该产品分成合同；②不得修改条款，非经资源国与外国投资者双方同意，不得修改产品分成合同的任何条款；③重新沟通条款，如果新的法律法规带来了外国投资者经济性的变化，则需要重新谈判修改产品分成合同，以使外国投资者的经济回报恢复到原有的程度；④立法条款，签署产品分成合同后，该产品分成合同即提交资源国议会通过，形成法令；⑤分配条款，如果有法律法规改变影响到外国投资者的利益，则由国家石油公司承担相应的损失。如前所述，由于产品分成合同的发展趋势，现在有越来越多的资源国（特别是油气资源丰富、勘探潜力巨大的资源国）已经从标准合同里拿掉了经济稳定性条款。外国投资者在面对产品分成合同中没有经济稳定性条款的时候，一般还会考虑通过双边投资保护协议（BIT）的方式，来设置中间层公司，以便利用 BIT 中的保护措施；当然，从有关的保险公司购买相应的保险产品也是风险控制的一种。因为对外国投资者而言，单靠资源国政府或国家石油公司在产品分成合同中经济稳定性条款的承诺并不完全可靠，资源国政府还有大量的所谓非财务（Non-fiscal）手段来完成对外国投资者经济性的影响。在过去几年油价高升的时候，许多资源国政府对外国投资者征收暴利税（Windfall tax），暴利税的征收是否违反了经济稳定性合同有不同的解读。根据笔者的经验，外国投资者即使最后出于种种考虑而接受暴利税，但很有可能就此提出异议并要求资源国政府或者国家石油公司从其他方面给予外国投资者一定好处。有些资源国虽然愿意在产品分成合同中给出经济稳定性条款，但会对经济稳定做狭隘的解读，比如最近在越南国家石油公司新一轮的产品分成合同中，就规定仅仅在矿费（Royalties）、公司所得税（Corporate Income Tax，CIT）和出口税（Export tax）受到影响的时候，外国投资者才有权进行重新谈判修改产品分成合同，以使外国投资者的经济回报恢复到原有的程度；除上述三种税费之外的任何税费的改变，不得被视为影响了外国投资者的经济性。

在实务中，还需要注意以下两点：①对经济稳定性条款的国际仲裁往往还会关注外国投资者是否在投资前有过详细的尽职调查，包括但不限于技术、商务、经济性、法律等；②如果只是在产品分成合同中原则性的规定，如果外国投资者因资源国政府行为而经济性受到影响，双方应该进行谈判以恢复经济性的约定很可能会被视为"agreement to agree"而无法执行，尽量详细的描述如何恢复经济性是一个更好的选择。对于外国投资者来说，对经济稳定性条款进行尽可能详细的描述（如何判定、重新谈判的时间、如何认可执行损害弥补）对其越有利，但囿于外国投资者的谈判地位，详细描述在资源潜力大的资源国手中是很难拿到的条款。

4. 保险（Insurance）

许多资源国往往要求从事石油作业的公司只能向国内保险公司投保，然后由国内保险公司通过再保险等安排出去。从外国投资者的角度看，保险安排一要能从市场上获得优惠的保险条款；二是要给自身留下自保的灵活性；三是与资源国或者国家石油公司约定免保额或自保额。

5. 当地实体存在（Local presence）

资源国的产品分成合同往往规定，在合同者与资源国政府或者国家石油公司签署产品分成合同后，需要在资源国设立当地实体/公司，将产品分成合同下的权益转让给其所设立的当地实体/公司。甚至有的资源国要求外国投资者在签署石油合同之前就在资源国当地成立公司，否则不予签署产品分成合同；或合同者不能有效持有产品分成合同项下的权益。对于从事海外油气并购的公司来说，计算好当地实体的注册成立时间，以满足项目时间表的要求，也是实务上需要关注的问题。

6. 同意权及优先购买权（Consent/Preferential right）

产品分成合同中往往规定，在外国投资者转让其合同项下的权益时，需要资源国政府或者国家石油公司同意。在外国投资者的任何交易涉及产品分成合同项下的权益时，国家石油公司有对该权益的优先购买权。随着国家石油公司的经验日益成熟，现在很难看到在产品分成合同下，国家公司的同意权及优先购买权不及于产品分成合同权益的间接转让。我国石油企业在此点上曾经多次遇到过资源国政府的阻击。比如某企业通过购买加拿大公司的股权从而间接持有中亚某国石油资源，中亚某国通过国会修改法律同时具有溯及力的方式，要求行使政府的优先购买权；无独有偶，中国企业在利比亚也曾经有过相似的遭遇。所以，在实务上，如果发现资源国的产品分成合同对于间接转让方式没有优先购买权或者同意权，并购一方从其他渠道事先了解

资源国政府和国家石油公司的态度是非常必要的。当然，一些资源国政府与
国家石油公司在间接转让有优先购买权的情况下，愿意给出市场惯例的除外
情形：比如外国投资者的重整、内部财务安排或者外国投资者母公司被兼并
（且资源国石油合同资产占总交易比例较小）等情况下，资源国或者国家石
油公司无优先购买权。

7. 不可抗力（Force majeure）

在不可抗力发生后，外国投资者需要要求对相应的合同期延期。但近年
来往往资源国会在该条款的谈判时要求：不管不可抗力发生的期间多长，合
同期的相应延期应有最长期限的限制。此点需要在谈判时注意。一般来说，付
款义务不能引用不可抗力条款而不履行或者延误履行。

8. 放弃国家主权豁免条款（Waiver of sovereign immunity）

鉴于产品分成合同的本质是商业交易，传统国际公法上对国家主权的豁
免并不适用，所以需要在合同中明示放弃。此条对于外国投资者来说是必须
条款。中国投资者在伊朗油气投资时，在石油合同中拿到这一条是控制风险
的基本要求。

9. 保密及公告（Confidentiality/Announcement）

有些资源国政府及国家石油公司对外国投资者因产品分成合同下进行石
油作业而获得的信息的保密义务限定较严格，甚至是无限期的保密义务。外
国投资者需要特别注意保密信息的范围、保密义务的具体标准及保密期限的
长短问题。从资源国的角度看，任何关于产品分成合同签署及执行中的公告，
均应事先取得资源国或者国家公司的同意；外国投资者往往会在此加入限制，
比如在相关法令法规要求下，法院命令下或者是满足证券交易所披露规则的
需要下，如果来不及事先征求同意，可以进行披露。

10. 会计程序（Accounting procedure）

会计程序往往作为产品分成合同的附件，详细列明石油作业中哪些成本费用支出可以回收，记账的原则，物资、原材料的簿记及处置的方式，资源国政府或者国家石油公司的审计权等。从外国合同者的角度来看，国家公司的审计权是一个值得注意的问题，审计的关键在于资源国或国家公司有权将不符合产品分成合同规定的费用从成本回收（Cost Recovery）中拿出去进行调整，与外国合同者的经济利益息息相关。审计权的谈判点一般在于：①审计资料的范围；②国家公司审计权的行使时限；③审计结果的追溯时限；④对国家公司审计权的限制（如事先通知、不得干扰外国投资者／作业者的正常油气生产经营活动等）；⑤审计异议的提出及解决，是由专家裁定还是仲裁。

11. 合同的语言文字（Languages）

产品分成合同往往是两个语言版本，一是英语，另一是资源国官方语言。合同语言文字的谈判点在于两个版本的效力问题，一般有如下几种：①两种语言版本具有同等效力；②资源国官方语言版本具有优先效力；③两种语言版本同等效力，如果两种语言版本发生冲突，以资源国官方语言版本具有优先效力。

> 张伟华，法学硕士，毕业于北京大学民商法学专业，现就职于中海油法律部。2016 年被国务院国资委聘为首批"中央企业涉外法律人才库专家"，曾被 Legal 500 评为亚太地区最佳公司法律顾问之一。

案例 14

阿尔及利亚之艰难工程索赔谈判

阿尔及利亚位于非洲的西北部，国土总面积238万平方千米，人口3300多万，是非洲的经济和领土第二大国，信仰伊斯兰教的人口占总人口的99%，绝大部分是阿拉伯人，阿拉伯语是其官方语言，法语较为普及。阿尔及利亚是非洲较为发达的国家，经济规模仅次于南非和埃及，经济增长较快，不仅拥有丰富的自然资源，同时还拥有广阔的贸易、工程承包和投资市场。近年来，阿尔及利亚已成为中国企业对外重要的工程承包市场之一。虽然阿尔及利亚的阿拉伯人占绝大多数，但一直以来，政局相对其他非洲国家都比较稳定。我们的客户公司也正是看中了这一点，在国内建设工程市场低迷，政府大力鼓励投资非洲的形式下，毅然决然地参与到合同总额1.9亿美元的阿尔及利亚的通溉供水工程建设项目。

民企勇闯北非揽下大工程

虽然阿尔及利亚临海，但是饮用水资源极度缺乏，虽然2014年，阿国全境范围内的大坝有72座，储水量高达820亿立方米，但由于地处干旱地区，水资源的损耗相当严重，约有40%的水资源在运输过程中流失。因此，阿尔及利亚政府规划了国家通溉供水工程。

阿尔及利亚国家通溉供水工程，是一项政府投资、规模庞大的民生工程。工程内容是从 BENI HAROUN 大坝取原水，经一系列大型泵站、隧道、管道、净水厂、输配水工程等向东部 MILA、CONSTANTINE、BATNA 等数省广大区域灌溉及供水，全面解决水资源严重缺乏的国计民生大事。整个工程分别由中国、法国、意大利和阿尔及利亚等多家工程承包公司和多家监理公司中标。客户公司承接的项目，属于工程核心内容之一，将要解决一万平方千米之内数百城镇村庄约近千万民众的用水困难，社会意义非常重大。

这个工程是一个真正的国际化工程，工程的每个项目分属不同业主、不同监理公司，并有不同省份的相关部门进行监督。施工中，各国际公司互相制约、互相竞争、互相影响，形成一场多业主、多监理、多监管、多国别的竞技赛。客户公司施工的项目，工期分别为 22 个月、20 个月和 18 个月，且都属于 EPC 项目，特别是仅有 18 个月工期的三号项目，地形及地质情况复杂，施工难度巨大。按期完工与否，质量合格与否，都会产生重大影响。

客户公司参与此项目的有中国员工 1000 多人，阿方员工 1800 多人，工期最集中时，三个项目同时有 200 多个施工点在工作。大业主召开相关会议时，参会者来自十多个国家的承包商。有些国际大公司的经理以及某些西方监理，施工开始期根本没把中国人放在眼里，总觉得中国企业设备差、技术差、管理落后，不是他们的竞争对手。而客户公司稳扎稳打，以国内众多项目中积累的先进施工经验、管理经验严格施工，稳健施工，以实力获得了他们的认同和尊重。在多国多家国际公司共同施工的情况下，在施工条件差、工期紧的情况下，一号项目提前 2 个月竣工并通过验收，二号项目提前 1 个月竣工并通过验收，而工期只有 18 个月的三号项目也是按期保质完工。一时间，客户公司独占鳌头，各高大上公司和监理公司纷纷对中国人竖起了大拇指。

异国他乡中阿律师出谋划策

我们作为客户公司的律师，看到的不仅是他们在异国工程建设中克服了种种施工中的困难而取得的工作成就，还有他们为了维护自身利益在索赔谈判中所付出的艰苦努力，前者我们只能旁观，但后者我们有幸参与。

任何国际工程承包项目都不得不面临索赔谈判问题。在阿尔及利亚的工程索赔要求更为苛刻。而阿国法律法规中有明确限制，政府建设工程中，当索赔工程款超过原合同额 10% 的时候，业主、监理便无权做主，必须报国家合同委员会审批。阿尔及利亚国家合同委员会类似于国内的专家库，其成员由全国各部委的各类专家组成，参与各项目审核的委员随机抽选。团队的阿国律师告诉我们，据他们了解，在阿尔及利亚实施的各类政府承包工程中，没有工程索赔超过合同额 15% 的谈判成功案例，而客户公司完工的一号项目工程、二号项目工程和三号项目的索赔工程款占合同额的比例均超过了在阿国的最高比例，没有充分的事实依据和法律依据，这几乎是不可能实现的。

按照原标书设计，这三个项目的输水管线都是从河流底下穿过，共涉及区域内的 20 多条河流，需要开挖、需要克服不同地质情况和不同层位的地下水，施工难度极大。客户公司工程人员在研究招标书时，就认为管道穿过河底施工，不利于本项民生工程建成后的运营维护。因此，按照我们的建议，他们在签约后，在施工前，结合阿国权威勘测机构出具的地勘报告，依法向业主和监理提出了改管道穿越河底为在河流上架设"管桥"的设计索赔建议。这个建议书顺利被政府出资的业主方采纳，不仅完全保障了供水的长期稳定及有效运营维护，同时也为我方带来可观的工程索赔款。

在三号项目的原设计中，有 4000 米多的供水管道要从城市中穿过，这不仅涉及搬迁和施工扰民，还可能极大地增加施工成本。客户公司希望改变原设计方案，重新设计管道绕城而过，替代城市里大面积开挖路面，减少支付城市居民的拆迁补偿以及施工给居民带来的生活不便。这种整个施工方案的大索赔，涉及面更广，不只是要征得业主、监理的同意，还要政府城市规划部门审批，并且还要逐层报国家合同委员会批准。我们中阿律师团队根据客户的工程师提供的数据，比较施工方案，结合阿尔及利亚的《政府建设工程法》，以及拆迁补偿条例进行谈判、交涉、讨论。结合阿国实际情况，讲明施工技术方案的可行性，同时又准确提出各种数据并结合阿国的案例法规进行了艰苦卓绝的谈判。最终，这项施工方案索赔也被审核通过，而绕城铺设管道所增加的大量岩石开挖工作量，也计入了认可索赔。

变不可能为可能之经验总结

据阿尔及利亚国家供水工程项目最终账单统计数据显示，一号项目工程索赔达合同额的 25.7%；二号项目工程索赔达合同额的 26.89%；而三号项目工程索赔达合同额的比例竟然高达 33.56%。联合律师团队的阿国律师刚接手时，觉得超过合同额 15% 的索赔几乎不可能达成一致。

这种成功率极低的高额索赔是怎样达成一致的？我们认为最主要的经验就是深入理解 FIDIC 条款。

作为国际工程律师，FIDIC 条款是必须掌握吃透的。FIDIC 是国际咨询工程师联合会的法文名字缩写，是由欧洲三个国家的咨询工程师协会于 1913 年成立的。组建联合会的目标是共同促进成员协会的行业利益，以及向成员协会传播他们感兴趣的信息。FIDIC 下设许多专业委员会制订了许多建设项目管理规范与合同文本，已为联合国有关组织和世界银行、亚洲开发银行等国际金融组织以及许多国家普遍承认和广泛采用。

第一，FIDIC 合同条款有着非常鲜明的特点：

（1）脉络清晰，逻辑性强，承包人和业主之间的风险分担公平合理，不留模棱两可之词，使任何一方都无隙可乘。

（2）对承包人和业主的权利义务和工程师职责权限明确规定，使合同双方的义务权利界限分明，工程师职责权限清楚，避免合同执行中过多的纠纷和索赔事件发生，并起到相互制约的作用。

（3）被大多数国家采用，世界大多数承包人所熟悉，又系世界银行和其他金融机构推荐，有利于实行国际竞争性招标。

（4）便于合同管理，对保证工程质量，合理地控制工程费用和工期产生良好的效果。

正因为如此，阿国所有的国际承包合同都采用 FIDIC 条款，所以为了谈判顺利，我们律师团队成员的入选基本要求就是熟练掌握 FIDIC 条款。

第二，在深入理解 FIDIC 条款的基础上，将其灵活运用于各个方面。

投标阶段

协助客户公司进行项目工程承包投标阶段，我们就和阿国律师一起依据 FIDIC 条款对承包工程合同中的通用条款进行严格的核查，不仅如此，我们还对特殊条款可能遇到的法律风险结合阿国实际的政治法律进行了详细论证，并向客户公司及时做出了风险提示，可以说，我们从最开始就已经向客户公司标示了"雷区"，让他们早有准备。

一般招投标工作结束以后，很多人认为收到一个中标函就算大功告成了。至于与中标函匹配的"那个投标书"，他们自己搞不清楚。实际这里暗藏雷区，几次回标的投标文件之间难免有各种关联，关联之间也难免有各种矛盾。有时由于事件与过程过于复杂，这种关联与矛盾谁都没有意识到。比如投标承诺："考虑到雇主要求，我方愿意在 ×× 年 ×× 月 ×× 日报价基础上，再在 ×× 方面让利 ××%"，可是在前次的报价中有一个数字统计错误，这个错误就直接被带进了结算。

我们律师团队的工作惯例是：在客户收到中标函后，会立即就最终的承诺编制一个全新的商务标，然后以这个商务标进入合同，并承诺此份"澄清"

为最终的投标响应，这样就直接将中标与投标对应起来。此前发生的事，只算一个过程，不算承诺依据。这样，要约承诺制的两个最重要的文件——中标函与对应投标函就非常准确地明确下来。

合同签订阶段

律师对国际工程承包合同订立阶段的风险把控，主要体现在合同价格的确定上。在中国，中标价就是合同价，这两者之间出现偏差被定义为"对投标承诺的实质性改变"。"对投标承诺的实质性改变"的确是一种不道德的商业行为，但中标价就是合同价这个说法在国际工程承包合同中却是有问题的。比如招标文件规定按外币签合同，考虑汇率影响，中标后一个月要签合同了，汇率变了，合同价格能与中标价一样吗？

按要约承诺式合同的定义，中标就是最终的承诺。到合同签订时所有合理的改变，都应该按照"合同索赔"计入合同价款。所以 FIDIC 合同明确定义"包括按照合同所做的调整"，也即在中标之后合同签订之前发生的符合合同索赔条件的价款变化，也应该计入合同价格内。我们正是运用了这一点，在中标后合同签订之前和阿方进行索赔谈判，占据了有利时机。

索赔谈判阶段

如果说，合同订立阶段和合同签订阶段是属于预防阶段，那么索赔谈判就是实战阶段了，而实战阶段中，对于律师来讲最重要的不是清单计算，而是以"成本"为依据。

FIDIC 对成本的定义，与索赔息息相关。一般来说，索赔的意义在于"合理补偿给合同当事人所造成的损失"，这样合理补偿就不应该包括补偿利润。如果连利润都补偿的话，那就是帮人赚钱，而不是补偿损失了。国内索赔这个名词是从 FIDIC 学来的，然而 FIDIC 自己却没有明确定义索赔的概念。所以索赔到底索什么，哪些内容可以索哪些内容不能索，一直争议不断。特别是对于变更与索赔，到底应该如何区分，往往都会有争议。一般理解是：清单项目中"量"定义的工作变化，一般都应该算做变更。因为导致清单量变化的工程变化通常都是构成工程实体的变化，所以只能算变更。变更费用直接走综合单价，也当然包括了综合单价中的利润。

只有超出清单范围的，才是索赔。这里面又分两种：

（1）直接引起工程实体变化的，比如项目三中，绕城铺设管道所产生的岩石开挖综合单价。这个新单价里除了正常的变更，就可能含有某种索赔的意义。

（2）为工程实体变化而必须做的一些非清单范围内的措施。比如业主原因"搞破坏的行为"，应该算做标准的索赔原因。所以要说 FIDIC 语境下的索赔，是成本索赔。

付款文件的专业化管理

FIDIC 中，函、单、表、书这几个名词的应用范围不同，法律效力由低到高。

（1）期中付款证书。相当于国内的"工程进度款审核单"。款项支付在任何一个合同中都是大事，可以支付的合同依据一定要充分并精确。FIDIC合同条件下期中付款要精确估价，当然也允许双方合意的方便处理方式。期中付款证书由工程师颁发，主要约定什么样的工程条件才可以工程款项进入期中付款，经过什么样的流程才具备期中付款法定效力。

FIDIC 期中付款证书是针对承包商的报表审核的，承包商报表中应包括所有工程相关费用，包括分包及设备相关款项。这与国内总包分包合同通常各申请各的不同。从单纯报表角度说，总承包把所有分包与设备申报纳入一个总表中，也无非是多制作一个汇总表，并计入自己的照管费。但从工程管理角度，这明确了总承包的责任。虽然只是简单费用列入，责任却整体地落实到相应的责任方身上了。

律师团队在客户编制报表时就根据项目施工实际情况和客户工程师一起落实索赔项目和金额，做到了有根有据。

（2）最终付款证书。FIDIC 这个文件相当于中国最后委托造价咨询公司审计工程结算完毕后签订的"结算审计报告单"，效力是相同的，都是确认最终结算价款，然后再说明未付事项。

在对最终付款证书的审查中，律师团队不仅对最终付款证书进行审查，还一并另行审查了期中付款证书。在此过程中，律师团队中一名律师发现最终付款证书将期中付款证书中的未付事项作为已付，从而指出了漏付，及时维护了客户利益。

第三，注重相关材料搜集。谈判中，我们不仅采用了客户公司技术人员提交的施工方案和数据，还找到国际同类型工程的施工方案和数据，进行横向和纵向比对，对关键性的施工技术指标还请权威专家进行论证，充分保证了索赔方案的合理性。

再次，国际工程谈判要了解东道国的商业习惯。阿国的谈判节奏比较缓慢，不可能像中国那样一通电话就可以谈妥一件事，正常情况下，第二次乃至第三次谈判时都不能谈到核心问题。一句话，要做好持久战准备。

此外，国际工程索赔的谈判不仅要讲法律，讲技巧，还要充分尊重当地宗教文化。阿尔及利亚是一个世俗化的伊斯兰教国家，伊斯兰教对阿尔及利亚人的生活风俗影响颇大，每年伊斯兰教历的九月要过传统的祭礼月——斋月。穆斯林要在每天的清晨、中午、下午、黄昏和夜晚面向麦加方向祷告五次，每次 15 分钟。联合律师工作团队在进行谈判的时间确定，谈判进程安排时也充分考虑到了这一点。在谈判时更是，时间一到就主动退出会场让阿方人员祷告。

正因为我们采取了正确的谈判策略，虽然客户公司三个项目中的工程索赔占工程款比例之高，令团队中的阿国律师一开始都没有全部认可的把握，但在律师团队的努力以及客户公司的配合下，客户公司不仅拿到了工程索赔款，客户声誉也因为过硬的施工质量在阿尔及利亚反而提高了。这也是我们作为律师团队最为欣慰的。

祝维娜，外国语言文学学士、法学硕士，北京大成律师事务所律师。擅长业务领域：外商直接投资并购及相关争议解决，中国企业对外直接投资并购及相关争议解决。